Iphigenie auf Tauris

Johann Wolfgang von Goethe, Jacob Baechtold

GOETHES
IPHIGENIE AUF TAURIS

Johann Wolfgang von Goethe

Goethes Iphigenie auf Tauris in vierfacher Gestalt

Johann Wolfgang von Goethe

Goethes Iphigenie auf Tauris in vierfacher Gestalt

ISBN/EAN: 9783742816214

Hergestellt in Europa, USA, Kanada, Australien, Japan

Cover: Foto ©Andreas Hilbeck / pixelio.de

Manufactured and distributed by brebook publishing software (www.brebook.com)

Johann Wolfgang von Goethe

Goethes Iphigenie auf Tauris in vierfacher Gestalt

GOETHES
IPHIGENIE AUF TAURIS

IN VIERFACHER GESTALT

HERAUSGEGEBEN

VON

JAKOB BAECHTOLD

FREIBURG I. B. UND TÜBINGEN 1883
AKADEMISCHE VERLAGSBUCHHANDLUNG VON J. C. B MOHR
(PAUL SIEBECK)

Gedruckt in J. Huber's Buchdruckerei in FRAUENFELD.

Von Goethes Iphigenie auf Tauris liegen folgende vier Fassungen vor:

1. Der erste Prosaentwurf, nach des Dichters Worten zwar „nur eine Skizze, bei der zu sehen sei, welche Farben man auflege", dem Inhalt nach aber thatsächlich die fertige Iphigenie, in den Tagen vom 14. Februar bis 28. März 1779 niedergeschrieben. Die erste Aufführung erfolgte zweifellos am 6. April 1779 in Weimar. In dieser Fassung wurde das Stück zuerst abgedruckt von H. Düntzer, die drei ältesten Bearbeitungen von Goethes Iphigenie (1854) S. 3 ff. Neben den von Düntzer 136 ff. bereits herbeigezogenen brieflichen Quellen über die Entstehungsgeschichte ist namentlich noch zu vergleichen: Goethes Tagebuch aus den Jahren 1776—1782. Mitgetheilt von R. Keil, S. 179 ff. 185 ff. Es hat sich der Text zweier Handschriften dieses frühesten Entwurfs erhalten:

  A. Ms. Germ. Quarto 684 auf der K. Bibliothek in Berlin. 88 mit Bleistift (einigemal irrthümlich) paginirte Seiten. Auf dem blauen Umschlagblatt steht: *I*es *Manuscript der Iphigenie von Goethe eigenhändig.* C. W. von Knebel. und am Fuss des Blattes rechts: *Göthe hat dieses Mscr. meinem Vater geschenkt.* C. W. von Knebel. Auf S. 1 der Handschrift: *Iphigenie auf Tauris;* unten rechts: *Dieses eigenhändige Msc. schenkte Göthe meinem Vater zum Zweck der Aufführung desselben auf dem damaligen Liebhaber (!) Theater zu Ettersburg bei Weimar. Mein Vater übernahm die Rolle des Toas und Corona Schröder die der Iphigenie.* C. W. von Knebel. Die letztere Notiz scheint trotz der Unterschrift von einer Frauenhand geschrieben zu sein, dazu stimmt die Bemerkung unten links, von der früheren Hand herrührend: *Mittheilung meiner Mutter v. K.* (Auf der innern Seite des Einbandes sind einige später geschriebene, auf die Entstehung und Aufführung der Iphigenie bezügliche Zeddel aufgeklebt, zumeist den Briefen Goethes an die Frau von Stein und Riemers Mittheilungen entnommen.) Düntzer 167 ff. nimmt wohl mit Recht an, dass nur die ersten 30 Seiten von Goethes Hand herrühren und dass das Uebrige einem Schreiber diktirt worden sei. Herr cand. phil. O. Pniower hat mir auf gütige Verwendung von Herrn Dr. Roediger in Berlin eine äusserst sorgfältige Collation des Düntzer'schen Abdrucks mit der Handschrift besorgt. Unser Abdruck folgt diplomatisch genau dem Manuscript mit Ausnahme, dass die Bezeichnung der Doppelconsonanz ñ und m̃ aufgelöst ist, ebenso ē in en, dass h, welches zu Anfang der Handschrift in- und auslautend einigemal für ch steht (also: niht, mih etc.), in diesen Fällen durch ch wiedergegeben und dass hier, wie in den übrigen Versionen, die Zeilenzählung eingeführt wurde. Der Punkt nach den unverkürzten Personennamen über dem Dialog ist in der Handschrift oft nicht gesetzt. Die neue Vergleichung von A hat die Unzuverlässigkeit des Düntzer'schen Textes ergeben; die ganze Reihe von Abweichungen z. B, die in der Hempelausgabe Goethes XI, 383 noch für Varianten von A gehalten werden mussten, kommen lediglich als Fehler des Düntzer'schen Abdrucks zum Vorschein.

  S. Untergegangene, von Goethe durchkorrigirte Handschrift der Strassburger Stadtbibliothek, abgedruckt durch G. von Loeper in der Hempelausgabe Goethes XI, 219 ff. nach einer Kopie, welche der Herausgeber 1858 genommen. Auf dem Deckel des Manuscripts fand sich nach G. von Loepers Mittheilung a. a. O. 213 f. die Notiz: *Poss. Rathsamhausen.* Fräulein von Rathsamhausen erhielt durch Knebels Vermittlung zu Ende 1780 die Handschrift von Goethe zum Geschenk. Vrgl. Düntzer, zur deutschen Literatur und Geschichte I, 72. S stimmt im Wesentlichen mit A, es sind sogar die nämlichen Eigenthümlichkeiten und Fehler aus A in S übergegangen, so unten Seite 12, Spalte A, 8 „Weichern"; 16 A, 26 ist das in A fehlerhafte „das" (st. des) von S nachgeschrieben und erst nachträglich korrigirt worden; Seite 116 A, 6 geben beide Handschriften ausnahmsweise „Iphigenia." Akt IV ist in S in Scenen eingetheilt, in A nicht. Daneben enthält S aber bereits mehrere Aenderungen, welche der dritten Bearbeitung eigenthümlich sind, namentlich Akt I, 3 (vgl. S. 18, Sp. A), ferner V, 3 (S. 106), so dass ihr eine Mittelstellung zwischen der ersten und dritten Fassung zukommt. S gibt ebensowenig als A ein Personenverzeichnis.

II. Die unwesentlich veränderte Umschreibung des ersten Entwurfs in freien Jamben, aus dem Frühjahr 1780 herrührend. Knebel, welcher auch von dieser Gestalt der Iphigenie eine (nunmehr verschollene) Handschrift besass, brachte dieselbe im Juli 1780 nach Zürich; Lavater nahm sich eine eigenhändige Kopie davon und schenkte dieselbe später dem ihm befreundeten Herzog Franz Leopold Friedrich von Dessau. Ohne Wissen Goethes wurden von Lavaters Amanuensis J. M. Armbruster 1785 einige Scenen der zweiten Bearbeitung im „Schwäbischen Museum" veröffentlicht; später hat Düntzer a. a. O. S. 53 ff. Fragmente derselben abgedruckt. Die vollständige Publikation dieser zweiten Fassung liegt hier zum ersten Mal vor und zwar nach:

B. Lavaters Abschrift in der herzogl. Bibliothek in Dessau. 121 SS. in kl. fol. Sie besteht aus fünf Pappbändchen, von denen jedes einen Akt enthält. Auf dem Titelblatt steht: *Iphigenie von Tauris*, auf dem änssern Umschlag des ersten Heftes: *Iphigenie auf Tauris von Goethe I*, auf den Umschlägen der folgenden Akte: *Iphigenie II* etc. Die Eigennamen sind durchgehends mit rother, die Kernstellen und Sentenzen mit grüner Dinte unterstrichen. Die erste Nachricht über diese Handschrift findet sich nach Düntzer S. 189 in den Blättern für literarische Unterhaltung 1834, Nro. 24. B leidet an Lücken und sonstigen Versehen. So fehlt eine grössere Stelle am Ende des zweiten Aktes, S. 48 und 50, Sp. B. Auch einzelne Verse und Wörter sind ausgefallen. Unser Abdruck folgt der genauen Kopie des Herrn M. Reckling, welche mir durch die freundliche Vermittlung von Herrn Hofrath Dr. W. Hosseus aus Dessau zugegangen ist.

M. Die Bruchstücke im Schwäbischen Museum von J. M. Armbruster. Erster Band 1785, S. 1—28: „Szenen aus Iphigenie in Tauris, Einem ungedruckten Trauerspiel von Göthe." Es sind die Scenen I, 1; III, 1, 2, 3; IV, 1 (nicht vollständig, nur bis Vers 1407) und 5, Vers 1692 bis Schluss des Aktes. Diese Bruchstücke sind aus dem Museum übergegangen in die Ephemeriden der Litteratur und des Theaters 1786, Stück 24, 25, 27 und von hier in Fr. H. von der Hagens Neues Jahrbuch der Berlinischen Gesellschaft für Deutsche Sprache und Alterthumskunde 1853, X, 245 ff. (und schon 1839 im III. Band des Jahrbuchs S. 182 ff. und daraus bei Boas, Nachträge II, 147).

Armbruster, vorher Gärtnerbursche, war 1782 durch J. G. Stäudlin an Lavater und Bodmer empfohlen worden und kam bald darauf nach Zürich, wo er einige Zeit Lavaters Sekretär, dann Zeitungsschreiber bei Orell, Gessner, Füssli & Comp. war. In der erstern Stellung war es ihm ein Leichtes, Lavaters Abschrift der Iphigenie zu seinen indiskreten Absichten zu erhalten. Auch in Bodmers Hand ist diese Kopie gekommen, er schreibt am 5. März 1782 an Chr. H. Müller (Myller): *Man hat hier ein Trauerspiel von Göthe im Manuscript, das Euripideisch sein soll, Iphigenie in Tauris. Iphigenie tritt in der ersten Skene auf, und erzählt sich selbst ihre Geschichte in einem soliloquio. Die Personen reden in Sentenzen zur Zeit und zur Unzeit; und sie kleiden die geläufigsten Lebensregeln in Sprüche. Wenn Orestes Iphigenie sagt, dass er ihr Bruder sei, so macht sie Betrachtungen über die verflochtenen Wege des Schicksals. „Orestes leget die schönsten Strahlen der Sonne vor Jovis Thron zum Dank, denn er ist arm und stumm. Die Erinnien blasen die Asche von Orestes Seele und sie leiden nicht, dass sich die letzten Kohlen von seines Hauses Schreckensbrand in ihm still verglimmen." Die Alten gaben uns kurze mythologische Dichtungen, die Neuern dagegen sind geistreich in metaphysischen und allegorischen Beschreibungen physischer Phænomena. Und Dienstag vor Ostern 1782 an ebendenselben: Ich bin unglücklich, dass ich*

Herdern unter Seneka stelle, dass ich Göthens Iphigenie für schlechter, als das schlechteste
unter Senekas Trauerspielen halte, denn ich habe sie im Manuscript gelesen. Er thut wohl,
dass er sie dem Publiko vorenthält. Welcher Stolz nur für einen Theil der Nation schreiben
zu wollen, den man sich, sagt man, gebildet hat. Worauf der gute Müller gleich mit der
Antwort bereit ist: *Goethe ist kein Tragiker*. Stella nimmt sich nicht aus und hat, die
Unsittlichkeit abgerechnet, wesentliche Fehler. Götz ist als Schauspiel eine Missgeburt, sein
Clavigo ist zur Hälfte gestohlen. Der interessante Anfang ist wirklich aus Beaumarchais'
Memoires übersetzt und das Ende ist ein confuses Geschleppe. Ihm sind die Alten unbekannt.
(Handschriftlich auf der Züricher Stadtbibliothek.)

III. Die dritte Prosabearbeitung, von April bis November 1781 entstanden. Der Dichter
bezeichnet das Verhältnis von I und III damit, dass er dem Stücke noch mehr
Harmonie im Stile zu geben versucht habe, nennt aber zugleich diese Umgestaltung
Lavater gegenüber nur eine flüchtige. Die Veränderungen, Erweiterungen und Verbesserungen sind wesentliche. In dieser Gestalt ist Iphigenie zum ersten Mal 1839
von A. Stahr (nach O), 1842 in Goethes nachgelassenen Werken (nach G) und 1854
von Düntzer u. a. O. (nach W) veröffentlicht worden. Hier sind folgende Handschriften benutzt:

C. Die Handschrift Nr. 1092 der herzogl. Bibliothek in Gotha. Lederband in Quart,
145 SS. umfassend (nur die ungeraden Seiten roth paginirt), regelmässig schön und korrekt
geschrieben. Ob die wenigen Verbesserungen, die sich blos auf einzelne Buchstaben, nie auf
ein ganzes Wort erstrecken, von Goethe selbst herrühren, ist nicht zu entscheiden. Die
erste Nachricht über die aus dem Nachlass Herzog Ernst II. stammende Handschrift findet
sich in Jacobs Vermischten Schriften I, 62, dann VI, 429; vrgl. auch Zeitung für die elegante
Welt 1832, Nr. 222 ff. C wurde mir durch die Liberalität der Gothaer herzogl. Bibliothek
zur Abschrift überlassen.

G. Die unzugängliche Handschrift im Goethe-Archiv zu Weimar. Dieselbe wurde
nach Düntzer S. 192 in unzulänglicher Weise zu dem Abdruck der dritten Bearbeitung im
17. Band von Goethes nachgelassenen Werken (1842) benutzt, dort S. 29 freilich falsch als
erster Entwurf von 1779 bezeichnet. Die in unsrer Ausgabe mit G bezeichneten Varianten
weisen auf diesen Abdruck hin.

O. Die Handschrift der grossherzogl. Bibliothek in Oldenburg, 164 SS. in Quart, mit
grossen Schriftzügen sehr deutlich geschrieben. Mehrere Fehler, wie im Personenverzeichnis
„Pilades" und „Arkes", dann „einer neuer Schauer" im Anfang (statt „immer n. Sch."),
„Lethus" (darnach die Variante zu S. 9 C, 32 unsrer Ausgabe zu berichtigen) u. a. weisen
darauf hin, dass der Schreiber ein gewöhnlicher Kopist war. Die Oldenburger Handschrift
wurde zum ersten Mal, aber ungenau herausgegeben von Dr. Adolf Stahr, Goethes Iphigenie
auf Tauris in ihrer ersten (!) Gestalt. Oldenburg 1839. Herr Dr. A. Lübben in Oldenburg
hat die Güte gehabt, eine neue Collationirung für mich vorzunehmen. (Der Name Iphigenie
ist in O nie, wie man aus Stahr schliessen könnte, abgekürzt.)

W. Die Handschrift der grossherzogl. Bibliothek in Weimar, 135 SS. in Quart, aus
dem Nachlasse von Fr. H. Jacobi stammend und von Düntzer der jetzigen Besitzerin geschenkt.
Diese Handschrift ist dem Abdruck der dritten Bearbeitung bei Düntzer S. 81 ff. zu Grunde
gelegt. Eine neue Vergleichung derselben danke ich Herrn M. Reckling, von dem eine ein-
gehende Arbeit über die verschiedenen Gestaltungen der Iphigenie zu erwarten ist.

Fernere Abschriften erhielten 1782 vom Dichter selbst der General Koch (?), Frau von
Stein, die Herzogin Amalia und Goethes Mutter.

IV. Die endgiltige Gestalt in fünffüssigen Jamben, welche Goethe der Iphigenie während
der italienischen Reise von September 1786 bis zu Ende des Jahres gegeben. „Sie quillt
auf, das stockende Silbenmaas wird in fortgehende Harmonie verwandelt", schrieb der

Dichter seinem Herzog. Am 6. Januar 1787 berichtet er den Freunden in Weimar den Abschluss des Werkes. Am 10. Januar ging das eine der beiden fertig gewordenen Exemplare seines „Schmerzenskindes" an Herder ab. Vermuthlich mit Herders Verbesserungen wurde das Stück an der Spitze des dritten Bandes von Goethes Schriften (Leipzig 1787) zusammen mit Clavigo und den Geschwistern gedruckt. Welche Bewandtnis es mit der Umarbeitung in Versen hat, die Goethe kurz zuvor in Karlsbad während des Augustes 1786 abzuschliessen gedacht, ist nicht völlig klar, vielleicht handelt es sich blos um Vorarbeiten zu der letzten Fassung. Unser Abdruck folgt:

D. Goethe's Schriften. Dritter Band. Leipzig, bey Georg Joachim Göschen, 1787. S. 1—136. (Mit einem Kupfer von Lips, einer Titelvignette von Oeser und je einer in den Text gedruckten Vignette auf S. 3 und 136.) Es gibt eine in Hirzels neuestem Verzeichniss nicht genannte durchweg gleichlautende Ausgabe dieses dritten Bandes aus demselben Jahre; sie unterscheidet sich von der vorigen dadurch, dass ihr die beiden Textvignetten zur Iphigenie fehlen, und dass die Druckfehler auf S. 3 „schaudernden" (D Vers 4) und auf S. 4 „knüften" (D Vers 22) verbessert sind. Sie ist wohl die ursprüngliche; die beiden Blätter mit Vignetten am Anfang und Schluss der Iphigenie (S. 3—4 und 135—136), welche D gibt, sind offenbar später gedruckt und, wie das festere Papier und der Falz zeigt, nachträglich eingeheftet worden. Daneben existiren zwei Separatdrucke der Iphigenie, welche die Jahrzahl 1787 tragen. Nur die mit dem Zusatz „Ächte Ausgabe" versehene stammt aus diesem Jahre, die andere ist von späterm Datum (Hirzel S. 29). Auch der zweite Band der geringern 4bändigen Ausgabe von Goethes Schriften 1787 enthält die Iphigenie noch einmal, so dass also vier resp. fünf Ausgaben aus dem Jahr 1787 vorhanden sind.

Trotz der sorgfältigsten Korrektur haben sich in die Texte folgende Versehen eingeschlichen: S. 2 B, 4 lies hieher statt hierher. — S. 6 A, 14 l. Blick st. Blil. — S. 6 A, 27 l. Scheinst du dir hier ꝛc. st. Scheinst du hier. — S. 7 C, 27 l. Scheinst du dir hier ꝛc. st. Scheinst du hier. — S. 7 D, 64 ist nach Blick das Komma zu streichen — S. 11 C, 35 ist das zweite dir zu streichen. — S. 11 D, 128 ist nach seyn das Komma zu streichen. — S 12 A, 38 l. bendst st. denkt. — S. 16 A, 39 l. Vielleicht st. Vielleicht. — S. 18 A, 33 ist das in zu streichen. — S. 24 B, 369 l. Kriegs st. Krigs. — S. 31 D, 533 ist nach gefunden ein Komma zu setzen. — S. 40 A, 11, l. Willen st. Wille; die Variante unten ist zu streichen. — S. 40 A, 26 l. Vielleicht st. Vielleicht. — S. 41 D, 721 ist nach gebieten das Komma zu streichen. — S. 42 A, 22 l. jeder st. ieder. — S. 52 A, 29 l. zurück st. zurüf. — S. 53 D, 964 ist nach bereich ein Ausrufzeichen zu setzen. — S. 65 D, 1153 ist nach ewig ein Komma zu setzen. — S. 73 D, 1300 ist nach ruft ein Komma zu setzen. — S. 74 B, 1327 l. segnend st. legnend. — S. 74 D, 1355 l. auflöst st. auflößt. — S. 75 D, 1325 ist nach einzgen das Komma zu streichen. — S. 76 A, 5 l. hie st. hier. — S. 79 D, 1396 ist das Komma nach Gefährten zu streichen. — S. 84 B, 1460 ist nach Opfer ein Punkt und 1468 nach dich ein Komma zu setzen. — S. 92 A, 26 l. Wohlthat st. Wohlthat. — S. 97 D, 1707 l. Noth st. Roth.

In Bezug auf die Varianten zu A sind folgende Zusätze aus S anzubringen: Zu S. 10 A, 9 unsere S. — S. 18 A, 3 Haus S. — S. 22 A, 12 gibt S die Lesart den Bruder st. denn Br. S. 34 A, 21 l. um das zarte S. S. 34 A, 34 nächtig S. — S. 56 A, 23 gehn S. — S. 60 A, 21 Hände S. — S. 114 A, 10 ganz Geschid S. — S. 116 A, 22 um das S.

Iphigenie auf Tauris.

A.
[1779]
Iphigenie auf Tauris.

B.
[1780]
Iphigenie von Tauris.

[2] Iphigenie, Tochter Agamemnons.
Thoas, König in Thauris.
Arkas, Vertrauter des Königs.
Orest, Bruder der Iphigenie.
Pylades, Freund des Orests.

---

[1] **Erster Akt.**

Erster Auftritt.
Iphigenie alleine.

Iphigenie.

Heraus in eure Schatten, ewig rege Wipfel 5
heiligen Hayns, hinein ins Heiligthum der
Göttinn, der ich diene, tret' ich mit immer
neuen Schauer und meine Seele gewöhnt sich
nicht hierher! So manche Jahre wohn' ich hier
unter euch verborgen, und immer bin ich wie 10
im ersten fremd, denn mein Verlangen steht
hinnüber nach dem schönen Lande der Griechen,
und immer mögl ich über's Meer hinnüber das
Schiksal meiner Vielgeliebten theilen. Weh dem!
der fern von Eltern und Geschwister ein einsam 15
Leben führet. Ihn läßt der Gram des schönsten
Glükes nicht genießen, ihm schwärmen abwärts
immer die Gedanken nach seines Vaters Wohnung, an iene Stellen wo die Goldne Sonne,

---

[3] **Erster Akt.**

1.

Iphigenie, *allein.*

Heraus in eure Schatten ewigrege Wipfel
Des heil'gen Hayns; hinein ins Heiligthum
Der Göttinn, der ich diene, tret' ich mit immer
neuem Schauer;
und meine Seele gewöhnt sich nicht hierher! 5
So manche Jahre wohn' ich
Hier unter Euch verborgen!
und immer bin ich, wie im Ersten fremd . . .
denn mein Verlangen steht . . .
Hinüber nach dem schönen Lande 10
der Griechen!
und immer mögl' ich über's Meer hinüber
Das Schicksal meiner vielgeliebten theilen.
weh dem, der, fern von Aeltern und Geschwistern,
Ein einsam Leben führet!
[4] Ihn läßt der Gram des schönsten Glückes
nicht genießen! 15
Ihm schwärmen abwärts die Gedanken
Nach seines Vaters Wohnung,
An jene Stellen, wo die goldne Sonne

---

4 fehlt B. — 5 Heraus fehlt B. — 6 Hayns, wie in das B. — 8 neuem B. — 15 Geschwistern B.

C.

[1781]

Iphigenie auf Tauris.

Ein Schauspiel.

Personen.
Iphigenie.
Thoas, König der Taurier.
Orest.
Pylades.
Arkas.

Schauplatz
Hain, vor Dianens Tempel.

[1] **Erster Akt.**

Erster Auftritt.

Iphigenie allein.

Heraus in eure Schatten, ewig rege Wipfel
des heiligen Hains, wie in das Heiligthum der
Göttin der ich diene, tret' ich mit immer neuem   5
Schauer und meine Seele gewöhnt sich nicht
hierher! So manche Jahre wohn' ich hier unter
euch verborgen, und immer bin ich wie im ersten
fremd, denn mein Verlangen steht hinüber nach   10
dem schönen Lande der Griechen und immer
möcht' ich über's Meer hinüber, das Schicksal
meiner Vielgeliebten theilen. Weh dem! der fern
von Eltern und Geschwistern ein einsam Leben
führt, ihn läßt der Gram des schönsten Glückes 15
nicht [2] genießen, ihm schwärmen abwärts
immer die Gedanken nach seines Vaters Wohnung, an jene Stellen, wo die goldne Sonne,

---

6 mit einer neuen O. — 7 Schauer O. — 12 möcht'
GOW. — 18 Stelle O.

D.

[1786—87]

Iphigenie auf Tauris.

Ein Schauspiel. [*]

Personen.
Iphigenie.
Thoas, König der Taurier.
Orest.
Pylades.
Arkas.

Schauplatz
Hain vor Dianens Tempel.

[S. 3 Vignette von Lips.]

Erster Aufzug.

Erster Auftritt.

Iphigenie.

Heraus in eure Schatten, rege Wipfel
Des alten, heil'gen, dichtbelaubten Haines,
Wie in der Göttinn stilles Heiligthum,
Tret' ich noch jetzt mit schaudernden Gefühl,
Als wenn ich sie zum erstenmal beträte,   5
Und es gewöhnt sich nicht mein Geist hierher.
[4] So manches Jahr bewahrt mich hier ver-
         borgen
Ein hoher Wille, dem ich mich ergebe;
Doch immer bin ich, wie im ersten, fremd.
Denn ach mich trennt das Meer von den Ge-
         liebten,   10
Und an dem Ufer steh' ich lange Tage,
Das Land der Griechen mit der Seele suchend;
Und gegen meine Seufzer bringt die Welle
Nur dumpfe Töne brausend mir herüber.
Weh dem, der fern von Eltern und Geschwistern 15
Ein einsam Leben führt! Ihm zehrt der Gram
Das nächste Glück vor seinen Lippen weg.
Ihm schwärmen abwärts immer die Gedanken
Nach seines Vaters Hallen, wo die Sonne

A.	B.
zum erstenmahl den Himmel vor ihm aufschloß, wo die Spiele [2] der Mitgebohrnen die sanften liebsten Erden Bande knüpften. Der Frauen Zustand ist der schlimmste vor allen Menschen. Will dem Mann das Glük, so herrscht er und 5 ersicht im Felde Ruhm, und haben ihm die Götter Unglük zubereitet, fällt er, der Erstling von den Seinen in den schönen Tod. Allein des Weibes Glük ist eng gebunden, sie dankt ihr Wohl stets andern, öftern Fremden, und wenn 10 Zerstörung ihr Haus ergreift, führt sie aus rauchenden Trümmern durch der erschlagenen liebsten Blut der Ueberwinder fort. Auch hier an dieser heiligen Stätte hält Thoas mich in ehrenvoller Sclaverey! Wie schwer wird mir's 15 dir wieder Willen dienen ewig reine Göttinn! Retterinn! dir sollte mein Leben zu ewigen Dienste geweiht seyn. Auch hab' ich stets auf dich gehofft und hoffe noch. Diana die du mich verstoßne Tochter des größten Königs in deinen 20 heiligen sanften Arm genommen. Ja Tochter Jovis hast du den Mann dessen Tochter du fodertest, hast du den Götter-[3]gleichen Agamemnon, der dir sein liebstes zum Altare brachte, hast du den glüklich von dem Felde 25 der umgewandten Troia mit Ruhm nach seinem Vaterlande zurük begleitet, hast du meine Geschwister Elektren und Oresten den Knaben und unsere Mutter, ihm zu Hause den schönen Schatz bewahret, so rette mich, die du vom Tode ge- 30 rettet, auch von dem Leben hier dem Zweiten Tod.	Zum erstenmal den Himmel vor ihm aufschloß; Hin, wo die Spiele der Mitgebohrnen 20 die sanften liebsten Erdebande knüpften . . . . Der Frauen Zustand ist der schlimmste Vor allen Menschen! Will dem Mann das Glück, so herrscht Er, und ersicht im Felde Ruhm; 25 und haben Ihm die Götter Unglück zubereitet, So fällt Er . . Der Erstling von den Seinen In den schönen Tod . . . Allein des Weibes Glück ist enggebunden; 30 Sie dankt Ihr Wohl stets andern, öftern Fremden; und wann Zerstörung ihr Haus ergreift, Führt Sie aus rauchenden Trümmern durch der Erschlagenen Liebsten Blut der Überwinder fort! 35 [5] Auch hier an dieser heiligen Stätte Hält Thoas mich in ehrenvoller Sklaverey! Wie schwer wird's mir, dir wider Willen dienen O Ewigreine Göttinn! Retterinn! dir sollte — dir mein Leben 40 Zum ew'gen Dienst geweiht seyn! Auch hab' ich stets auf dich gehofft! und hoffe noch. Diana! die du mich verstoßne Tochter des größten Königes In deinen heil'gen sanften Arm genommen! 45 Ja! Tochter Jovis! Hast du den Mann, deß Tochter du fodertest; Hast du den Göttergleichen Agamemnon, Der dir sein Liebstes zum Altare brachte; Hast du den glücklich von dem Felde 50 Der umgewandten Troia Mit Ruhm nach seinem Vaterlande Zurückbegleitet? Hast du meine Geschwister [6] Elektern und Orest den Knaben 55 und unsre Mutter — Ihm zu Hause den schönen Schatz bewahret . . . . So rette mich — . . die du vom Tode mich gerettet! Auch von dem Leben hier, 60 Dem zweyten Tode!

17 ewigem B. — 19 Diane B. — 26 umgewandten B. — 30 bewahrt B; Tod B.

55 Elektre M.

C.

zum erstenmal den Himmel vor ihm aufschlos,
wo die Spiele der Mitgebohrnen die sanften
liebsten Erdenbande knüpften. Der Frauen Zustand ist der schlimmste vor allen Menschen. Will
dem Mann das Glück, so herrscht er und ersicht 5
im Felde Ruhm, und haben ihm die Götter
Unglück zubereitet, fällt er, der Erstling von
den Seinen in den schönen Tod. Allein des
Weibes Glück ist eng gebunden, sie dankt ihr
Wohl stets andern, öfters Fremden, und wenn 10
Zerstöhrung ihr Haus ergreift, führt sie aus
rauchenden Trümmern, durchs Blut erschlagner
Liebsten, ein Ueberwinder fort. [3] Auch hier
an dieser heiligen Stäte hält Thoas mich in
ehrenvoller Sklaverey! Wie schwer wird mir's 15
dir wider Willen dienen, ewig reine Göttin!
Retterin! dir sollte mein Leben zu ewigem
Dienste geweiht seyn. Auch hab' ich stets auf
dich gehofft und hoffe noch Diane, die du mich,
verstoßne Tochter des größten Königs in deinen 20
heiligen sanften Arm genommen. Ja Tochter
Jovis hast du den Mann dessen Tochter du
fodertest, hast du den göttergleichen Agamemnon,
der dir sein Liebstes zum Altare brachte, hast
du vom Felde der umgewandten Troia ihn 25
glücklich und mit Ruhm nach seinem Vaterlande
zurückbegleitet, hast du meine Geschwister Elektren und Oresten den Knaben und unsere Mutter,
ihm zu Hause den [4] schönen Schatz bewahrt,
so rette mich, die du vom Tod gerettet, auch 30
von dem Leben hier dem zweyten Tod.

D.

Zuerst den Himmel vor ihm aufschloß, wo 20
Sich Mitgeborne spielend fest und fester
Mit sanften Banden aneinander knüpften.
Ich rechte mit den Göttern nicht; allein
Der Frauen Zustand ist beklagenswerth.
Zu Haus' und in dem Kriege herrscht der Mann 25
Und in der Fremde weiß er sich zu helfen.
[5] Ihn freut der Besitz; ihn krönt der Sieg;
Ein ehrenvoller Tod ist ihm bereitet.
Wie eng-gebunden ist des Weibes Glück!
Schon einem rauhen Gatten zu gehorchen, 30
Ist Pflicht und Trost; wie elend, wenn sie gar
Ein feindlich Schicksal in die Ferne treibt!
So hält mich Thoas hier, ein edler Mann,
In ernsten, heil'gen Sklavenbanden fest.
O wie beschämt gesteh' ich, daß ich dir 35
Mit stillem Widerwillen diene, Göttinn,
Dir meiner Retterinn! Mein Leben sollte
Zu freyem Dienste dir gewidmet seyn.
Auch hab' ich stets auf dich gehofft und hoffe
Noch jetzt auf dich Diana, die du mich, 40
Des größten Königes verstoßne Tochter,
In deinen heil'gen, sanften Arm genommen.
Ja, Tochter Jovs, wenn du den hohen Mann,
Den du, die Tochter fodernd, ängstigtest;
Wenn du den göttergleichen Agamemnon, 45
Der dir sein Liebstes zum Altare brachte,
Von Troja's umgewandten Mauern rühmlich
Nach seinem Vaterland zurückgeleitet,
Die Gattinn ihm, Elektren und den Sohn,
[6] Die schönen Schätze, wohl erhalten hast; 50
So gib auch mich den Meinen endlich wieder,
Und rette mich, die du vom Tod' errettet,
Auch von dem Leben hier, dem zweyten Tode.

---

5 Neue GOW. — 12 erschlagener GO. — 17 zum
G; ewigen O. — 19 Diane GW. — 23 forderest GOW.
— 24 Altar G. — 30 errettet G.

22 fehlt/en Druckfehler in D.

A.

Zweyter Auftritt.
Iphigenie, Arkas.

Arkas.
Der König, der mich sendet entbeut der
Priesterin Dianens seinen Gruß. Es naht der
Tag da Tauris seiner Göttin für wunderbare
neue Siege dankt, ich komme von dem König
und dem Heer dir sie zu melden.

Iphig.
Wir sind bereit und unsre Göttin sieht Will- 10
kommnem Opfer von Thoas Hand mit Gnaden-
blik entgegen.

Arkas.
O fänd ich auch den Blik der Priesterin,
der werthen, vielgeehrten, deinen Blik o heilige 15
Jungfrau leuchtender, uns allen gutes Zeichen.
Denn noch bedekt der Gram geheimnißvoll dein
Innerstes, vergebens harren wir [4] auf irgend
ein lächelnd Vertrauen. So lang ich dich an
dieser Stätte kenne, ist dies der Blik vor dem 20
ich immer schaudre, und wie mit Eisenbanden
ist deine Seele in's Innerste des Busens angeschmiedet.

Iphig.
Wie's der vertriebenen, der Verwaisten ziemt. 25

Arkas.
Scheinst du hier vertrieben und verwaist?

Iphig.
Die süße Fremde ist nicht Vaterland.

Ark.
Und dir ist Vaterland mehr als die Fremde 30
fremd.

Iphig.
Dies ist's warum mein blutend Herz nicht
heilt. In erster Jugend, da sich kaum die Seele 35
an Vater, Mutter und Geschwister band, die
neuen Schößlinge in lieblicher Gesellschaft von
den Füßen der alten Stämme gen Himmel
strebten, da leider in das Elend meines Hauses

7 vor dem 8.

B

2.
Iphigenie. Arkas.

Arkas.
Der König, der mich sendet,
Entbeut der Priesterinn Dianens seinen Gruß..
Es naht der Tag, da Tauris seiner Göttinn 65
Für wunderbare neue Siege dankt.
Ich komme von dem König, und vom Heere,
Die ſie zu melden.

Iphigenie.
Wir sind bereit,
und unsre Göttinn sieht willkommen Opfern
von Thoas Hand mit Gnadenblid' entgegen. 70

[7] **Arkas.**
O fänd' ich auch den Blick der Priesterinn!
der wehrten, vielgeehrten — deinen Blick
o heil'ge Jungfrau leuchtender:
Wie wer's uns alles Guten Zeichen!
denn noch bedekt der Gram geheimnißvoll 75
dein Innerstes!
Vergebens harren wir
Auf irgend ein lächelnd Vertrau'n!
So lang ich dich an dieser Stätte kenne,
Ist dies der Blick, vor dem ich immer schaudre! 80
und wie mit Eisenbanden
Ist deine Seele
Das Innerste des Busens angeschmiedet.

Iphigenie.
Wie's der Vertriebnen, der Verwaysten ziemt.

Arkas.
Scheinst du dir vertrieben und verwaist? 85

Iphigenie
Die süße Fremde ist nicht Vaterland.

[8] **Arkas.**
und dir ist Vaterland mehr als die Fremde
fremd!

Iphigenie.
dies ist's, warum mein blutend Herz nicht heilt.
In erster Jugend, da sich kaum
die Seel' an Vater, Mutter, und Geschwister
band; 90
die neüen Schößlinge, in lieblicher Gesellschaft,
von den Füßen der alten Stämme
gen Himmel strebten!
Da, leider! in das Elend meines Hauses früh
verwickelt

C.

Zweiter Auftritt.

Iphigenie. Arkas.

Arkas.

Der König sendet mich und beut der Priesterin Dianens Gruß und Heil. Es naht der
Tag, da Tauris seiner Göttin für wunderbare
neue Siege dankt, ich komme vor dem König'
und dem Heer, dir sie zu melden.

Iphigenie.

Wir sind bereit und unsre Göttin sieht will-
kommnem Opfer von Thoas Hand mit Gnadenblick entgegen.

[5] **Arkas.**

O fänd' ich auch den Blick der Priestrin,
der werthen, vielgeehrten, deinen Blick o heilige
Jungfrau leuchtender, uns allen gutes Zeichen.
Denn noch bedeckt der Gram geheimnißvoll dein
Innerstes, vergebens harren wir auf irgend ein
lächelnd Vertrauen. So lang ich dich an dieser
Stäte kenne, ist dies der Blick, vor dem ich
immer schaudre, und wie mit Eisenbanden ist
deine Seele in's Innerste des Busens angeschmiedet.

Iphigenie.

Wie's der Vertriebnen, der Verwaisten ziemt.

Arkas.

Scheinst du hier vertrieben und verwaist?

[6] **Iphigenie.**

Die süße Fremde ist nicht Vaterland.

Arkas.

Und dir ist Vaterland mehr, als die Fremde
fremd.

Iphigenie.

Dies ist's warum mein blutend Herz nicht
heilt. In erster Jugend, da sich kaum die Seele
an Vater, Mutter und Geschwister band, die
neuen Schößlinge in lieblicher Gesellschaft von
den Füßen der alten Stämme gen Himmel
strebten, da, leider in das Elend meines Hauses

D.

Zweyter Auftritt.

Iphigenie. Arkas.

Arkas.

Der König sendet mich hieher und beut
Der Priesterinn Dianens Gruß und Heil. 55
Dieß ist der Tag, da Tauris seiner Göttinn
Für wunderbare neue Siege dankt.
Ich eile vor dem König' und dem Heer',
Zu melden, daß er kommt und daß es naht.

Wir sind bereit, sie würdig zu empfangen, 60
Und unsre Göttinn sieht willkomm'nem Opfer
Von Thoas Hand mit Gnadenblick entgegen.

[7] **Arkas.**

O fänd' ich auch den Blick der Priesterinn,
Der werthen, vielgeehrten, deinen Blick,
O heil'ge Jungfrau, heller, leuchtender, 65
Uns allen gutes Zeichen! Noch bedeckt
Der Gram geheimnißvoll dein Innerstes;
Vergebens harren wir schon Jahre lang
Auf ein vertraulich Wort aus deiner Brust.
So lang' ich dich an dieser Stäte kenne, 70
Ist dies der Blick, vor dem ich immer schaudre;
Und wie mit Eisenbanden bleibt die Seele
In's Innerste des Busens dir geschmiedet.

Iphigenie.

Wie's der Vertriebnen, der Verwaisten ziemt.

Arkas.

Scheinst du dir hier vertrieben und verwaist? 75

Iphigenie.

Kann uns zum Vaterland' die Fremde werden?

Arkas.

Und dir ist fremd das Vaterland geworden.

[8] **Iphigenie.**

Das ist's, warum mein blutend Herz nicht heilt.
In erster Jugend, da sich kaum die Seele
An Vater, Mutter und Geschwister band; 80
Die neuen Schößlinge, gesellt und lieblich,
Vom Fuß der alten Stämme himmelwärts
Zu bringen strebten; leider faßte da
Ein fremder Fluch mich an und trennte mich
Von den Geliebten, riß das schöne Band 85

---

7 von dem O. — 8 so dir G. — 14 Priesterinn GOW.
— 15 werthen, der G. — 29 läßt'ge G. — 37 vor GO.

| A. | B. |

A.

früh verwickelt, von einer gütigen Gottheit gerettet, und durch ein Wunderwerk hierher geführt — — So tiefe Narben bleiben von jenen
allen Schaden in der Brust das weder Freud
noch Hoffnung drinn gedeihn kann.

[5] **Arc.**
Wenn du dich so unglücklich nennst, so darf
ich dich auch wohl undankbar nennen.

Iphig.
Dank habt ihr stets.   10

Arc.
Doch nicht den schönen Dank, um deßentwillen mann die Wolthat thut, ich meine
Frölichkeit und das zufriedne Leben. Seitdem
du dich durch ein geheimes Schiksal, vor so   15
viel Jahren hier im Tempel fandst, nahm Toas
dich als ein Geschenk der Göttin mit Ehrfurcht
und mit seltner Freundschaft auf, und dieses
Ufer war dir freundlich, das sonst jedem Frem-
ben von Alters her voll Angst und Grausens 20
ist, weil vor dir niemand unser Reich betrat,
der an den Stufen Dianens nicht als unvermeidlich Opfer blutete.

Iphig.
Der freye Atem macht das Leben nicht allein. 25
Welch Leben ist's das an der heiligen Stäte gleich
einem Schatten ich um ein geweyhtes Grab vertrauren muß — Glaubst du es liese sich ein
frölich Leben führen, wenn diese Tage, die man
unnütz durchschleicht, nur Vorbereitung zu jenem 30
Schattenleben sind, das an dem Ufer Letes vergessend ihrer selbst, die Trauerschaar der abgeschiedenen feiert. Unnütz seyn ist Tod seyn. Meist
ist das des Weibes Schiksal und vor allen meines.

[6] **Arc.**   35
Den edlen Stolz, daß du dich unnütz nennst,
verzeih ich dir, so sehr ich ihn bedaure. Er raubt
dir den Genuß des Lebens. Du hast hier nichts
gethan seit deiner Ankunfft? Wer hat des Königs

B.

Von einer gütigen Gottheit schnell gerettet   95
und durch ein Wunderwerk hieher geführt .....
So tiefe Narben bleiben
Von jenem alten Schaden in der Brust,
daß weder Freude kann noch Hoffnung
darinn gedeyh'n.   100

Arkas.
Wenn du dich so unglücklich nennst;
So darf ich dich auch wohl undankbar nennen.

Iphigenie.
Dank habt Ihr stets.

[9] **Arkas.**
Doch nicht den schönen Dank
um deßentwillen man die Wohlthat thut!   105
Ich meyne Fröhlichkeit und das zufriedne Leben.
Seitdem du dich durch ein geheimes Schicksal
vor so viel Jahren hier in diesem Tempel fandst;
Nahm Thoas dich als ein Geschenk der Göttinn
Mit Ehrfurcht und mit seltner Freundschaft
auf . . .   110
und dieses war dir freundlich —
das jedem Fremden sonst von Alters her
voll Angst und Grausens ist . .
weil vor dir niemand unser Reich betrat
Der an den Stufen Dianens nicht   115
als unvermeidlich Opfer blutete.

Iphigenie.
Der freye Odem macht das Leben nicht allein.
Welch Leben ist's — das an der heil'gen Stätte
Gleich einem Schatten ich um ein geweyhtes Grab
Vertrauren muß.   120
Glaubst du, es liese sich ein fröhlich Leben führen,
[10] Wenn diese Tage, die man unnütz durch-
schleicht
Nur Vorbereitung sind zu jenem Schattenleben
das an des Lethes user
vergessend ihrer selbst   125
Die Trauerschaar der Abgeschiednen feyrt.
Unnütz seyn ist todt seyn —
Meist ist das der Weiber Schicksal — — und
Vor allen meins!

Arkas.
Den edeln Stolz, daß du dich unnütz nennst   130
Verzeih' ich dir! So sehr ich ihn bedaure!
Er raubt dir den Genuß des Lebens.
Du? Hast hier nichts gethan, seit deiner Ankunft?
Wer hat des Königs trüben Sinn erheitert?

---

3 jenem B. — 4 weder neue Freud B. — 19 ward
B. — 22 an der Stufen B. — 30 jenem B. — 31 an
dem B. — 34 meins B.

111 Ufer fehlt B.

C.

früh verwickelt, von einer gütigen Gottheit gerettet, und durch ein Wunderwerk hierher geführt. — — So tiefe Narben bleiben von jenem
alten Schaden [7] in der Brust, daß weder neue
Freude noch Hoffnung drinn gedeihen kann. 5

Arkas.
Wenn du dich so unglücklich nennst, so darf
ich dich auch wohl undankbar nennen.

Iphigenie.
Dank habt ihr stets. 10

Arkas.
Doch nicht den schönen Dank, um dessentwillen man die Wohlthat thut, ich meine, Fröhlichkeit und das zufriedne Leben. Seitdem du
durch ein geheimes Schicksal vor so viel 15
Jahren hier im Tempel fandst, nahm Thoas
dich als ein Geschenk der Göttin mit Ehrfurcht
und mit seltner Freundschaft auf, und dieses
Ufer ward dir freundlich, das [8] jedem Fremden
sonst von Alters her voll Angst und Grausens 20
ist, weil vor dir niemand unser Reich betrat,
der an Dianens Stufen nicht, ein unvermeidlich
Opfer blutete.

Iphigenie.
Der freie Athem macht das Leben nicht 25
allein. Welch Leben ists, das an der heil'gen
Stäte gleich einem Schatten ich um ein geweihtes
Grab vertrauern muß? Glaubst du, es ließe sich
ein fröhlich Leben führen, wenn diese Tage, die
man unnütz durchschleicht, nur Vorbereitung zu 30
jenem Schattenleben sind, das an dem Ufer
Lethe's, vergessend ihrer selbst, die Trauerschaar
der Abgeschiednen feiert. Unnütz seyn, ist tod
seyn. [9] Gewöhnlich ist dies eines Weibes
Schicksal und vor allen meins. 35

Arkas.
Den edlen Stolz, daß du dich unnütz nennst,
verzeih' ich dir, so sehr ich ihn bedaure. Er
raubt dir den Genuß des Lebens. Du hast
hier nichts gethan seit deiner Ankunft? Wer 40

D.

Mit ehrner Faust entzwey. Sie war dahin,
Der Jugend beste Freude, das Gedeihn
Der ersten Jahre. Selbst gerettet, war
Ich nur ein Schatten mir, und frische Lust
Des Lebens blüht in mir nicht wieder auf. 90

Arkas.
Wenn du dich so unglücklich nennen willst;
So darf ich dich auch wohl undankbar nennen.

Iphigenie.
Dank habt ihr stets.

Arkas.
Doch nicht den reinen Dank,
Um dessentwillen man die Wohlthat thut;
[9] Den frohen Blick, der ein zufriedner Leben 95
Und ein geneigtes Herz dem Wirthe zeigt.
Als dich ein tief-geheimnißvolles Schicksal
Vor so viel Jahren diesem Tempel brachte,
Kam Thoas, dir als einer Gottgeschenkten
Mit Ehrfurcht und mit Neigung zu begegnen, 100
Und dieses Ufer ward dir hold und freundlich,
Das jedem Fremden sonst voll Grausens war,
Weil niemand unser Reich vor dir betrat,
Der an Dianens heil'gen Stufen nicht
Nach altem Brauch, ein blut'ges Opfer, fiel. 105

Iphigenie.
Frey athmen macht das Leben nicht allein.
Welch Leben ist's, das an der heil'gen Stäte,
Gleich einem Schatten um sein eigen Grab,
Ich nur vertrauern muß? Und nenn' ich das
Ein fröhlich selbstbewußtes Leben, wenn 110
Uns jeder Tag, vergebens hingeträumt,
Zu jenen grauen Tagen vorbereitet,
Die an dem Ufer Lethe's, selbstvergessend,
Die Trauerschaar der Abgeschiednen feiert?
Ein unnütz Leben ist ein früher Tod; 115
Dieß Frauenschicksal ist vor allen mein's.

[10] **Arkas.**
Den edlen Stolz, daß du dir selbst nicht g'nügest,
Verzeih' ich dir, so sehr ich dich bedaure:
Er raubet dir den Genuß des Lebens du.
Du hast hier nichts gethan seit deiner Ankunft? 120
Wer hat des Königs trüben Sinn erheitert?

---

3 blieben G. — 13—14 Fröhligkeit W. — 15 vielen
G. — 26 heiligen GOW. — 27 ich fehlt G. — 28 Grab
ich G. — 32 Leth'as OW. — 39 ten GOW.

A.

trüben Sinn erheitert, wer hat das harte Gesez,
das am Altare Dianens jeder Fremde sein Leben
blutend läßt, von Jahr zu Jahr mit sanfter
Ueberredung aufgehalten, und die Unglücklichen
aus dem gewissen Tod in's liebe Vaterland so 5
oft zurückgeschikt. Hat nicht Diana statt sich zu
erzürnen, daß sie der lang gewohnten blutigen
Opfer mangelt, dein sanft Gebet mit reichem
Maas erhört? Sind unsre Waffen nicht glänzend
diese Zeit an Segen Stärk und Glük, und fühlt 10
nicht jeglicher ein beßer Loos, seit dem der rauhe
Sinn des Königs mild durch deinen Göttergleichen heiligen Rath sich bildet? das nennst
du unnüz, wenn von deinem Wesen auf tausende
herab ein Balsam träufelt, wenn du dem Volk 15
zu dem ein Gott dich führte, des neuen Glüks
ewige Quelle wirst, und durch die süße milde
an dem unwirtbaren Ufer dem Fremden strandenden Rükkehr und Heil bereitest.

Iphig. 20
Das wenige wird leicht hinweg geschlungen
wenn man wie [7] viel noch überbleibt empfindet.

Arl.
Doch lobst du den, der was er thut nicht
schäzt. 25

Iphig.
Man tadelt den, der seine Thaten wägt.

Arl.
Gleich den, der falschen Werth zu eitel hebt,
und den der wahren Werth zu stolz nicht achtet. 30
Glaub mir und höre auf eines Menschen Wort,
der dir mit Treue zugethan ist. Der König hat
beschloßen heute mit dir zu reden. Ich bitte dich
mach's ihm leicht.

Iphig. 35
Du ängstest mich. Oft bin ich schon dem
Antrag den ich fürchtete mühselig ausgewichen.

Arl.
Sey klug und denke was du thust. Seitdem
der König seinen Sohn verlohren, scheint er 40
keinen von uns mehr recht zu trauen. Die
jungen Edlen seines Volks sieht er mißgünstig

2 Altar B. — 7 Stuzen B. — 8 reichem B. — 16
Glückes B. — 33 heut B. — 39 dem B. — 41 keinem B.

B.

Wer hat das harte Gesez, 135
daß am Altar Dianens jeder Fremde
Sein Leben blutend läßt — von Jahr zu Jahr
Mit sanfter Überredung aufgehalten?
wer die unglücklichen aus dem gewissen Tod'
Ins liebe Vaterland so oft zurückgeschickt? 140
Hat nicht Diana, statt sich zu erzürnen,
[11] daß Sie der langgewohnten blut'gen Opfer
Entbehrt — dein sanft Gebeth mit reichem Maas
erhört?
Sind unsre Wafen diese Zeit nicht glänzender
An Seegen, Stärk und Glück? 145
und fühlt nicht jeglicher ein beßer Loos,
Seit dem der rauhe Sinn des Königs mild
durch deinen göttergleichen heil'gen Rath sich
bildet?
Das nennst du unnüz — wenn von deinem Wesen
Auf tausende herab ein Balsam träuselt? 150
Wenn du dem Volk, zu dem ein Gott dich führte,
Des neuen Glückes ew'ge Quelle wirst?
und durch die süße Milde
An diesem unwirthbaren user
dem fremden Strandenden Rückkehr und Heil
bereitest? 155
Das nennst du unnüz?

Iphigenie.
Das wenige wird leicht hinweggeschlungen,
Wenn man, wie viel noch überbleibt, empfindet.

Arlas.
Doch lobst du den, der, was er thut, nicht schäzt.
[12] **Iphigenie.**
Man tadelt den, der seine Thaten wägt. 160

Arlas.
Gleich dem, der falschen Werth zu eitel hebt,
Und den, der wahren Werth zu stolz nicht achtet.
Glaub mir; und hör' auf eines Menschen Wort
Der dir mit Treu' ist zugethan.
Der König hat beschloßen heut mit dir zu reden. 165
Ich bitte dich . . . . Mach's ihm leicht!

Iphigenie.
Du ängstest mich! Oft bin ich schon
dem Antrag, den ich fürchtete,
Mühseelig ausgewichen.

Arlas.
Sey klug und denke, was du thust! 170
Seit dem der König seinen Sohn verloren,
Scheint Keinem mehr von uns er recht zutrauen..
Die jungen edeln seines Volkes
Sieht Er mißgünstig an,

G.

hat des Königs trüben Sinn erheitert? wer hat
das harte Gesez, das am Altar Dianens ieder
Fremde sein Leben blutend läßt, von Jahr zu
Jahr mit sanfter Ueberredung aufgehalten und
die Unglücklichen aus dem gewissen Tod ins 5
liebe Vaterland so oft zurückgeschickt. Hat nicht
Diana statt sich zu erzürnen, daß sie der langgewohnten blut'gen Opfer mangelt, dein sanft
Gebet mit reichem Maas er-[10]hört? Sind
unsere Waffen nicht glänzend, diese Zeit an 10
Segen, Stärk' und Glück, und fühlt nicht jeglicher ein besser Loos, seitdem der rauhe Sinn
des Königs mild durch deinen göttergleichen
heiligen Rath sich bildet? Das nennst du unnüz,
wenn von deinem Wesen auf tausende herab ein 15
Balsam träufelt, wenn du dem Volk, zu dem
ein Gott dich führte, des neuen Glückes ew'ge
Quelle wirkst, und durch die süße Milde, an dem
unwirtbaren Ufer dem Fremden strandenden,
Rückkehr und Heil bereitest. 20
            Iphigenie.
  Das wenige verschwindet leicht dem Blick,
der vorwärts sieht wie viel zu thun noch überbleibt.
            [11] Arkas. 25
  Doch lobst du den, der was er thut nicht
schäzt?
            Iphigenie.
Man lobt den, der seine Thaten wägt.
            Arkas. 30
  Auch den der wahren Werth zu stolz nicht
achtet, wie den der falschen Werth zu eitel hebt.
Glaub mir und höre auf eines Menschen Wort,
der dir mit Treue zugethan ist. Der König hat
beschlossen heut mit dir dir zu reden: Ich bitte 35
mach's ihm leicht.
            Iphigenie.
  Du ängstest mich. Oft bin ich schon dem
Antrag, den ich fürchtete, mühseelig ausgewichen.
            Arkas. 40
  Sey klug und denke was du thust. Seitdem
der Kö-[12]nig seinen Sohn verloren, scheint
er keinem von uns mehr recht zu trauen. Die
jungen Edlen seines Volks sieht er misgünstig

---

2 das am Altar G; das OW. — 8 blut'gen GO. —
9 reichen O. — 17 ruige GOW. — 23 welcher vorwärts
G. — 33 hör' GOW. — 39 mühsam G. — 44 Volkes G.

D.

Wer hat den alten grausamen Gebrauch,
Daß am Altar Dianens ieder Fremde
Sein Leben blutend läßt, von Jahr zu Jahr
Mit sanfter Überredung aufgehalten, 125
Und die Gefangnen vom gewissen Tod'
In's Vaterland so oft zurückgeschickt?
Hat nicht Diane, statt erzürnt zu seyn,
Daß sie der blut'gen alten Opfer mangelt,
Dein sanft Gebeth in reichem Maß erhört? 130
Umschwebt mit frohem Fluge nicht der Sieg
Das Heer? und eilt er nicht sogar voraus?
Und fühlt nicht jeglicher ein besser Loos,
Seitdem der König, der uns weis' und tapfer
So lang geführet, nun sich auch der Milde 135
In deiner Gegenwart erfreut und uns
Des schweigenden Gehorsams Pflicht erleichtert.
[11] Das nennst du unnüz? wenn von deinem
Wesen
Auf Tausende herab ein Balsam träufelt;
Wenn du dem Volke, dem ein Gott dich brachte, 140
Des neuen Glückes ew'ge Quelle wirkst,
Und an dem unwirthbaren Todes-Ufer
Dem Fremden Heil und Rückkehr zubereitest?
            Iphigenie.
Das Wenige verschwindet leicht dem Blick,
Der vorwärts sieht wie viel noch übrig bleibt. 145
            Arkas.
Doch lobst du den, der was er thut nicht schäzt?
            Iphigenie.
Man lobt den, der seine Thaten wägt.
            Arkas.
Auch den, der wahren Werth zu stolz nicht achtet,
Wie den, der falschen Werth zu eitel hebt.
Glaub' mir und hör' auf eines Mannes Wort, 150
Der treu und redlich dir ergeben ist:
Wenn heut der König mit dir redet, so
Erleichtr' ihm, was er dir zu sagen denkt.
            [12] Iphigenie.
Du ängstest mich mit jedem guten Worte;
Oft wich ich seinem Antrag mühsam aus. 155
            Arkas.
Bedenke was du thust und was dir nüzt.
Seitdem der König seinen Sohn verloren,
Vertraut er wenigen der Seinen mehr,
Und diesen Wenigen nicht mehr wie sonst.
Mißgünstig sieht er jedes Edeln Sohn 160
Als seines Reiches Folger an; er fürchtet

A.

an, und fürchtet sich vor einem einsamen hülflosen Alter. Wir sehen, er wirft Gedanken in
sich um. Die Scythen setzen keinen Vorzug in's
Reden, der König am wenigsten. Er der nur
gewohnt ist zu befehlen, und zu thun, kennt 5
nicht die Kunst von weitem ein Gespräch nach
seiner Absicht hin zu lenken. Erschwer's ihm
nicht durch Rückhalt, Weigern, und vorsetzlich
Mißverstehn. Geh' ihm gefällig halben Wegs
entgegen. 10

[8] **Iphig.**
Soll ich beschleunigen was mich bedroht.

Arl.
Willst du sein Werben eine Drohung nennen?

Iphig. 15
Es ist's, und mir die schrecklichste von allen.

Arl.
Gieb ihm für seine Neigung nur vertraun.

Iphig.
Wenn er von Furcht erst meine Seele löst. 20

Arl.
Warum verschweigst du deine Herkunfft ihm.

Iphig.
Weil einer Priesterin Geheimniß ziemt.

Arl. 25
Den Könige soll nichts Geheimniß seyn.
Und ob er's gleich nicht fordert fühlt er's doch,
und fühlt es doch, daß du sorgfältig dich vor
ihm verwahrst.

Iphig. 30
Sag mir, ist er unmuthig gegen mich.

Arl.
Er scheint's zu seyn. Zwar spricht er nichts
von dir, doch hab' ich bey ganz fremden Anlaß
aus hingeworfnen Worten gespürt daß es in 35
seiner Seele gährt. O überlaß ihn nicht sich
selbst, damit du nicht zu spät, an meinen Rath
mit Reue denkst.

Iphig.
Wie! sinnt der König, was kein Mann der 40
seinen Namen liebt [9] und die Olympier verehrt ie denken soll, sinnt er, mich mit Gewalt
von dem Altar in sein Verhaßtes Bett zu

---

6 vom B. — 16 schreckliche B. — 26 Dem B. —
27 fodert B. — 29 ihm B. — 34 fremdem B. — 43 von
dem B.

B.

und fürchtet sich vor einem einsamen 175
Hülflosen Alter.
[13] Wir seh'n .. Er wirft Gedanken in sich
um ..
die Scythen setzen keinen Vorzug ins Reden ..
Am wenigsten der König — Er,
der nur gewohnt ist, zubefehlen und zu thun, 180
kennt nicht die Kunst, von weitem ein Gespräch
Nach seiner Absicht hin zulenken!
Erschweer's Ihm nicht durch Rückhalt — Weigern,
Und durch vorsetzlich Mißversteh'n.
Geh' Ihm gefällig halben Weg's entgegen! 185

Iphigenie.
Soll ich beschleunigen, was mich bedroht?

Arkas.
Willst du sein Werben eine Drohung nennen?

Iphigenie.
Es ist's! und mir die schrecklichste von allen.

Arkas.
Gieb Ihm für seine Neigung nur Vertraun!

Iphigenie.
Wenn Er von Furcht erst meine Seele löst! 190

Arkas.
Warum verschweigst du deine Herkunft Ihm?

Iphigenie.
[14] Weil einer Priesterinn Geheimniß ziemt.

Arkas.
Dem König sollte nichts Geheimniß seyn.
und ob Er's gleich nicht fordert, fühlt Er's doch,
und fühlt es doch, daß du sorgfältig dich vor
ihm verwahrst! 195

Iphigenie.
Sag mir: Ist er unmuthig gegen mich?

Arkas.
Er scheint's zu sein. Zwar spricht Er nichts
von dir;
Doch hab' ich bey ganz fremden Anlaß
Aus hingeworfnen Worten wol gespührt,
Daß es in seiner Seele gährt. 200
O überlaß ihn nicht sich selbst!
Damit du nicht zu spät
An meinen Rath mit Reue denkst!

Iphigenie.
wie? Sinnt der König denn, was nie sein Mann
der seinen Namen liebt und die Olympier verehrt, 205
Je denken soll?
Sinnt Er, mich mit Gewalt von dem Altar
[15] In sein verhaßtes Bett zu ziehen?

| C. | D. |

an, und fürchtet sich vor einem einsamen hülflosen Alter. Wir sehen, er wirft Gedanken in
sich herum. Die Scythen sezen keinen Vorzug
in's Reden, der König am wenigsten. Er der
nur gewohnt ist zu befehlen und zu thun, kennt 5
nicht die Kunst, von weitem ein Gespräch nach
seiner Absicht sein zu lenken. Erschwer's ihm
nicht durch Rückhalt, Weigern, und vorsezlich
Misverstehn. Geh' ihm gefällig halben Wegs
entgegen. 10
        Iphigenie.
Soll ich beschleunigen was mich bedroht?
        Arkas.
Willst du sein Werben eine Drohung nennen?
[13] Iphigenie. 15
Es ist's, und mir die schrödlichste von allen.
        Arkas.
Gieb ihm für seine Neigung nur Vertraun.
        Iphigenie.
Wenn er von Furcht erst meine Seele löst. 20
        Arkas.
Warum verschweigst du deine Herkunft ihm?
        Iphigenie.
Weil einer Priesterin Geheimniß ziemt.
        Arkas. 25
Dem König sollte nichts Geheimniß seyn.
Und ob er's gleich nicht fordert, fühlt er's doch,
und fühlt es doch, daß du sorgfältig dich vor
ihm verwahrst.
        Iphigenie. 30
Sag' mir, ist er unmuthig gegen mich?
        [14] Arkas.
Er scheint's zu seyn. Zwar spricht er nichts
von dir, doch hab' ich bey ganz fremdem Anlaß
aus hingeworfnen Worten gespürt, daß es in 35
seiner Seele gährt. O überlaß ihn nicht sich
selbst, damit du nicht zu spät an meinen Rath
mit Reue denkst.
        Iphigenie.
Wie? sinnt der König, was kein Mann, der 40
seinen Namen liebt, und den Olympier verehrt,
ie denken soll, sinnt er, mich mit Gewalt von
dem Altar in sein verhaßtes Bett zu ziehn? so

Ein einsam hülflos Alter, ja vielleicht
Verwegnen Aufstand und frühzeit'gen Tod.
Der Scythe sezt in's Reden keinen Vorzug,
Am wenigsten der König. Er, der nur 165
Gewohnt ist zu befehlen und zu thun,
Kennt nicht die Kunst, von weitem ein Gespräch
Nach seiner Absicht langsam sein zu lenken.
Erschwer's ihm nicht durch ein rückhaltend Wei-
      gern,
Durch ein vorsezlich Misverstehen. Geh 170
Gefällig ihm den halben Weg entgegen.
        [13] Iphigenie.
Soll ich beschleunigen was mich bedroht?
        Arkas.
Willst du sein Werben eine Drohung nennen?
        Iphigenie.
Es ist die schredlichste von allen mir.
        Arkas.
Gib ihm für seine Neigung nur Vertraun. 175
        Iphigenie.
Wenn er von Furcht erst meine Seele lös't.
        Arkas.
Warum verschweigst du deine Herkunft ihm?
        Iphigenie.
Weil einer Priesterinn Geheimniß ziemt.
        Arkas.
Dem König' sollte nichts Geheimniß seyn;
Und ob er's gleich nicht fordert, fühlt er's doch 180
Und fühlt es tief in seiner großen Seele,
Daß du sorgfältig dich vor ihm verwahrst.
        Iphigenie.
Nährt er Verdruß und Unmuth gegen mich?
        [14] Arkas.
So scheint es fast. Zwar schweigt auch er von dir;
Doch haben hingeworfne Worte mich 185
Belehrt, daß seine Seele fest den Wunsch
Ergriffen hat, dich zu besitzen. Laß,
O überlaß ihn nicht sich selbst! damit
In seinem Busen nicht der Unmuth reife
Und dir Entsetzen bringe, du zu spät 190
An meinen treuen Rath mit Reue denkest.
        Iphigenie.
Wie? sinnt der König, was kein edler Mann,
Der seinen Nahmen liebt und dem Verehrung
Der Himmlischen den Busen bändiget,
Je denken sollte? Sinnt er vom Altar 195
Mich in sein Bette mit Gewalt zu ziehn?

---

7 Erschwer' ihm O. — 9 Misverstehen OO. — 16
schreckliche O. — 18 Vertrauen O. — 27 fordert OW. —
34 fremden OW.

A.

ziehen? so ruf ich alle Götter an, und Dianen
vor andern, die mir ihren Schuz gedoppelt
schuldig ist.
Arl.
Sey ruhig! solche rasche Jünglingsthat, 5
herrscht nicht in Toas Blut, allein ich fürchte
harten Schluß von ihm und unaufhaltbar deßen
Vollendung, denn seine Seele ist fest und unbeweglich, drum bitt ich dich Vertrau ihm, sei
ihm dankbar, wenn du ihm weiter nichts ge- 10
währen kanst.
Iphig.
O sag' mir was dir weiter noch bekannt ist.
Arl.
Erfahrs von ihm. Ich seh den König kommen, 15
da du ihn ehrst kan dir's nicht Mühe seyn, ihm
freundlich und Vertraulich zu begegnen. (Ein
edler Mann wird durch ein gutes Wort gar
weil geführt.   (geht ab)
Iphig.   20
Ich seh' zwar nicht, wie ich dem Rath des
Redlichen folgen soll, doch will ich gern dem
König für seine Wohlthat gute Worte geben.
Verleih' Minerva mir, daß ich ihm sage, was
ihm gefällt.   25

---

[10] **Dritter Auftritt.**

Iphigenie. Toas.

Iphigenie.
Diana segne dich mit Königlichen Gütern,
mit Sieg und Ruhm und Reichthum, und dem 30
Wohl der deinen, daß, der du unter vielen
gnädig und freundlich bist, du auch vor vielen
glücklich seyst und herrlich.
Toas.
Der Ruhm des Menschen hat enge Gränzen, 35
und den Reichthum genießt oft der Besizer nicht,
der hats am besten, König oder geringer, dem's
zu Hause wohl geht. Es wird die Nachricht zu
dir kommen seyn, daß in der Schlacht mit
meinen Nachbarn, ich meinen einzigen lezten 40
Sohn verlohren. So lange die Rache noch meinen

---

1 stehn B. — 5 Jünglingsthat B. — 10 lezten einzigen
A. — 11 lang B.

B.

So ruf ich alle Götter an;
vor andern dich, Diana! Die mir ihren Schuz 210
Gedoppelt schuldig ist.
Arlas.
Sey ruhig — Solche rasche Jünglingsthat
Herrscht nicht in Thoas Blut.
Allein, ich fürchte harten Schluß von Ihm,
und unaufhaltbar deßen Vollendung;   215
Denn seine Seel' ist fest und unbeweglich.
Drum bitt' ich dich: Vertrau Ihm! Sey Ihm
dankbar!
Wenn du Ihm weiter nichts gewähren kannst.
Iphigenie.
O sag mir, was dir weiter noch bekannt ist.
Arlas.
Erfahr's von Ihm. Ich seh den König kommen, 220
Da du Ihn ehrst, kann dir's nicht Mühe seyn
Ihm freundlich und vertraulich zubegegnen!
(Ein edler Mann wird durch ein gutes Wort
gar weit geführt.
                                        (geht ab).
[16] Iphigenie.
Zwar seh' ich nicht, wie ich dem Rathe   225
Des Redlichen folgen soll;
Doch will ich gern dem Könige für seine wohlthat,
Gute worte geben.
Verleih, Minerva, mir,
Daß ich ihm sage, was Ihm gefällt.   230

3.

Iphigenie. Thoas.

Iphigenie.
Diana seegne dich mit königlichen Gütern!
Mit Sieg und Ruhm und Reichthum und dem
                                            Wohl
Der Deinen!
Daß, der du unter vielen gnädig bist,
Du auch vor vielen glücklich seyst und herrlich! 235
Thoas.
Der Ruhm des Menschen hat enge Gränzen;
und den Reichthum genießt oft der Besizer nicht.
Der hat's am Beßten — König oder Knecht
Dem es zu Hause wohl geht.
Es wird die Nachricht zu dir kommen seyn,   240
[17] Daß in der Schlacht mit meinen Nachbarn
Ich meinen einz'gen lezten Sohn verloren.
So lang die Rache noch meinen Geist besaß,

C.

ruf ich alle Götter an, und Dianen vor andern,
die mir ihren Schutz gedoppelt schuldig ist.
                    [15] **Arkas.**
Sey ruhig! solch rasche Jünglingsthat herrscht
nicht in Thoas Blut. Allein ich fürchte harten 5
Schluß von ihm und unaufhaltbar deßen Vollendung, denn seine Seele ist fest und unbeweglich, drum bitt' ich dich vertrau' ihm, sey ihm
dankbar, wenn du ihm weiter nichts gewähren
kannst.   10
                    Iphigenie.
O sag' mir, was dir weiter noch bekannt ist.
                    Arkas.
Erfahr's von ihm. Ich seh den König kommen.
Da du ihn ehrst, kann dir's nicht Mühe seyn, 15
ihm freundlich und vertraulich zu begegnen. Ein
edler Mann wird durch ein guies Wort gar
weit geführt.
                              (geht ab.)
            [10] **Iphigenie.**   20
Ich seh' zwar nicht, wie ich dem Rath des
Redlichen folgen soll, doch will ich gern dem
König für seine Wohlthat gute Worte geben.
Verleih' Minerva mir daß ich sage, was ihm
gefällt.   25

Dritter Auftritt.

Iphigenie. Thoas.

            Iphigenie.
Diana segne dich mit königlichen Gütern,
mit Sieg und Ruhm und Reichthum und dem 30
Wohl der Deinen, daß, der du unter vielen
gnädig und freundlich bist, du auch vor vielen
glücklich und herrlich seyst.
            Thoas.
Der Ruhm des Menschen hat enge Gränzen, 35
[17] und den Reichthum genießt oft der Besitzer
nicht. Der hat's am besten, König oder geringer,
dem es zu Hause wohl geht. Es wird die Nachricht zu dir kommen seyn, daß in der Schlacht
mit meinen Nachbarn ich meinen einz'gen letzten 40
Sohn verlohren. So lang die Rache noch meinen

---

14 jede G. — 24 14 ihm GOW — 40 mit meinem O.

D.

So ruf' ich alle Götter und vor allen
Dianen die entschloßne Göttinn an,
Die ihren Schutz der Priesterinn gewiß,
Und Jungfrau einer Jungfrau, gern gewährt.   200
            Arkas.
Sey ruhig! Ein gewaltsam neues Blut
Treibt nicht den König, solche Jünglingsthat
[15] Vermegen auszuüben. Wie er sinnt,
Befürcht' ich andern harten Schluß von ihm,
Den unaufhaltbar er vollenden wird: 205
Denn seine Seel' ist fest und unbeweglich.
Drum bitt' ich dich, vertrau' ihm; sey ihm
                                    dankbar,
Wenn du ihm weiter nichts gewähren kannst.
            Iphigenie.
O sage was dir weiter noch bekannt ist.
            Arkas.
Erfahr's von ihm. Ich seh' den König kommen; 210
Du ehrst ihn, und dich heißt dein eigen Herz,
Ihm freundlich und vertraulich zu begegnen.
Ein edler Mann wird durch ein gutes Wort
Der Frauen weit geführt.
            Iphigenie. allein.
                              Zwar seh' ich nicht,
Wie ich dem Rath des Treuen folgen soll.   215
Doch folg' ich gern der Pflicht, dem Könige
Für seine Wohlthat gutes Wort zu geben,
Und wünsche mir, daß ich dem Mächtigen,
Was ihm gefällt, mit Wahrheit sagen möge.

---

[16] **Dritter Auftritt.**

Iphigenie. Thoas.

            Iphigenie.
Mit königlichen Gütern segne dich   220
Die Göttinn! Sie gewähre Sieg und Ruhm
Und Reichthum und das Wohl der Deinigen
Und jedes frommen Wunsches Fülle dir!
Daß, der du über viele sorgend herrschest,
Du auch vor vielen seltnes Glück genießest.   225
            Thoas.
Zufrieden wär' ich, wenn mein Volk mich rühmte:
Was ich erwarb, genießen andre mehr
Als ich. Der ist am glücklichsten, er sey
Ein König oder ein Geringer, dem
In seinem Hause Wohl bereitet ist.   230
Du nahmest Theil an meinen tiefen Schmerzen,
Als mir das Schwert der Feinde meinen Sohn,
Den letzten, besten, von der Seite riß.
So lang' die Rache meinen Geist besaß,

A.

Geist besaß, empfand ich nicht den Schmerz, nicht
wie leer es um den beraubten sey, doch iezt da
ich ihr Reich von Grund aus umgekehrt, bleibt
mir zu Hause nichts, was mich ergöze. Mein
Volk scheint nur mit Unmuth einem Einsamen 5
zu folgen, denn wo nicht Hoffnung ist, da bleibt
kein Leben und kein Zutrauen. Nun komm ich
hierher in diesen Tempel, wo ich so oft um
Sieg gebeten, und für Sieg gedankt, mit einem
Verlangen [11] das schon alt in meiner Seele 10
ist, und wünsche zum Seegen mir und meinem
Volke dich als Braut in meine Wohnung einzuführen.

Iphig.

Der unbekannten, flüchtigen bießt du zu 15
große Ehre o König. Ich habe nichts gewünscht
an diesem Ufer als Schuz und gute Ruh, die
du mir gabst, zu finden.

Toas.

Daß du dich in das Geheimniß deiner An- 20
kunft vor mir gleich einem Fremden stets sorgfältig hüllest wird unter keinem Volke wohl-
gebilliget werden. Wir sind hier weder gastfrey
noch glimpflich gegen die Fremden, das Gesez
verbietet's und die Noth; allein von dir, die 25
sich das rühmen kan, warum vergebens an dem
rauhen Ufer der Fremde seufzt, von dir konnt
ich's erwarten. Man ehrt den Wirth freywillig
mit Vertrauen.

Iphig. 30

Wenn ich mein Haus, und meiner Eltern
Namen ie verbarg o König, war es Verlegenheit nicht Mistrauen. Vielleicht, ach! wenn du
wüßtest, wer ich bin, welch eine Verwünschte du
nährst und schüzest, würdest du dich entsezen 35
vor der Götter Zorn. Statt mir die Seite
deines Trons zu bieten, mich vor der Zeit von
deinem Hause treiben, und eh noch mir bey
den meinen ein glücklich Leben zubereitet wäre,
in elendschweifende [12] Verdammniß mich ver- 40
stoßen.

11 meinem B. — 16 gewünscht A. — 22 keinem B.
24 gegen Fremde B. — 25 sich des (corrigirt) B. — 26
worum B. — 29 Vertraun B. — 34 welche eine B. —
39 glüklich A.

B.

Empfand ich nicht den Schmerzen, nicht! ...
Wie leer es um den Beraubten sey. 245
Doch ist, da ich ihr Reich von Grund aus um-
  gekehrt,
Bleibt mir zu Hause nichts, was mich ergezt;
Mein Volk scheint nur mit unmuth
Einsamen zufolgen.
Denn, wo nicht Hoffnung ist, 250
Da bleibt kein Leben und kein Zutraun.
Nun — komm ich her — in diesen Tempel,
wo ich so oft gefleht für Sieg,
Für Sieg gedankt —
Mit einem Verlangen, das schon alt 255
In meiner Seele ist
Und wünsche ...
Zum Seegen mir und meinem Volke ..
Dich als Braut in meine Wohnung einzuführen.

[18] Iphigenie.
Der unbekannten Flüchtigen 260
Bießt du zu große Ehre .. König!
Ich habe nichts gewünscht an diesem user
Als Schuz und gute Ruh, die du mir gabst,
  zufinden.

Thoas.
Daß du dich in's Geheimniß deiner Abkunft
Vor mir, gleich einem Fremden stets 265
Sorgfältig hüllst ... wird unter keinem Volke
Wohlgebilligt werden.
Wir sind hier weder gastfrey noch glimpflich
gegen Fremde. Das Gesez verbietet's,
und die Noth. 270
Allein, von dir, die deß sich rühmen kann
wonach vergebens an dem rauhen user
Der Fremde seufzt ...
Von dir konnt' ich's erwarten.
Man ehrt den Wirth freywillig mit Vertraun. 275

Iphigenie.
Wenn ich mein Haus und meiner Aeltern Namen
Je verbarg o König,
[19] War es Verlegenheit, nicht Mißtraun.
Vielleicht .. ach! wenn du wüßtest, wer ich bin,
Welch eine Verwünschte du nährst und schüzest ... 280
du würdest dich entsezen vor der Götter Zorn.
Statt mir die Seite deines Throns zu bieten,
Mich vor der Zeit von deinem Hause treiben,
und ehe noch mir bey den Meinen
Ein glücklich Leben zubereitet wäre, 285
In noch elendere,
In schweifende Verdammniß mich verstoßen.

249 Einem fehlt.

C.

Geiſt belaſt, empfand ich nicht den Schmerz,
empfand nicht wie leer es um den Beraubten
ſey. Doch jetzt da ich ihr Reich von Grund aus
umgekehrt, bleibt mir zu Hauſe nichts was mich
ergötze. Mein Volk ſcheint nur mit Unmuth 5
einem Einſamen zu folgen, denn wo nicht Hoffnung iſt, da bleibt kein Leben und kein Zutrauen.
Nun komm' ich hierher in dieſen Tempel wo
ich ſo oft um Sieg gebeten und für Sieg gedankt, mit einem Verlangen, [18] das ſchon all 10
in meiner Seele iſt und wünſche zum Seegen
mir und meinem Volke dich als Braut in meine
Wohnung einzuführen.

Iphigenie.

Der unbekannten, flüchtigen bietſt du zu groſe 15
Ehre an o König. Ich habe nichts gewünſcht,
an dieſem Ufer, als Schuz und gute Ruh, die
du mir gabſt, zu finden.

Thoas.

Daß du dich in das Geheimniß deiner An- 20
kunft vor mir, gleich einem Fremden, ſtets ſorg-
fältig hüllteſt, wird unter keinem Volke wohl
gebilliget werden. Wir ſind hier weder gaſtfrey
noch glimpflich gegen Fremde, das Geſez verbietet's und die Noth; allein von dir, die ſich 25
des rühmen kann, warum [19] vergebens an
dem rauhen Ufer der Fremde ſeufzt, von dir
konnt ichs erwarten. Man ehrt den Wirth freywillig mit Vertraun.

Iphigenie.

30
Wenn ich mein Haus und meiner Eltern
Namen ie verbarg o König, war es Verlegenheit
nicht Mistrauen. Vielleicht, ach! wenn du wüßteſt
wer ich bin, welch' eine Verwünſchte du nährſt
und ſchützeſt, würdeſt du dich entſezen vor der 35
Götter Zorn, du würdeſt ſtatt mir die Seite
deines Thrones zu bieten, mich vor der Zeit
von deinem Hauſe treiben und eh noch bey den
Meinen mir ein glücklich Leben zubereitet wäre,
in ſchweifendes hausloſes Elend mich verſtoßen. 40

D.

Empfand ich nicht die Öde meiner Wohnung; 235
[17] Doch jetzt, da ich befriedigt wiederkehre,
Ihr Reich zerſtört, mein Sohn gerochen iſt,
Bleibt mir zu Hauſe nichts das mich ergetze.
Der fröhliche Gehorſam, den ich ſonſt
Aus einem jeden Auge blicken ſah, 240
Iſt nun von Sorg' und Unmuth ſtill gedämpft.
Ein jeder ſinnt was künftig werden wird,
Und folgt dem Kinderloſen, weil er muß.
Nun komm' ich heut in dieſen Tempel, den
Ich oft betrat um Sieg zu bitten und 245
Für Sieg zu danken. Einen alten Wunſch
Trag' ich im Buſen, der auch dir nicht fremd,
Noch unerwartet iſt: ich hoffe, dich
Zum Seegen meines Volks und mir zum Seegen,
Als Braut in meine Wohnung einzuführen. 250

Iphigenie.

Der Unbekannten biethest du zu viel,
O König, an. Es ſteht die Flüchtige
Beſchämt vor dir, die nichts an dieſem Ufer
Als Schuz und Ruhe ſucht, die du ihr gabſt.

[18] ### Thoas.

Daß du in das Geheimniß deiner Abkunft 255
Vor mir wie vor dem Lezten ſtets dich hüllteſt,
Wär' unter keinem Volke recht und gut.
Dieß Ufer ſchreckt die Fremden: das Geſez
Gebiethet's und die Noth. Allein von dir,
Die jedes frommen Rechts genießt, ein wohl 260
Von uns empfangner Gaſt nach eignem Sinn
Und Willen ihres Tages ſich erfreut,
Von dir hofft' ich Vertrauen, das der Wirth
Für ſeine Treue wohl erwarten darf.

Iphigenie.

Verbarg ich meiner Eltern Nahmen und 265
Mein Haus, o König, war's Verlegenheit
Nicht Mißtrau'n. Denn vielleicht, ach wüßteſt du,
Wer vor dir ſteht, und welch verwünſchtes Haupt
Du nährſt und ſchützeſt; ein Entſetzen faßte
Dein großes Herz mit ſeltnem Schauer an, 270
Und ſtatt die Seite deines Thrones mir
[19] Zu biethen, triebeſt du mich vor der Zeit
Aus deinem Reiche; ſtießeſt mich vielleicht,
Eh' zu den Meinen frohe Rückkehr mir
Und meiner Wandrung Ende zugedacht iſt, 275
Dem Elend zu, das jeden Schweifenden,
Von ſeinem Hauſ' Vertriebnen überall
Mit kalter fremder Schreckenshand erwartet.

---

5 mit Ungemuth G0. — 7 Zutraun G. — 12 Volk
G0. — 20—21 Abkunft G. — 23 gebilligt G0. — 26
warum G0. — 29 Vertrauen G0W. — 32 ie fehlt G0.

A.

Toas.
Was auch der Rath der Götter mit dir sey,
und was sie dir und deinem Hause gedenken,
seh ich doch nicht am Segen, den sie mir, seitdem ich dich Gastfreundlich aufnahm, gewähren
daß ich an dir ein Schuldvoll verruchtes Haupt 5
beschütze.

Iphig.
Der Segen kommt um deiner Wohlthat,
nicht um meinetwillen.

Toas. 10
Was man verruchten thut wird nicht gesegnet. Drum sprich, ich fodre iezt des Weigerns
Ende, denn du hast mit keinem ungerechten
Manne zu thun, Diana hat dich in meine Hände 15
gegeben, du hattest Raum und Frist, ist's so,
daß du nach Hause Rükkehr hoffen kanst, so
sprech ich dich von aller Forderung los, doch
ist der Weg dir ganz versperrt, und ist dein
Stamm durch irgend ein Ungeheures Unheil 20
ausgelöscht, so bist du mein, durch mehr als
ein Gesez. Sprich und ich halte Wort.

Iphig.
Ungern läßt sich die Junge ein lang ver-
schwiegen Geheimniß zu entdecken. Einmal ver- 25
traut, verläst's unwiederbringlich die Tiefe des
Herzens und schadet oder nüzt wie es die Götter
wollen. Ich bin aus Tantals merkwürdigen
Geschlecht.

[13] Toas. 30
Groß ist der Anfang und voll Erwartung.
Dies ist Tantal von dem sie sagen, die Götter
haben ihn in ihrer Tafel, ihres Umgangs und
Rathes werth geachtet.

Iphig. 35
So ist's, doch Götter sollen nicht mit Menschen wandeln, das sterbliche Geschlecht ist viel
zu schwach, in dieser Ungleichheit sich gleich zu

---

10 meinetwillen B. — 13 fodere B. — 15 dich fehlt
B. — 16 dich gegeben B. — 18 Jederman B. — 28 merkwürdigem B. — 31—36 Du sprichst ein großes Wort.
Kennst du denn deinen Andherrn, den die Welt als einen
ehmals Hochbegnadigten der Götter kennt? Ist's jener
Tantal, den Jupiter zu Rath und Tafel zog, an dessen
alterfahrnen, vielverkündenden Gesprächen die Götter, wie
an einem solchen Orakelsinne sich ergötzten?
Iphigenie. Er ist's. Doch B.

B.

Thoas.
Was auch der Rath der Götter mit dir sey,
und was sie dir und deinem Haus' gedenken —
Seh' ich doch nicht am Seegen, den sie mir, 290
Seit dem ich dich gastfreundlich aufnahm,
Gewähren —
Daß ich an dir ein schuldvoll,
Verruchtes Haupt beschütze.

Iphigenie.
Der Seegen kommt um deiner Wohlthat, 295
Nicht um meinetwillen.

[20] Thoas.
Was man Verruchten thut, wird nicht gesegnet.
Drum sprich.. Ich fodre izt des weigerns Ende..
Denn du hast's mit keinem ungerechten Mann
 zuthun.
Diana hat in meine Hände dich gegeben. 300
Du hattest Raum und Frist..
Ist's so, daß du nach Hause Rückkehr hoffen
 kannst;
So sprech ich dich von aller Fod'rung los.
Doch ist der Weg dir ganz versperret;
und ist dein Stamm durch irgend 305
Ein ungeheures unheil ausgelöscht..
So bist du mein, durch mehr, als Ein Gesez.
Sprich .. und ich halte Wort.

Iphigenie.
Ungern löst sich die Junge
Ein langverschwiegenes Geheimniß zuentdeken; 310
Einmal vertraut — verläßt's unwiederbringlich
Die Tiefe des Herzens
und schadet oder nüzt, wie es die Götter wollen.
Ich bin aus Tantals merkwürdigem Geschlecht.

[21] Thoas.
Groß ist der Anfang und voll Erwartung. 315
Dieß ist Tantal, von dem sie sagen:
Die Götter haben ihrer Tafel, ihres umgangs
Ihn ihres Rathes werth geachtet.

Iphigenie.
So ist's! Doch Götter sollen nicht mit Menschen
 wandeln.
Das sterbliche Geschlecht ist viel zu schwach 320
In dieser ungleichheit sich gleich zuhalten.

G.

[20] Thoas.
Was auch der Rath der Götter mit dir sey,
und was sie dir und deinem Haus gedeuten,
seh' ich doch nicht am Seegen, den sie mir gewähren, seitdem ich dich gastfreundlich aufnahm, 5
daß ich an dir ein schuldvoll verruchtes Haupt
beschütze.

Iphigenie.
Der Seegen kommt um deiner Wohlthat,
nicht um meinetwillen. 10

Thoas.
Was man Verruchten thut, wird nicht gesegnet. Drum sprich! ich fodre jetzt des Weigerns
Ende, denn du hast mit keinem ungerechten
Mann zu thun. Diana hat in meine Hände 15
dich gegeben, wie du ihr heilig [21] warst, so
warst du's mir. Auch sey ihr Wink noch künftig
mein Gesetz. Ist es daß du nach Hause Rückkehr
hoffen kannst, so sprech' ich dich von aller Foderung los; doch ist der Weg dir ganz versperrt 20
und ist dein Stamm durch irgend ein ungeheures
Unheil ausgelöscht, so bist du mein durch mehr
als Ein Gesetz. Sprich und ich halte Wort.

Iphigenie.
Ungern läßt sich die Zunge, ein lang ver- 25
schwiegen Geheimniß zu entdecken. Einmal vertraut verläßt's unwiederbringlich die Tiefe des
Herzens und schadet oder nützt, wie es die Götter
wollen. Ich bin aus Tantals merkwürdigem
Geschlecht. 30

[22] Thoas.
Du sprichst ein großes Wort. Kennst du
den deinen Anherrn, den die Welt als einen
ehmals hochbegnadigten der Götter kennt? Ist's
iener Tantal, den Jupiter zu Rath und Tafel 35
zog an dessen allerfahrnen, vielverknüpfenden
Gesprächen die Götter, wie an einem reichen
Orakelsinne sich ergötzten?

Iphigenie.
Er ist's. Doch Götter sollten nicht mit Men- 40
schen wandeln; das sterbliche Geschlecht ist viel
zu schwach in dieser Ungleichheit sich gleich zu

D.

Thoas.
Was auch der Rath der Götter mit dir sey,
Und was sie deinem Haus' und dir gedenken; 280
So fehlt es doch, seitdem du bey uns wohnst
Und eines frommen Gastes Recht genießest,
An Segen nicht, der mir von oben kommt.
Ich möchte schwer zu überreden seyn,
Daß ich an dir ein schuldvoll Haupt beschütze. 285

Iphigenie.
Dir bringt die Wohlthat Seegen, nicht der Gast.

Thoas.
Was man Verruchten thut, wird nicht gesegnet.
Drum endige dein Schweigen und dein Weigern;
[20] Es fordert dieß kein ungerechter Mann.
Die Göttinn übergab dich meinen Händen; 290
Wie du ihr heilig warst, so warst du's mir.
Auch sey ihr Wink noch künftig mein Gesetz:
Wenn du nach Hause Rückkehr hoffen kannst,
So sprech' ich dich von aller Forderung los.
Doch ist der Weg auf ewig dir versperrt, 295
Und ist dein Stamm vertrieben, oder durch
Ein ungeheures Unheil ausgelöscht,
So bist du mein durch mehr als Ein Gesetz.
Sprich offen! und du weißt, ich halte Wort.

Iphigenie.
Vom alten Bande löset ungern sich 300
Die Zunge los, ein langverschwiegenes
Geheimniß endlich zu entdecken. Denn
Einmal vertraut, verläßt es ohne Rückkehr
Des tiefen Herzens sichre Wohnung, schadet,
Wie es die Götter wollen, oder nützt. 305
Vernimm! Ich bin aus Tantalus Geschlecht.

Thoas.
Du sprichst ein großes Wort gelassen aus.
Nennst du Den deinen Ahnherrn, den die Welt
[21] Als einen ehmals Hochbegnadigten
Der Götter kennt? Ist's jener Tantalus, 310
Den Jupiter zu Rath und Tafel zog,
An dessen altersahrnen, vielen Sinn
Verknüpfenden Gesprächen Götter selbst,
Wie an Orakelsprüchen sich ergetzten?

Iphigenie.
Er ist es; aber Götter sollten nicht 315
Mit Menschen, wie mit ihres Gleichen, wandeln;
Das sterbliche Geschlecht ist viel zu schwach
In ungewohnter Höhe nicht zu schwindeln.

---

9 kömmt W. — 13 forderte G; fordre W. — 19—20
Forderung G; Foderung W. — 33 Ahnherrn G.

A.	B.
halten. Uebermuth und Untreu stürzten ihn von Jovis Tisch zur Schmach des Tartarus. Pelops sein Sohn, raubt durch Berätherey dem Oenomaus Leben und Tochter, die schöne Hipodamia, aus ihnen entspringen Thyst und 5 Atreus, denen noch ein Bruder aus einem andern Bette des Pelops im Wege steht, Chrisip an Namen, sie führen einen Anschlag auf sein Leben aus, und der erzürnte Vater fodert verdachtvoll von Hipodamien ihres Stiefsohns Blut, und 10 sie entleibt sich selbst. Thoas. Es wälzet böse That vermehrend sich ab in dem Geschlecht. Iphig. 15 Ein Haus erzeuget nicht gleich den Halbgott noch das Ungeheuer, eine Reihe von Edlen oder Bösen bringt zuletzt die Freude oder das Entsetzen der Welt hervor; Atreus und Thyst beherrschten nach ihres Vaters Tod gemeinschaftlich 20	Übermuth und untreu stürzten ihn Von Jovis Tisch zur Schmach des Tartarus. Pelops, sein Sohn raubt durch Verrätherey dem Oenomaus Leben und Tochter, 325 die schöne Hippodamie. Aus ihnen Entspringen Thyest und Atreus . . . denen noch ein Bruder Aus einem andern Bett des Pelops Im Wege steht — Chrisipp an Namen. 330 Sie führen einen Anschlag auf sein Leben aus und der erzürnte Vater fodert [22] Verdachtvoll von Hipodamien Ihres Stiefsohns Blut . . . und sie entleibt sich selbst. 335 Thoas. Es wälzet böse That vermehrend Sich ab in dem Geschlecht. Iphigenie. Ein Haus erzeugt nicht gleich Den Halbgott, noch das ungeheuer .. Eine Reihe von Edeln oder Bösen bringt 340 Zulezt die Freude oder das Entsetzen Der Welt hervor. Atreus und Thyest beherrschten Nach ihres Vaters Tod gemeinschaftlich das Reich.

---

1 halten. Unedel war er nicht und kein Verräther; Adeln zum Knecht zu groß und zum Gesellen des Donnerers nur Mensch, menschlich war sein Vergehen, sie nahmen's auf wie Götter, und ihre Priester sagen: Uebermuth B. — 6 einem B. — 7 Chrisste B. — 19 Lesch hier und im folgenden in A aus Theist corrigirt. — 19—20 beherrschen B. — 21 Tode B.

C.

halten. Unedel war er nicht und kein Verräther;
Allein zum Knecht zu groß und zum Gesellen
des Donnerers doch nur Mensch. Menschlich war
sein Vergehn, streng ihr Ge-[29]richt, und ihre
Priester sagen: Uebermuth und Untreu stürzten 5
ihn von Jovis Tisch zur Schmach des Tartarus.
               Thoas.
  Wie? büßte sein Geschlecht des Ahnherrn
Schuld?
             Iphigenie.
  Zwar die gewaltige Brust, und das Mark 10
der Titanen erbten Söhne und Enkel, doch um
die Stirne schmiedete ihnen ein ehernes Band
der Vater der Götter. Mäßigung, Rath und
Weisheit war ihnen verborgen. Zur Wuth ward 15
jede Begier und ihre Wuth war unendlich. Pelops,
sein Sohn, entreißt verrätherisch dem Oenomaus
Leben und Tochter, die schöne Hippodamia; Aus
ihnen entspringen Thyest und Atreus, denen noch
ein Bruder aus einem andern Bette [24] im Wege 20
steht, Chrysipp an Namen, sie führen einen Anschlag auf sein Leben aus und der erzürnte Vater
fodert verdachtsvoll von Hippodamien ihres Stief-
sohns Blut, und sie entleibt sich selbst.
             Thoas. 25
  Es wälzet böse That vermehrend sich weiter
durchs Geschlecht.
             Iphigenie.
  Ein Haus erzeugt nicht gleich den Halbgott
noch das Ungeheuer; eine Reihe von Edlen oder 30
Bösen bringt zuletzt die Freude oder das Entsetzen der Welt hervor. Atreus und Thyest be-
herrschten nach ihres Vaters Tode gemeinschaftlich

---

3 Donnerers in C aus Tonnerrs corrigirt; doch fehlt
GO. — 4 Vergehen O. — 8 Untreue O. — 23 fordert O.
— 23—24 Stiefsohnes O.

D.

Unedel war er nicht und kein Verräther;
Allein zum Knecht zu groß, und zum Gesellen 320
Des großen Donn'rers nur ein Mensch. So war
Auch sein Vergehen menschlich; ihr Gericht
War streng, und Dichter singen: Übermuth
Und Untreu stürzten ihn von Jovis Tisch
Zur Schmach des alten Tartarus hinab. 325
Ach und sein ganz Geschlecht trug ihren Haß!
             Thoas.
Trug es die Schuld des Ahnherrn oder eigne?
         [22] Iphigenie.
Zwar die gewalt'ge Brust und der Titanen
Kraftvolles Mark war seiner Söhn' und Enkel
Gewisses Erbtheil; doch es schmiedete 330
Der Gott um ihre Stirn ein ehern Band.
Rath, Mäßigung und Weisheit und Geduld
Verbarg er ihrem scheuen düstern Blick;
Zur Wuth ward ihnen jegliche Begier,
Und gränzenlos drang ihre Wuth umher. 335
Schon Pelops, der Gewaltig-wollende,
Des Tantalus geliebter Sohn, erwarb
Sich durch Verrath und Mord das schönste Weib,
Des Oenomaus Tochter, Hippodamien.
Sie bringt den Wünschen des Gemahls zwey
              Söhne, 340
Thyest und Atreus. Neidisch sehen sie
Des Vaters Liebe zu dem ersten Sohn
Aus einem andern Bette wachsend an.
Der Haß verbindet sie, und heimlich wagt
Das Paar im Brudermord die erste That. 345
Der Vater wähnet Hippodamien
Die Mörderinn, und grimmig fordert er
[23] Von ihr den Sohn zurück, und sie entleibt
Sich selbst.
             Thoas.
          Du schweigest? Fahre fort zu reden!
Laß dein Vertrau'n dich nicht gereuen! Sprich! 350
             Iphigenie.
Wohl dem, der seiner Väter gern gedenkt,
Der froh von ihren Thaten, ihrer Größe,
Den Hörer unterhält und still sich freuend
An's Ende dieser schönen Reihe sich
Geschlossen sieht! Denn es erzeugt nicht gleich 355
Ein Haus den Halbgott noch das Ungeheuer;
Erst eine Reihe Böser oder Guter
Bringt endlich das Entsetzen, bringt die Freude
Der Welt hervor. — Nach ihres Vaters Tode
Gebiethen Atreus und Thyest der Stadt, 360

A.	B.

A.

[14] das Reich. Nicht lange so entehrt Thyeſt des Bruders Bett, und Atreus ſich zu rächen, vertreibt ihn von dem Reich. Thyeſt der tückiſch lange ſchon einen Sohn des Bruders entwand, und für den ſeinen auferzogen halte, ſchickt dieſen Sohn, ſein Name war Pliſtenes, daß er dem Atreus nach dem Leben ſtehe, und ſeinen eigenen Vater in Geheim ermorden ſolle. Es wird entdekt, und Atreus tödet den Geſandten Mörder, wähnend er tötete ſeines Bruders Sohn. zu ſpät erfährt er, wen er umgebracht, und an dem Bruder ſich zu rächen, ſinnt er ſtill auf unerhörte Thaten. Verſöhnt ſtellt er ſich an und lokt Thyeſten mit ſeinen beyden Söhnen zurük ins Reich, ergreift die armen Knaben, und ſchlachtet ſie heimlich und ſezt ſie ihren Vater zur ſchaudervollen Speiſe vor, und da Thyeſt an ſeinem eigenen Fleiſche ſich geſättiget, wirft Atreus, der entſezliche, ihm Haupt und Füße der Erſchlagenen hin. Du wendeſt ſchaudernd dein Geſicht, ſo wendete die Sonne ihr Antliz weg und ihren Wagen aus dem ewigen Gleiſe. Diß ſind meine Ahnherrn, und die finſtre Nacht hat noch viel ſchrekliches Geſchik und Thaten dieſer Unſeligen gebrütet.

[15] **Thoas.**
Verbirg ſie auch in Schweigen; laß des Greuls ein Ende ſeyn und ſag mir wer du biſt.

Iphig.
Atreus zeugte Agamemnon und dieſer mich mit Clytemneſtern. Einige Raſt ſchien dem Hauſe Tantals gewähret zu ſeyn. Ruhig waren unſre

5

10

15

20

25

30

B.

Nicht lange — So entehrt Thyeſt des Bruders
      Bett . .   345
und Atreus ſich zu rächen,
Vertreibt ihn von dem Reich . .
Thyeſt, der tückiſch lange ſchon
Dem Bruder einen Sohn entwandt und für den
      Seinen
Erzogen hat — ſchikt dieſen Sohn   350
Sein Name war Pliſtenes
[23] daß er dem Atreus nach dem Leben ſtehe.
und ſeinen eignen Vater
Im Cheim ermorden ſollte.
Es wird entdekt und Atreus tödtet   355
Den geſandten Mörder . . wähnend,
Er tödte ſeines Bruders Sohn.
Ju ſpäth erfährt er, wen er umgebracht,
und an dem Bruder ſich zurächen, ſinnt
Er ſtill auf unerhörte Thaten.   360
Verſöhnt ſtellt Er ſich an, und lockt Thyeſten
Mit ſeinen beyden Söhnen
Zurück ins Reich — ergreift die armen Knaben
und ſchlachtet heimlich ſie und ſezt ſie ihrem
      Vater
Zur ſchaudervollen Speiſe vor.   365
und da Thyeſt an ſeinem eignen Fleiſche ſich
Geſättigt —
Wirft Atreus, der entſezliche
Ihm Haupt und Füße der Erſchlagnen hin —
Du wendeſt ſchauernd dein Geſicht —   370
So wendete die Sonn' ihr Antliz weg
und ihren Wagen aus dem ewigen Gleiſe.
[24] Dieß ſind meine Ahnherrn und die finſtre
      Nacht
Hat noch viel Schreckliches Geſchick und Thaten
      dieſer
unſeeligen gebrütet.   375
      Thoas.
Verbirg ſie auch in Schweigen. Laß
Des Greuels ein Ende ſeyn!
und ſag mir — wer du biſt.
      Iphigenie.
Atreus zeugte Agamemnon,
und dieſer mich mit Clytemneſtra.   380
Einige Raſt ſchien nun dem Hauſe Tantals
Gewährt zu ſeyn. Ruhig waren unſere Hallen

---

2 Atreus in A aus Acteus corrigirt. — 4 entwandt B. — 7 eignen B. — 8 Vater im Cheim ermorden B. — 9 geſandten B. — 10 er tödte B. — 11 wen B. — 12 denn Bruder B. — 16 ihrem B. — 18 ſeinem eignen B. — 20 Erſchlagnen B. — 24 ſchrekliches B. — 25 ausgebrütet B. — 31 Clytemneſtren B. — 32 unſere B.

C.	D.
die Stadt. Nicht lange so entehrt Thyest des Bruders Bett, und Atreus, sich [25] zu rächen, vertreibt ihn von dem Reich. Thyest, der tückisch lange schon einen Sohn des Bruders entwandt, und als wie seinen heimlich auferzogen hatte, schickt diesen Sohn (sein Nahme war Plisthenes,) daß er dem Atreus nach dem Leben stehn, und seinen eignen Vater im Cheim ermorden sollte. Des Jünglings Vorsaz wird entdeckt, und Atreus tödet den gesandten Mörder, wähnend er töde seines Bruders Sohn. Zu spät erfährt er wen er umgebracht und an dem Bruder sich zu rächen sinnt er still auf unerhörte Thaten. Versöhnt stellt sich an und lockt Thyesten mit seinen beyden Söhnen zurück ins Reich, ergreift die Knaben schlachtet sie heimlich und sezt sie ihrem Vater zur schaudervollen Speise vor, und da Thyest an [26] seinem eignen Fleische sich gesättiget wirft Atreus, der entsezliche, ihm Haupt und Füße der Erschlagnen hin. Du wendest schaudernd dein Gesicht, so wendete die Sonne ihr Antliz weg und ihren Wagen aus dem ewigen Gleise. Dies sind meine Anherrn und die finstre Nacht hat noch viel schröcklicher Geschick und Thaten dieser Unseeligen gebrütet. 5 10 15 20 25	Gemeinsam-herrschend. Lange konnte nicht Die Eintracht dauern. Bald entehrt Thyest Des Bruders Bette. Rächend treibt Atreus Ihn aus dem Reiche. Tückisch hatte schon Thyest, auf schwere Thaten sinnend, lange Dem Bruder einen Sohn entwandt und heimlich [24] Ihn als den seinen schmeichelnd auferzogen. Dem füllet er die Brust mit Wuth und Rache Und sendet ihn zur Königsstadt, daß er Im Cheim seinen eignen Vater morde. Des Jünglings Vorsaz wird entdeckt; der König Straft grausam den gesandten Mörder, wähnend Er tödte seines Bruders Sohn. Zu spät Erfährt er, wer vor seinen trunknen Augen Gemartert stirbt; und die Begier der Rache Aus seiner Brust zu tilgen, sinnt er still Auf unerhörte That. Er scheint gelassen, Gleichgültig und versöhnt, und lockt den Bruder Mit seinen beyden Söhnen in das Reich Zurück, ergreift die Knaben, schlachtet sie Und sezt die ekle schaudervolle Speise Dem Vater bey dem ersten Mahle vor. Und da Thyest an seinem Fleische sich Gesättigt, eine Wehmuth ihn ergreift, Er nach den Kindern fragt, den Tritt, die Stimme Der Knaben an des Saales Thüre schon Zu hören glaubt, wirft Atreus grinsend Ihm Haupt und Füße der Erschlagnen hin. [25] Du wendest schaudernd dein Gesicht, o König: So wendete die Sonn' ihr Antliz weg Und ihren Wagen aus dem ew'gen Gleise. Dies sind die Ahnherrn deiner Priesterinn; Und viel unseliges Geschick der Männer, Viel Thaten des verworrnen Sinnes deckt Die Nacht mit schweren Fittigen und läßt Uns nur in grauenvolle Dämmrung sehn. 365 370 375 380 385 390 395
Thoas. Verbirg sie auch in Schweigen; laß des Greuels ein Ende seyn, und sag mir wer du bist.	**Thoas.** Verbirg sie schweigend auch. Es sey genug Der Gräuel! Sage nun, durch welch ein Wunder Von diesem wilden Stamme Du entsprangst.
Iphigenie. Atreus zeugte Agamemnon und dieser mich mit Clytemnestren. Einige Rast schien dem Hause Tantals gewährt zu seyn. Ruhig waren [27] 30	**Iphigenie.** Des Atreus ältster Sohn war Agamemnon; Er ist mein Vater. Doch ich darf es sagen, In ihm hab' ich seit meiner ersten Zeit Ein Muster des vollkommnen Manns gesehn. Ihm brachte Clytemnestra mich, den Erstling Der Liebe, dann Elektren. Ruhig herrschte Der König, und es war dem Hause Tantals Die lang' entbehrte Rast gewährt. Allein 400 405

7 stehn in C aus stehe corrigirt; stehe GOW. — 8
eignern G. — 18 gesättigt GO. — 24 schreckliches O.

A.	B.
Hallen als ich heran wuchs und mit mir eine Schwester Elektra. Eine Weile war dem Vater ein Sohn versagt, und kaum war gnädig dieser Wunsch erfüllt daß meine Mutter einen Knaben brachte, sie nannten ihn Crest, als neues Uebel schon bereitet war. Auch hieher ist der Ruf des Kriegs erschollen, den alle Fürsten Griechenlands vor Trojens Mauren mit unerhörter Macht getragen, ob er noch dauret oder die Stadt verderbt ist, hab ich nie vernommen, dahin führte mein Vater der Griechen versammlet Heer. In Aulis harrten sie vergebens auf günstigen Wind, Diana auf meinen Vater erzürnt, hielt ihn zurück und forderte durch Kalchas Mund zum Opfer des Königs älteste Tochter, mich. Sie sollten meine Mutter listig mit mir ins Lager, zwangen mich vor dem Altar, wo die Göttin barmherzig mich vom Tod errettete, und wundervoll hierher versetzte. Iphigenie, Agamemnons und Clytemnestrens Tochter ist's, die mit dir spricht.	Als ich heranwuchs. Eine Weile ward Dem Vater ein Sohn versagt .. und kaum ward gnädig dieser Wunsch erfüllt — 385 daß meine Mutter einen Knaben brachte Sie nannten ihn Crest Als neues Übel schon bereitet ward. Auch hieher ist der Ruf des Kriegs erschollen, Den alle Fürsten Griechenlands vor Trojens Mauern 390 Mit unerhörter Macht getragen. [25] Ob er noch dauert, oder Die Stadt verderbt ist — hab ich noch nie vernommen. dahin führte mein Vater der Griechen versammelt Heer — In Aulis harrten sie vergebens 395 Auf günst'gen wind. Diana, hocherzürnt auf meinen Vater Hielt ihn zurück ... und foderte durch Kalchas Mund Zum Opfer des Königs älteste Tochter, mich. Sie lockten meine Mutter listig 400 Mit mir ins Lager! Zwangen mich Vor den Altar — wo die Göttinn Barmherzig mich vom Tod errettete und wundervoll hieher versetzte .. Iphigenie — Agamemnons und Clytemnestrens Tochter 405 Ist es, die mit dir spricht.
[16] Toas. Der Königs Tochter kann ich nicht mehr als der Vertriebenen Ehre geben, auch jetzo wiederhol' ich meinen Antrag, folge nur, und theile was ich habe.	Thoas. Der Königs Tochter kann ich nicht mehr Als der Vertriebnen Ehre geben Auch izo wiederhohl' ich meinen Antrag — Folge mir und theile, was ich habe. 410
Iphig. Wie darf ich diesen Schritt o König wagen! hat nicht die Göttin die mich rettete ein ganzes Recht auf mein geweihtes Leben? Sie hat für mich den Schutzort ausgesucht, und meinen Vater, den sie durch den Schein nur strafen wollte, mich gewiß zur unverhofften Freude seines Alters aufbewahrt. Vielleicht bereitet sie mir verlaßnen frohe Rückkehr, und ich indeß auf ihre Wege nicht achtend, hätte mich ihr widerwillen hier angebaut. Wenn ich hier bleiben sollte, bat ich sie längst um Zeichen.	[26] Iphigenie. Wie darf ich diesen Schritt, o König wagen! Hat nicht die Göttinn, die mich rettete, Ein ganzes Recht auf mein geweyhtes Leben? Sie hat für mich den Schutzort ausgesucht, und einem Vater, den sie durch den Schein 415 Nur strafen wollte mich gewiß Zur unverhofften Freude seines Alters aufbewahrt ... vielleicht bereitet sie mir der verlaßnen Frohe Rückkehr — und ich indeß nicht achtend 420 Auf ihre Wege hätte mich Hier wider ihren willen angebaut, wenn ich hier bleiben sollte, Bath ich sie längst um Zeichen.

9 dauert B. — 11 sollte B. — 17 vor den B. — 19
Iphigenia F. — 24 lese B. — 25 folge mir B. — 31
meinem B. — 35 statt frohe gibt H solche.

G.

unsre Hallen als ich mit Elektren meiner Schwester heran wuchs. Eine Weile war dem Vater ein Sohn versagt und kaum war gnädig dieser Wunsch erfüllt, daß meine Mutter einen Knaben brachte, sie nannten ihn Crest, als neues Uebel 5 schon bereitet war. Auch hierher ist der Ruf des Kriegs erschollen, den alle Fürsten Griechenlands vor Trojens Mauren mit unerhörter Macht getragen, ob er noch dauert, oder die Stadt verderbt ist, hab' ich nie vernommen. Dahin führte 10 mein Vater der Griechen versammlet Heer. In Aulis harrten sie vergebens auf günstigen Wind, Diana meinem Vater erzürnt, hielt ihn zurück, und foderte durch Calchas Mund zum Opfer des Königs älteste Tochter, mich. Sie lockten [28] 15 meine Mutter listig mit mir ins Lager, zwangen mich vor dem Altar, wo die Göttin barmherzig mich vom Tod errettete und wundervoll hierher versetzte. Iphigenie, Agamemnons und Clytemnestrens Tochter ist's, die mit dir spricht. 20

Thoas.

Der Königs Tochter kann ich nicht mehr als der Vertriebenen Ehre geben. Auch jetzo wiederhohl' ich meinen Antrag, folge mir, und theile was ich habe. 25

Iphigenie.

Wie darf ich diesen Schritt, o König wagen! Hat nicht die Göttin, die mich rettete ein ganzes Recht auf mein geweihtes Leben? Sie hat für mich den Schutzort ausgesucht, und [29] einem 30 Vater, den sie durch den Schein nur strafen wollte, mich gewiß zur unverhofften Freude seines Alters aufbewahrt. Vielleicht bereitet sie mir Verlaßnen frohe Rückkehr, und ich, indeß auf ihre Wege nicht achtend, hätte mich hier 35 wider Willen hier angebaut? Wenn ich hier bleiben sollte hat sie längst um Zeichen.

D.

[26] Es mangelte dem Glück der Eltern noch
Ein Sohn, und kaum war dieser Wunsch erfüllt,
Daß zwischen beyden Schwestern nun Crest 410
Der Liebling wuchs; als neues Uebel schon
Dem sichern Hause zubereitet war.
Der Ruf des Krieges ist zu euch gekommen,
Der, um den Raub der schönsten Frau zu rächen,
Die ganze Macht der Fürsten Griechenlands 415
Um Trojens Mauern lagerte. Ob sie
Die Stadt gewonnen, ihrer Rache Ziel
Erreicht, vernahm ich nicht. Mein Vater führte
Der Griechen Heer. In Aulis harrten sie
Auf günst'gen Wind vergebens: denn Diane, 420
Erzürnt auf ihren großen Führer, hielt
Die Eilenden zurück und forderte
Durch Calchas Mund des Königs älteste Tochter.
Sie lockten mit der Mutter mich in's Lager;
Sie rißen mich vor den Altar und weihten 425
Der Göttinn dieses Haupt. — Sie war versöhnt;
Sie wollte nicht mein Blut, und hüllte rettend
In eine Wolke mich; in diesem Tempel
Erkannt' ich mich zuerst vom Tode wieder.
Ich bin es selbst, bin Iphigenie, 430
[27] Des Atreus Enkel, Agamemnons Tochter,
Der Göttinn Eigenthum, die mit dir spricht.

Thoas.

Mehr Vorzug und Vertrauen geb' ich nicht
Der Königstochter als der Unbekannten.
Ich wiederhole meinen ersten Antrag. 435
Komm, folge mir und theile was ich habe.

Iphigenie.

Wie darf ich solchen Schritt, o König, wagen?
Hat nicht die Göttinn, die mich rettete,
Allein das Recht auf mein geweihtes Leben?
Sie hat für mich den Schutzort ausgesucht, 440
Und sie bewahrt mich einem Vater, den
Sie durch den Schein genug gestraft, vielleicht
Zur schönsten Freude seines Alters hier.
Vielleicht ist mir die frohe Rückkehr nah;
Und ich, auf ihren Weg nicht achtend, hätte 445
Mich wider ihren Willen hier gestellet?
Ein Zeichen bath ich, wenn ich bleiben sollte.

---

6 Trojens Mauern GO. — 9 dauert OW. — 11 versammelt G. — 14 foderte G. — 15 älteste GO. — 16 Mutter mit mir listig ins G. — 17 vor den GOW — 18 errette O. — 34 mir Verlaßnen frohe Rückkehr G.

A.

Toas.
Das Zeichen ist, daß du noch hier verweilst.
Euch solche Ausflucht nicht ängstlich auf, Man
spricht vergebens viel, wenn man versagen will,
der andre hört von allem, nur das Nein.   5

Iphig.
Es sind nicht Worte, leer und künstlich
scheinend zusammen gesetzt. Ich habe nichts gesagt, als was mein Geist mich hieß. Soll ich
nicht meinen Vater gern, und meine Mutter   10
wieder sehn, die mich als tod beweinen, und in
den alten Hallen [17] Von Mycene meine Geschwister! daß wenn du mich dorthin auf leichten
Schiffen senden wolltest, du mir ein neu und
doppelt Leben gäbest.   15

Toas.
So sehr zurük! Thu was dein Herz dich
heißt, und höre nicht auf die Stimme guten
Raths und der Vernunft, sei ganz ein Weib,
und gieb dich hin dem Trieb, der zügellos dich   20
dahin oder dorthin reißt. Wenn ihnen eine Lust
im Busen brennt, dann hält kein heilig Band
sie von Verräthern ab, der sie dem Vater oder
dem Gemahl, aus lang bewährten irrnen Armen
lokt, und schweigt in ihrer Brust das rasche   25
Feuer. So stürmt vergebens aus dem treusten
Herzen mit Tausend goldnen Zungen die Ueberredung auf sie los; Unerschüttert wie Felsen
ist ein Weib das einmal nicht liebt.

Iphig.   30
Brich, zürnend, deinen Schwur o König nicht.
Soll ich mein Zutrauen so entgelten? du schienst
bereitest, was ich auch sagen könnte.

Toas.
Aufs ungehoffte war ich nicht bereitet. Ich   35
hätte sollen, denn ich wußte, daß ich mit einem
Weib zu handeln ging.

Iphig.
Schilt nicht o König unser arm Geschlecht,
das was du an mir tadelst sind alle unsre Waffen? 40

---

14 weilest B. — 20 dem B. — 23 vom B; dem B. —
32 Zutraun B. — 33 auch fehlt B. — 36 einem B. — 39
armes B. — 40 Waffen. B.

B.

Thoas.
Das Zeichen ist, daß du noch hier verweilst .. 425
Such solche Ausflucht nicht ängstlich auf.
Man spricht vergebens viel, wenn man versagen
   will —
der andre hört von allem nur das Nein.

[27] **Iphigenie.**
Es sind nicht worte, leer und künstlich scheinend
Zusammengesetzt.   430
Ich habe nichts gesagt, als was mein Geist mich
   hieß.
Soll ich nicht meinen Vater gern
und meine Mutter wiedersehn?
Die mich als todt beweynen ..
und in den alten Hallen von Mycene   435
Meine Geschwister?
Daß, wenn du mich dorthin
Auf leichten Schiffen senden wolltest —
du mir ein neu und doppelt Leben gäbest.

Thoas.
So sehr zurück! Thu, was dein Herz dich
heißt —   440
und höre nicht auf die Stimme
Des guten Raths und der Vernunft!
Sey ganz ein Weib!
und gieb dich hin dem Trieb,
der zügellos dich dahin oder dorthin reißt —   445
Wenn ihnen eine Lust im Busen brennt
dann hält kein heilig Band sie vom Verräther
   ab —
[28] der sie dem Vater oder dem Gemahl
Aus langbewährten, treuen Armen lockt;
und schweigt in ihrer Brust das rasche Feuer, 450
So stürmt vergebens aus dem treusten Herzen
Mit tausend goldnen Zungen
die überredung auf sie los ..
unerschüttert wie ein Felsen ist
Ein Weib — das einmal nicht liebt.   455

Iphigenie.
Brich zürnend deinen Schwur, o König nicht!
Soll ich mein Zutraun so entgelten?
Du schienst bereitet, was ich auch sagen könnte.

Thoas.
Aufs ungehoffte war ich nicht bereitet.
Ich hätte schweigen sollen; denn ich wußte, 460
Daß ich mit einem Weib zuhandeln gieng.

Iphigenie.
Schilt nicht, o König, unser arm Geschlecht ..
das, was du an mir tadelst,

---

458 bereitet. Ich hätte so D.

C.

Thoas.
Das Zeichen ist, daß du noch hier verweilst.
Such' solche Ausflucht nicht ängstlich auf. Man
spricht vergebens viel, wenn man versagen will,
der andre hört von allem nur das Nein. 5

Iphigenie.
Es sind nicht Worte, leer und künstlich
scheinend zusammen gesetzt. Ich habe nichts gesagt, als was mein Geist mich hies. Soll ich
nicht [30] meinen Vater und meine Mutter 10
gerne wiedersehn, die mich als todt beweinen
und in den alten Hallen von Mycene meine
Geschwister! Daß wenn du mich dorthin auf
leichten Schiffen senden wolltest, du mir ein
neu und doppelt Leben gäbest. 15

Thoas.
So sehr zurück! Thu was dein Herz dich
heißt, und höre nicht die Stimme guten Raths
und der Vernunft, sey ganz ein Weib und gieb
dich hin dem Triebe, der zügellos dich dahin 20
oder dorthin reißt. Wenn ihnen eine Lust im
Busen brennt, dann hält kein heilig Band sie
vom Verräther ab, der sie dem Vater oder dem
Gemahl aus lang bewährten treuen Armen lockt,
und schweigt in ihrer Brust das rasche [31] Feuer, 25
so stürmt vergebens aus dem treusten Herzen
mit tausend goldnen Zungen die Ueberredung
auf sie los.

Iphigenie.
Brich, zürnend, deinen Schwur o König nicht. 30
Soll ich mein Zutraun so entgelten? Du schienst
bereitet, auf was ich sagen könnte.

Thoas.
Aufs Ungehoffte war ich nicht bereitet. Doch
hätt' ich alles erwarten sollen, mußt ich denn 35
nicht, daß ich mit einem Weibe zu handeln gieng.

Iphigenie.
Schilt nicht o König unser Geschlecht. Das
was du an mir tadelst sind alle unsre Waffen?

11 gern O. — 31 Zutrauen OW. — 36 Weib OW.
— 38 unser arm GOW. — 39 alle meine Waffen. O.

D.

Thoas.
Das Zeichen ist, daß du noch hier verweilst.
Such' Ausflucht solcher Art nicht ängstlich auf.
[28] Man spricht vergebens viel, um zu versagen; 450
Der andre hört von allem nur das Nein.

Iphigenie.
Nicht Worte sind es, die nur blenden sollen;
Ich habe dir mein tiefstes Herz entdeckt.
Und sagst du nicht selbst, wie ich dem Vater,
Der Mutter, den Geschwistern mich entgegen 455
Mit ängstlichen Gefühlen sehnen muß?
Daß in den alten Hallen, wo die Trauer
Noch manchmal stille meinen Nahmen lispelt,
Die Freude, wie um eine Neugeborne,
Den schönsten Kranz von Säul' an Säulen schlinge. 460
O sendetest du mich auf Schiffen hin!
Du gäbest mir und allen neues Leben.

Thoas.
So sehr' zurück! Thu' was dein Herz dich heißt;
Und höre nicht die Stimme guten Raths
Und der Vernunft. Sey ganz ein Weib und gib 465
Dich hin dem Triebe, der dich zügellos
Ergreift und dahin oder dorthin reißt.
Wenn ihnen eine Lust im Busen brennt,
[29] Hält vom Verräther sie kein heilig Band,
Der sie dem Vater oder dem Gemahl 470
Aus langbewährten, treuen Armen lockt;
Und schweigt in ihrer Brust die rasche Gluth,
So bringt auf sie vergebens treu und mächtig
Der Überredung goldne Zunge los.

Iphigenie.
Gedenk, o König, deines edeln Wortes! 475
Willst du mein Zutrau'n so erwiedern? Du
Schienst vorbereitet, alles zu vernehmen.

Thoas.*
Auf's Ungehoffte war ich nicht bereitet;
Doch soll' ich's auch erwarten: wußt' ich nicht,
Daß ich mit einem Weibe handeln ging? 480

Iphigenie.
Schilt nicht, o König, unser arm Geschlecht.
Nicht herrlich wie die euern, aber nicht
Unedel sind die Waffen eines Weibes.

* Thoas. D.

A.

Glaub mir, darin bin ich dir vorzuziehen, daß ich dein Glück mehr als du selber kenne [18] Du wähnst, aus übergroßer Antheil, daß uns ein näheres Band zum Glück vereinen werde, und voll guten Muths, wie voll guten Willens bringst 5 du in mich, daß ich mich füge, und hier dank' ich den Göttern, daß sie mir die Festigkeit gegeben ein Bündniß zu versagen, das sie nicht billigen.

Toas.
Du nennst das Götterwort was dir im Herzen 10
schlägt.

Iphig.
Sie reden nur durch unser Herz zu uns.

Toas.
Hab ich kein Recht sie auch zu hören.

Iphig.
Es überbraußt der Sturm der Leidenschafft
die zarte Stimme.

Toas.
Die Priesterin vernimmt sie wohl allein.

Iphig.
Der König sollte sie vor allen andren merken.

Toas.
Dein heilig Amt und dein geerbtes Recht 25
auf Jovis Tisch bringt dich den Göttern näher
als einen erdgebohrnen Wilden.

Iphig.
Ich trage nun die Schuld von dem Vertraun
zu dir. 30

Toas.
Ich bin ein Mensch, und besser ist's wir enden. So sey mein Wort denn fest. Sey Priesterin Dianens, wie sie dich auserkohren, und mir verzeih die Göttin, daß ich bisher mit Un- 35 recht [19] und oft mit inneren Vorwurf, die alten Opfer ihr vorenthalten habe. Kein fremder landet glücklich an unserm Ufer, von alters her ist ihm der Tod gewiß, nur du hast mich bisher mit einer Freundlichkeit, in der ich bald die 40 Liebe einer Tochter, bald einer stillen Braut zu sehn mich freute, zurück gehalten, und mich

B.

Sind alle unsre Waffen . . . Glaub mir
Darinn bin ich dir vorzuzieh'n —   465
[29] Daß ich dein Glück mehr, als du selber,
kenne.
Du wähnst aus übergroßer Gutheit,
daß uns ein näher Band zum Glück vereinen
werde;
und guten Muthes voll, wie voll von gutem
Willen,
Bringst du in mich, daß ich mich füge —   470
und hier dank' ich den Göttern,
Daß sie mir die Festigkeit gegeben,
Ein Bündniß zuversagen — das sie nicht billigen!

Thoas.
du nennst das Götterwort, was dir im Herzen 475
schlägt!

Iphigenie.
Sie reden nur durch unser Herz zu uns.   475

Thoas.
Hab' ich kein Recht, sie auch zu hören?

Iphigenie.
Es überbraust der Sturm der Leidenschaft
Die zarte Stimme.

Thoas.
Die Priesterinn vernimmt sie wohl allein?

Iphigenie.
Der König sollte sie vor allen andern merken. 480
[30] **Thoas.**
Dein heilig Amt und dein geerbtes Recht
Auf Jovis Tisch bringt dich den Göttern näher,
Als einen Erdgebohrnen wilden.

Iphigenie.
Ich trage nun die Schuld von dem Vertraun
zu dir.

Thoas.
Ich bin ein Mensch, und besser ist's — wir enden. 485
So sey mein Wort denn fest . .
Sey Priesterinn Dianens! wie Sie dich auserkohren!
und mir verzeih die Göttinn, daß ich bisher
mit Unrecht,
und oft mit innerm Vorwurf
die alten Opfer ihr vorenthalten habe!   490
Kein Fremder landet glücklich an unserm Ufer —
von Alters her ist ihm der Tod gewiß.
Nur du hast mich bisher mit einer Freundlichkeit, (,)
In der ich bald die Liebe einer Tochter
Bald einer stillen Braut zusehn mich freute — 495

C.

Glaub mir, darinn bin ich dir vorzuziehen, daß
ich dein Glück mehr als du selber kenne. Du
[32] wähnest, unbekannt mit dir und mir, daß
uns ein nähres Band zum Glück vereinen werde,
voll guten Mutes wie von guten Willens bringt 5
du in mich, daß ich mich füge. Und hier dank
ich den Göttern, daß sie mir die Festigkeit gegeben,
ein Bündniß zu versagen, das sie nicht billigen.
    Thoas.
 Du nennst das Götterwort was dir im 10
Herzen schlägt.
    Iphigenie.
 Sie reden nur durch unser Herz zu uns.
    Thoas.
 Hab' ich kein Recht, sie auch zu hören? 15
    Iphigenie.
 Es überbraust der Sturm der Leidenschaft
[33] die zarte Stimme.
    Thoas.
 Die Priesterin vernimmt sie wohl allein? 20
    Iphigenie.
 Der König sollte sie vor allen andern merken.
    Thoas.
 Dein heilig Amt, und dein geerbtes Recht
auf Jovis Tisch bringt dich den Göttern näher, 25
als einen erdgebornen Wilden.
    Iphigenie.
 Ich trage nun die Schuld des Vertrauens
zu dir.
    Thoas.   30
 Ich bin ein Mensch und besser ist's wir enden.
So sey mein Wort denn fest: Sey Priesterinn
Dianens, wie sie dich auserkohren, und mir verzeih' die Göttin, daß ich bisher mit Unrecht,
[34] und oft mit innrem Vorwurf die alten 35
Opfer ihr vorenthalten habe. Kein Fremder
landet glücklich an unserm Ufer, von Alters
her ist ihm der Tod gewiß; nur du hast mich
bisher mit einer Freundlichkeit, in der ich bald
die Liebe einer Tochter, bald einer stillen Braut 40
zu sehn mich freute, zurückgehalten und mich

D.

Glaub' es, darin bin ich dir vorzuziehn,
Daß ich dein Glück mehr als du selber kenne. 485
Du wähnest, unbekannt mit dir und mir,
[30] Ein näher Band werd' uns zum Glück
  vereinen.
Voll guten Muthes, wie voll guten Willens,
Bringst du in mich, mir daß ich mich fügen soll;
Und hier dank' ich den Göttern, daß sie mir 490
Die Festigkeit gegeben, dieses Bündniß
Nicht einzugehen, das sie nicht gebilligt.
    Thoas.
 Es spricht kein Gott; es spricht dein eignes Herz.
    Iphigenie.
 Sie reden nur durch unser Herz zu uns.
    Thoas.
 Und hab' Ich, sie zu hören, nicht das Recht? 495
    Iphigenie.
 Es überbraust der Sturm die zarte Stimme
    Thoas.
 Die Priesterinn vernimmt sie wohl allein?
    Iphigenie.
 Vor allen andern merke sie der Fürst.
   [31] Thoas.
 Dein heilig Amt und dein geerbtes Recht
An Jovis Tisch bringt dich den Göttern näher, 500
Als einen erdgebornen Wilden.
    Iphigenie.
    So
Büß' ich nun das Vertrau'n, das du erzwangst.
    Thoas.
 Ich bin ein Mensch; und besser ist's wir enden.
So bleibe denn mein Wort: Sey Priesterinn
Der Göttinn, wie sie dich erkoren hat; 505
Doch mir verzeih' Diane, daß ich ihr
Bisher mit Unrecht und mit innerm Vorwurf
Die alten Opfer vorenthalten habe.
Kein Fremder nahet glücklich unserm Ufer;
Von Alters her ist ihm der Tod gewiß. 510
Nur Du hast mich mit einer Freundlichkeit,
In der ich bald der zarten Tochter Liebe,
Bald stille Neigung einer Braut zu sehn
Mich tief erfreute, wie mit Zauberbanden

A.

bewegt zum Schaden vielleicht mir und den meinen
sie zu entlaßen, oft hat mein Volk gemurrt und
ich hab's nicht geachtet, nun schiebt die Menge
den Verlust des Sohnes mir auf den Zorn der
Göttin. Länger halt ich sie nicht um deinetwillen. 5

Iphig.

Um meinetwillen hab ichs nie gefodert. Es
ist ein Mißverstand wenn man die Himmlische
Blutgierig glaubt. Versöhnt die Unterirrdische
mit Blut, und diesen ist das Blut der Thiere 10
Labsal! hat mich die Göttin nicht selbst der
Griechen Eifer entzogen, ihr war mein Dienst
willkommner als mein Tod.

Toas.

Es ziemt sich nicht für uns, die heilige alte 15
Gebräuche mit leicht beweglicher Vernunft zu
deuten und zu wenden. Thue deine Pflicht, ich
werde die meine Thun. Zwey Fremde die wir
in den Hölen an der See versteckt gefunden, und
die nichts gutes meinem Lande bringen, hab' 20
ich gefangen. Mit diesen empfange deine Göttin
ihr erstes, rechtes, lang entbehrtes Opfer wieder;
Ich sende sie hierher, du weißt den Dienst. (ab)

[20] Iphig.

Du hast Wollen, gnädige Retterin, den Un- 25
schuldigen einzuhüllen, und auf Winden ihn den
ehrnen Geschick aus den schweren Arm, über
Meer und Erde, und wohin dir's gut dünkt zu
tragen. Du bist Weise und siehst das Zukünft-
tige und das Vergangene ist dir nicht vorbey! 30
Enthalte vom Blut meine Hände, denn es bringt
keinen Segen, und die Gestalt des Ermordeten,
erscheint auch den zufälligen Mörder zur bösen
Stunde, denn die Unsterblichen haben ihr Menschengeschlecht lieb, und wollen ihm ein kurzes 35
Leben gerne fristen und gönnen ihm den Mitgenuß auf eine Weile des Ewig leuchtenden
Himmels.

Ende des ersten Acts.

---

8 Himmlischen B. — 9 Unterirrdischen B. — 12 entzogen? B. — 15 heiligen alten B. — 17 Thu' B. — 18
werde meine in B aus werde die meine corrigirt. — 21
ursprünglich in A die Göttin, keine über das durchstrichene die corrigirt. — 26 den B. — 27 dem B. —
30 Vergangne B. — 33 dem B. — 34 Unsterblichen A; denn
sie haben B. — 35 ihm sein B. — 38 Himmels, die Uns-
sterblichen. B.

B

Zurückgehalten — und mich bewegt,
Zum Schaden vielleicht mir und den Meinen
Sie zuentlaßen.

Oft hat mein Volk gemurrt, u: ich hab's
nicht geachtet,
[31] Nun schiebt die Menge den Verlust des
Sohnes 500
Mir auf den Zorn der Göttin -- Länger
Hall' ich sie nicht um deinetwillen.

Iphigenie.

um meinetwillen hab' ich's nie gefodert —
Es ist ein Misverstand, wenn man die Himm-
lischen
Blutgierig glaubt. 505
versöhnt die unterirdische mit Blut!
und diesen ist das Blut der Thiere Labsal.
Hat mich die Göttinn nicht selbst
Der Griechen Eifer entzogen?
Ihr war mein Dienst willkommner als mein Tod. 510

Thoas.

Es ziemt sich nicht für uns, die heil'ge alte
Gebräuche mit leicht beweglicher Vernunft
zudeuten und zuwenden.
Thu deine Pflicht. Ich werde meine thun.
Zween Fremde, die wir in den Höhlen an der See 515
versteckt gefunden,
und die nichts gutes meinem Lande bringen,
Hab' ich gefangen.
Mit diesen empfange deine Göttinn
Ihr erstes rechtes langentbehrtes Opfer wieder — 520
Ich sende sie hieher — du weißt den Dienst.
(ab)

[32] Iphigenie.

du hast Wollen gnädige Retterinn
den unschuldigen einzuhüllen,
und auf Winden ihn dem ehrnen Geschick
Aus dem schweren Arm über Meer und Erde 525
und wohin dir's gut dünkt, zutragen!
du bist weise und siehst das Zukünftige
— und das Vergangene ist dir nicht vorbey!
Enthalte du vom Blute meine Hände —
denn es bringt keinen Seegen; 530
und die Gestalt des Ermordeten erscheint
auch dem zufälligen Mörder zur bösen Stunde —
denn die unsterblichen haben ihr Menschengeschlecht lieb,
und wollen ihm ein kurzes Leben gerne fristen —
und gönnen ihm auf eine Weile 535
den Mitgenuß des ewigleuchtenden Himmels.

Ende des ersten Akts.

C.

bewegt zum Schaden vielleicht mir und den
meinen sie zu entlaßen. Oft hat mein Volk gemurrt und ich hab's nicht geachtet; nun schieben
sie mir den Verlust des Sohnes auf den Zorn
der Göttin. Sie klagen laut der alten Opfer 5
Versäumniß. Länger halt ich die Menge nicht
um deinetwillen.
[35] Iphigenie.
Um meinetwillen hab' ichs nie gefodert. Es
ist ein Misverstand, wenn man die Himmlischen 10
blutgierig glaubt. Versöhnt die Unterirrdischen
mit Blut, und diesen ist das Blut der Thiere
Labsal! Hat mich die Göttin nicht selbst der
Griechen Eifer entzogen? ihr war mein Dienst
willkomner als mein Tod. 15
Thoas.
Es ziemt sich nicht für uns, die heiligen
alten Gebräuche mit leicht beweglicher Vernunft
zu deuten und zu wenden. Thu' deine Pflicht,
ich werde meine thun. Zwey Freunde, die wir 20
in den Hölen an der See versteckt gefunden,
und die nichts gutes meinem Lande bringen,
hast' ich gefangen. Mit diesen empfange bei-
[36]ne Göttin ihr erstes rechtes lang entbehrtes
Opfer wieder. Ich sende sie hierher, du weißt 25
den Dienst.
(ab)
Iphigenie.
Du hast Wolken, gnädige Retterin, den Unschuldigen einzuhüllen und auf Winden ihn dem
ehrnen Geschick aus dem schweren Arm, über 30
Meer und Erde und wohin dir's gut dünkt, zu
tragen. Du bist weise und siehst das Zukünftige
und das Vergangne ist dir nicht vorbey! Enthalte vom Blut meine Hände, denn es bringt
keinen Seegen und die Gestalt des Ermordeten 35
erscheint auch dem zufälligen Mörder zur bösen
Stunde. Denn sie haben ihr Menschengeschlecht
lieb, sie wollen ihm sein kurzes Leben gerne
fristen und gönnen ihm auf eine Weile den
Mitgenuß des ewig leuchtenden Himmels, die 40
hohen Unsterblichen.

―――――

7 deinetwillen O. — 9 gefoderet O. — 30 ehernen O.
— 38 gern OO.

D.

Gefesselt, daß ich meiner Pflicht vergaß. 515
Du hattest mir die Sinnen eingewiegt,
[32] Das Murren meines Volks vernahm ich nicht;
Nun rufen sie dir Schuld von meines Sohnes
Frühzeit'gem Tode lauter über mich.
Um deinetwillen halt' ich länger nicht 520
Die Menge, die das Opfer bringend fodert.
Iphigenie.
Um meinetwillen hab' ich's nie begehrt.
Der misversteht die Himmlischen, der sie
Blutgierig wähnt; er dichtet ihnen nur 525
Die eignen grausamen Begierden an.
Entzog die Göttin mich nicht selbst dem Priester?
Ihr war mein Dienst willkommner als mein Tod.
Thoas.
Es ziemt sich nicht für uns, den heiligen
Gebrauch mit leicht beweglicher Vernunft
Nach unserm Sinn zu deuten und zu lenken. 530
Thu deine Pflicht, ich werde meine thun.
Zwey Freunde, die wir in des Ufers Höhlen
Versteckt gefunden und die meinem Lande
Nichts gutes bringen, sind in meiner Hand.
[33] Mit diesen nehme deine Göttinn wieder 535
Ihr erstes, rechtes, lang' entbehrtes Opfer!
Ich sende sie hierher; du weißt den Dienst.

Vierter Auftritt.
Iphigenie allein.

Du hast Wolken, gnädige Retterinn,
Einzuhüllen unschuldig Verfolgte,
Und auf Winden dem ehrnen Geschick sie 540
Aus den Armen, über das Meer,
Über der Erde weiteste Strecken
Und wohin es dir gut dünkt zu tragen.
Weise bist du und siehest das Künftige;
Nicht vorüber ist dir das Vergangne, 545
Und dein Blick ruht über den Deinen
Wie dein Licht, das Leben der Nächte,
Über der Erde ruhet und waltet.
O enthalte vom Blut meine Hände!
Nimmer bringt es Segen und Ruhe; 550
[34] Und die Gestalt des zufällig Ermordeten
Wird auf das traurig-unwilligen Mörders
Böse Stunde lauern — und schrecken.
Denn die Unsterblichen lieben der Menschen
Weit verbreitete gute Geschlechter, 555
Und sie fristen das flüchtige Leben
Gerne dem Sterblichen, wollen ihm gerne
Ihres eigenen, ewigen Himmels
Mitgenießendes fröhliches Anschau'n
Eine Weile gönnen und lassen. 560

Zweyter Act.

Erster Auftritt.
Orest und Pylades
Orest.

So nahen wir uns dem gewißen Tod. Mit jedem Schritt wird meine Seele stiller. Als ich Apollon bat das fürchterliche Geleit der Rachgeister Von mir wegzunehmen, schien er mir Hülfe, im Tempel seiner Schwester die über Tauris herrscht [21] mit hoffnungsreichen Götterworten zu versprechen, und nun erfüllt sich's, daß alle Noth mit meinem Leben enden soll! Wie leicht wirds mir, dem eine Götterhand das Herz zusammen drükt, dem schönen Licht der Sonne zu entsagen! Und ist es im Geschik von Atreus Hause, nicht in der Schlacht ein ehrenvolles Ende zu gewinnen, soll ich, wie meine Ahnen, wie mein Vater, als Opferthier im Jammer-Tode bluten, so sey es beßer hier vorm Altar der Göttin, als im verworfnen Winkel, wo die Falle der Meuchelmörder stellt. Laßt mir so lange Ruh ihr Unterirdischen, die ihr nach dem Blute, das von meinen Tritten träuft, wie losgelaßne Hunde spürend hezt, ich komme zu euch hinunter, denn das Licht des Tags soll euch nicht sehen noch mich, die grüne Erde ist kein Tummelplatz für Larven des Erebus. Dort unten such ich euch, dort sind wir alle dann von ew'gem Schiksal in matte Nacht gebunden. Nur dich mein Pylades, so ungern ich dich in meine Schuld und meinen Bann gezogen, so ungern nehm' ich dich in jenes Trauerland frühzeitig mit. Dein Leben oder Tod ist einzig, was ich hoffe oder fürchte.

5

10

15

20

25

30

7 Apollon K. — 8 geister mir abzunehmen S. — 28
—29 vom gleichen Schiksal S.

---

[32] Zweyter Akt.

1.
Orest und Pylades.
Orest.

So nahen wir uns dem gewissen Tod!
Mit Jedem Schritt wird meine Seele stiller.
Als ich Apollen bath, der Rachgeister
Erschrekliches Geleit von mir hinwegzunehmen,   540
Schien Er mir Hülf' im Tempel seiner Schwester
Die über Tauris herrscht mit hoffnungsreichen
Götterworten zuversprechen,
und nun erfüllt's sich —
Daß alle Noth mit meinem Leben enden soll.   545
Wie leicht wird's mir, dem eine Götterhand
Das Herz zusammendrükt;
Dem schönen Licht der Sonne zuentsagen!
und ist es im Geschid von Atreus Hause
Nicht in der Schlacht   550
Ein ehrenvolles Ende zugewinnen,
Soll ich, wie meine Ahnen, wie mein Vater
Als Opferthier' im Jammertode bluten;
So sey es beßer hier vor dem Altar der Göttinn
[34] Als im verworfnen Winkel, wo die Falle   555
Der Meuchelmörder stellt ..
Laßt mir so lange Ruh', ihr unterirdischen,
Die ihr nach dem Blute, das
von meinen Tritten trieft,
wie losgelaßne Hunde spührend hezt!   560
Ich komme zu Euch hinunter; denn das Licht
Des Tags soll Euch nicht sehen, noch mich!
Die grüne Erde ist kein Tummelplatz
Für Larven des Erebus.
Dort unten such ich Euch, dort sind wir alle dann   565
vom ew'gen Schiksal
In matte Nacht gebunden ..
Nur dich, mein Pylades .. ach so ungern
Ich dich in meine Schuld, in meinen Bann gezogen,
So ungern nehm' ich dich in jenes Trauerland   570
Frühzeitig mit — dein Leben oder Tod ist einzig,
Was ich hoffe oder fürchte.

C

[37] **Zweiter Akt.**

Erster Auftritt.
Orest und Pylades.
Orest.

So nahen wir uns dem gewißen Tod. Mit
jedem Schritt wird meine Seele stiller. Als ich
Apollen bat, das fürchterliche Geleit der Rachegeister von mir zu nehmen, schien er mir Hülfe,
im Tempel seiner Schwester, die über Tauris
herrscht, mit hoffnungsreichen Götterworten zu
versprechen, und nun erfüllt sich's, daß alle Noth
mit meinem Leben enden soll. Wie leicht wird's
mir, dem eine Götterhand das Herz zusammendrückt, dem schönen Licht der Sonne zu entsagen! Und ist es im Geschid [38] von Atreus
Hause, nicht in der Schlacht ein ehrenvolles
Ende zu gewinnen, soll ich, wie meine Ahnen,
wie mein Vater, als Opferthier im Jammer-
tode bluten, so sey es besser hier vorm Altar
der Göttin, als im verworfnen Winkel, wo die
Netze der Meuchelmörder stellt. Laßt mir solange
Ruh, ihr Unterirdischen, die ihr nach dem Blute,
das von meinen Tritten träuft, wie los gelaßne
Hunde spürend heyt. Ich komme zu euch hinunter,
denn das Licht des Tags soll euch nicht sehn,
noch mich: die grüne Erde ist kein Tummelplatz
für Larven des Erebus. Dort unten such' ich
euch, dort sind wir alle dann von gleichem
Schicksal in matte Nacht gebunden. Nur dich,
mein Pylades, so ungern ich dich [39] in meine
Schuld und meinen Bann gezogen, so ungern
nehm ich dich in jenes Trauerland frühzeitig
mit. Dein Leben oder Tod ist einzig was ich
hoffe oder fürchte.

D.

[35] **Zweyter Aufzug.**

Erster Auftritt.
Orest. Pylades.
Orest.

Es ist der Weg des Todes, den wir treten: 5
Mit jedem Schritt wird meine Seele stiller.
Als ich Apollen bath, das gräßliche
Geleit der Rachegeister von der Seite
Mir abzunehmen, schien er Hülf' und Rettung 565
Im Tempel seiner vielgeliebten Schwester,
Die über Tauris herrscht, mit hoffnungreichen
Gewissen Götterworten zu versprechen;
Und nun erfüllet sich's, daß alle Noth
[36] Mit meinem Leben völlig enden soll. 570
Wie leicht wird's mir, dem eine Götterhand
Das Herz zusammendrückt, den Sinn betäubt,
Dem schönen Licht der Sonne zu entsagen.
Und sollen Atreus Enkel in der Schlacht
Ein stegbekröntes Ende nicht gewinnen; 575
Soll ich wie meine Ahnen, wie mein Vater
Als Opferthier im Jammertode bluten:
So sey es! Besser hier vor dem Altar,
Als im verworfnen Winkel, wo die Netze
Der nahverwandte Meuchelmörder stellt. 580
Laßt mir so lange Ruh', ihr Unterird'schen,
Die nach dem Blut' ihr, das von meinen Tritten
Hernieder träufend meinen Pfad bezeichnet,
Wie losgelaßne Hunde spürend heyt.
Laßt mich, ich komme bald zu euch hinab; 585
Das Licht des Tags soll euch nicht sehn, noch mich.
Der Erde schöner grüner Teppich soll
Kein Tummelplatz für Larven seyn. Dort unten
Such' ich euch auf: dort bindet alle dann
Ein gleich Geschid in ew'ge matte Nacht. 590
Nur dich, mein Pylades, dich, meiner Schuld
[37] Und meines Banns unschuldigen Genossen,
Wie ungern nehm' ich dich in jenes Trauerland
Frühzeitig mit! Dein Leben oder Tod
Gibt mir allein noch Hoffnung oder Furcht. 595

---

3 und fehlt GO. — 12—13 wird mir O. — 19 als!
Leser G. — 20 verborgnen G. — 23 losgelassene O. —
25 Tages O; leben O. — 28 alle fehlt O.

A.

Pyl.

Ich bin noch nicht Orest, wie du, bereit, in jenes Schattenreich hinab zu gehen, ich sinne noch durch die verworrnen Pfade, durch die uns das Geschik zum Tod zu führen scheint, uns zu dem Leben wieder aufzuwinden. Ich denke nicht den Tod, ich sinn' und horche, ob nicht zu irgend einer Flucht die Götter Rath und Wege zu bereiten. Der Tod [22] kommt unaufhaltsam gefürchtet, oder ungefürchtet. Wenn die Priesterin das Beil schon hebt, soll dein und meine Rettung noch mein Gedanke seyn. Der Unmuth beschleunigt die Gefahr. Tausend Ränke gehn jeden Tag durch meine Seele. Ich habe das Wort Apols vor mir, daß in Dianens Heiligthum du Trost und Hülf nad Rükkehr finden sollst. Der Götter Worte sind so zweydeutig nicht, als der Elende sie unmuthig wähnt.

Or.

Mir lag die dunkle Dekke des Lebens von Kindheit an schon auf den zarten Haupt, unter einer Mutter die des abwesenden Gemahls vergaß, wuchs ich gedrükt, in meiner Unschuld ein bittrer Vorwurf ihr und ihrem Bulen. Wie oft, wenn ich Elektren meine liebe Schwester am Feuer in der tiefen Halle sizen sah', drängt ich mich auf ihren Schoos, und starrte, wenn sie weinnte, sie mit grosen Augen an. Dann sagte sie von unserm Vater viel! Ach wie verlangt mich ihn zu sehn! mich wünscht' ich bald nach Troja, ihn bald her. Es kam der Tag —.

Pyl.

Laß von jenen Geschichten sich Höllengeister nächtlich unterhalten, wir aber wollen mit Erinnerung schöner Zeiten unsere Seele in frischem Heldenlaufe stärken. Die Götter brauchen gute Menschen auf dieser Welt, und haben noch auf dich gezehlt, sie gaben dich dem grosen Vater zum Geleit nicht mit, da er unwillig nach den Orkus gieng.

---

3 gehe B. — 5 Tode B. — 11 Priesterinn schon unsre reden abzuwehren die Hand erhebt, soll B. — 13 Der fehlt B. — 14 gehen B. — 21 am das in B von Goethe aus auf dem corrigirt. — 27 mich bin B. — 29–30 verlangt ich ihn B. — 35 unsre B; der B

B.

[35] **Pylades.**

Ich bin noch nicht, Orest, wie du, bereit
In jenes Schattenreich hinabzugehen;
Ich sinne nach, durch die verworfnen Pfade 575
durch die uns das Geschik
Zum Tode fortzuführen scheint,
Uns zu dem Leben wieder aufzuwinden.
Ich denke nicht den Tod; Ich sinn und horche
Ob nicht zu irgend einer Flucht 580
Die Götter Rath und Wege zubereiten?
Der Tod kommt unaufhaltsam,
Gefürchtet oder ungefürchtet —
wenn hoch empor die Priesterinn das Beil
Schon hebt, soll dein' und meine Rettung 585
Noch mein Gedanke seyn!
der Unmuth beschleunigt die Gefahr.
Tausend Ränke gehn jeden Tag durch meine Seele.
Ich hab' Apollons Wort vor mir —
Daß in Dianens Heiligthum du Trost und Hülf' 590
Und Rükkehr finden sollst.
[36] Der Götter Worte sind so zweydeutig nicht
Als der Elende sie unmuthig wähnt.

Orest.

Mir lag des Lebens dunkle Dekke
von Kindheit an schon auf dem zarten Haupte. 595
Ach! unter einer Mutter,
die des abwesenden Gemahls vergaß,
Wuchs ich gedrükt, in meiner Unschuld;
Ein bittrer Vorwurf Ihr und ihrem Bulen.
Wie oft, wenn ich Elektren meine liebe Schwester 600
Am Feuer in der tiefen Halle sizen sah;
Drängt ich mich hin auf ihren Schoos,
und starrte, wenn Sie weynte, Sie
Mit grosen Augen an!
Dann sagte Sie von unserm Vater viel! 605
Ach! wie verlangt mich, Ihn zu sehn!
Mich wünscht' ich bald nach Troja —
Ihn bald her — Es kam der Tag . . . .

Pylades.

Laß von jenen Geschichten
Sich Höllengeister nächtig unterhalten! 610
[37] wir aber wollen mit Erinnerung
An schöne Zeiten unsre Seele
In frischem Heldenlaufe stärken.
Die Götter brauchen gute Menschen auf dieser Welt,
und haben noch auf dich gezählt; 615
Sie gaben dich dem grossen Vater zum Geleit
Nicht mit, da er unwillig nach dem Orkus gieng.

C.

Pylades.
Ich bin noch nicht, Orest, wie du, bereit,
in jenes Schattenreich hinabzugehn. Ich sinne
noch durch die verworrnen Pfade, durch die uns
das Geschick zum Tod zu führen scheint, uns   5
zu dem Leben wieder aufzuwinden. Ich denke
nicht den Tod, ich sinn' und horche ob nicht zu
irgend einer Flucht die Götter Rath und Wege
zubereiten? Der Tod kommt unaufhaltsam, gefürchtet oder ungefürchtet. Wenn die Priesterinn 10
schon unsre Locken weihend abzuschneiden die
Hand erhebt, soll dein und meine Ret-[40]tung
noch mein Gedanke seyn. Unmuth beschleunigt
die Gefahr. Tausend Ränke gehn jeden Tag
durch meine Seele. Ich habe das Wort Apolls 15
vor mir, daß in Dianens Heiligthum du Trost
und Hülf' und Rückkehr finden sollst. Der Götter
Worte sind so zweydeutig nicht, als der Elende
sie unmuthig wähnt.

        Orest.   20
Mir lag die dunkle Decke des Lebens von
Kindheit an schon um das zarte Haupt. Unter
einer Mutter, die des abwesenden Gemahls ver-
gas, wuchs ich gedrückt herauf in meiner Unschuld ein bitter Vorwurf ihr und ihrem Buhlen. 25
Wie oft, wenn ich Elektren, meine liebe Schwester
am Feuer in der tiefen Halle sitzen sah', dräng'
ich mich hin auf ihren [41] Schoos, und starrte
wenn sie weinte, sie mit großen Augen an. Dann
sagte sie von unserm Vater viel! Ach wie ver- 30
langt ich ihn zu sehn. Mich wünscht ich bald
nach Troja, ihn bald her. Es kam der Tag —
        Pylades.
Laß von jenen Geschichten sich Höllengeister
nächtlich unterhalten. Wir aber wollen mit Er- 35
innerung schöner Zeiten unsre Seele im frischen
Heldenlaufe stärken. Die Götter brauchen gute
Menschen auf dieser Welt und haben noch auf
dich gezählt. Sie gaben dich dem großen Vater
zum Geleit nicht mit, da er unwillig nach dem 40
Orkus gieng.

D.

Pylades.
Ich bin noch nicht, Orest, wie du bereit,
In jenes Schattenreich hinabzugehn.
Ich sinne noch, durch die verworrnen Pfade,
Die nach der schwarzen Nacht zu führen scheinen,
Uns zu dem Leben' wieder aufzuwinden.   600
Ich denke nicht den Tod; ich sinn' und horche,
Ob nicht zu irgend einer frohen Flucht
Die Götter Rath und Wege zubereiten.
Der Tod, gefürchtet oder ungefürchtet,
Kommt unaufhaltsam. Wenn die Priesterinn   605
Schon unsre Locken weihend abzuschneiden
Die Hand erhebt, soll dein' und meine Rettung
Mein einziger Gedanke seyn. Erhebe
Von diesem Unmuth deine Seele; zweifelnd
Beschleunigest du die Gefahr. Apoll   610
Gab uns das Wort: im Heiligthum der Schwester
[38] Sey Trost und Hülf' und Rückkehr dir
bereitet.
Der Götter Worte sind nicht doppelsinnig.
Wie der Gedrückte sie im Unmuth wähnt.

        Orest.
Des Lebens dunkle Decke breitete   615
Die Mutter schon mir um das zarte Haupt,
Und so wuchs ich herauf, ein Ebenbild
Des Vaters, und es war mein stummer Blick
Ein bittrer Vorwurf ihr und ihrem Buhlen.
Wie oft, wenn still Elektra meine Schwester   620
Am Feuer in der tiefen Halle saß,
Drängt' ich beklommen mich an ihren Schoos,
Und starrte, wie sie bitter weinte, sie
Mit großen Augen an. Dann sagte sie
Von unserm hohen Vater viel: wie sehr   625
Verlangt' ich ihn zu sehn, bey ihm zu seyn!
Mich wünscht' ich bald nach Troja, ihn bald her.
Es kam der Tag —
        Pylades.
    O laß von jener Stunde
Sich Höllengeister nächtlich unterhalten!
Uns gebe die Erinnrung schöner Zeit   630
[39] Zu frischem Heldenlaufe neue Kraft.
Die Götter brauchen manchen guten Mann
Zu ihrem Dienst auf dieser weiten Erde.
Sie haben noch auf dich gezählt; sie gaben
Dich nicht dem Vater zum Geleite mit,   635
Da er unwillig nach dem Orkus ging.

---

3 Hinabzugehen G0. — 9 Eurer W. — 12 deine G.
— 14 gehen G. — 19 wahnt W. — 30 unsern W. — 34
jenem O.

A.

[23] Or.
O wär ich seinen Saum ergreifend ihm nach-
gegangen.

Pyl.
So haben die, die dich erhielten, für mich 5
gesorgt, denn was ich worden wäre, wenn du
nicht lebtest, weiß ich nicht, da ich seit meiner
ersten Zeit, allein um deinetwillen leben mag.

Or.
Erinnere mich nicht jener schönen Tage, da 10
mir dein Hauß zum holden Freiort ward, da
deine Eltern in mir aus Liebe mehr als aus
Verwandtschafft, die halb erstarrte junge Blüte
pflegten, da du leichtsinniger Geselle gleich einem
bunten Schmetterling um eine dunkle Blume, 15
immer quellend von gutem Muth und Freude,
um mich an jedem Tage mit neuer Thorheit
gaukeltest, deine Luft in meine Seele spieltest,
daß ich schwerfällig zwar und mit gebundnem
Herzen, doch oft vergeßend meiner Noth, mit 20
dir in rascher Jugend hingerißen schwärmte.

Pyl.
Da fing mein Leben an, als ich dich liebte.

Or.
Mit deiner Liebe zu mir begann dein Elend, 25
die's ist das schwerste von meinem Schicksal, daß
ich wie ein verpesteter Flüchtling geheimen Tod
und Schmerzen um mich verbreite, daß wo ich
ein gesundes Ort betrete, gar bald um mich
die blühenden Gesichter den Schmerzenszug lang- 30
samen Tods verrathen.

Pyl.
Ich wär der nächste diesen Tod zu sterben,
wenn ich dein Hauch, Orest, vergiftete. Bin ich
nicht immer noch voll muth und luft, und Luft 35
[24] und Liebe sind die Fittige zu grosen Thaten.

Or.
Ja grose Thaten! Ich weiß die Zeit wohl
noch, da wir sie vor uns sahn, wenn wir zusammen auf der Jagd dem Wilde nach durch 40
Berg und Thäler rannten, und unsern Ahnherrn
gleich beringst mit Käul und Schwerdt dem Un-

---

19 schwerfällig B — 26 Dies B. — 28 Schmerz B. —
31 vor verrathen steht in A das ausgestrichne erwarte.

B

Crest.
O wär' ich seinen Saum ergreifend ihm nach-
gegangen!

Pylades.
So haben die, die dich erhielten, 620
Für mich gesorgt —
denn, was ich worden wäre, wenn du nicht lebtest,
weiß ich nicht;
da ich seit meiner ersten Zeit
Allein um deinetwillen leben mag.

Crest.
Erinnere mich nicht an jene schönen Tage, 625
Da mir dein Haus zum holden Freyort ward.
Da deine Aeltern mir
Aus Liebe mehr, als aus Verwandschaft
die halb erstarrte junge Blüthe pflanzten;
[35] da du, leichtsinniger Geselle, 630
Gleich einem bunten Schmetterling um eine dunkle
    Blume
Immer quellend von gutem Muth und Freude,
um mich an jedem Tag
Mit neuer Thorheit gaukeltest!
Du deine Luft in meine Seele spieltest 635
daß ich, schwerfällig zwar und mit gebundnem
    Herzen
doch oft vergeßend meine Noth
Mit dir in rascher Jugend hingerißen schwärmte!

Pylades.
Da fing mein Leben an, als ich dich liebte.

Crest.
Mit deiner Liebe 640
Zu mir begann dein Elend!
Dies ist das Schwerste von meinem Schicksal,
Daß ich wie ein verpesteter Flüchtling
Geheimen Tod und Schmerz um mich verbreite;
Gar bald um mich die blühenden Gesichter 645
Den Schmerzenszug langsamen Tods erwarten.

[39] **Pylades.**
Ich wär der nächste, diesen Tod zusterben
Wenn je dein Hauch, Crest, vergiftete.
Bin ich nicht immer noch voll Muth und Luft —
und Muth und Liebe sind 650
Die Fittige zu grosen Thaten.

Crest.
Ja, grose Thaten!... Ich weiß die Zeit wohl noch,
Da wir sie vor uns sahn, wenn wir zusammen
Auf der Jagd, dem Wilde nach
durch Berg und Thäler rannten; 655
und unsern Ahnherrn gleich beringst mit Keul
    und Schwert

641—645 Fehlt zwischen diesen ein Vers?

C.

Orest.
O wär' ich seinen Saum ergreifend ihm
nachge-[42]gangen.

Pylades.
So haben die, die dich erhielten, für mich 5
gesorgt: denn was ich worden wäre, wenn du
nicht lebtest? weiß ich nicht; da ich seit meiner
ersten Zeit allein um deinetwillen leben mag.

Orest.
Erinn're mich nicht jener schönen Tage, da 10
mir dein Haus zum holden Freiort ward, da
deine Eltern in mir aus Liebe mehr als aus
Verwandschaft, die halb erstarrte junge Blüte
pflegten, da du, leichtsinniger Geselle gleich einem
bunten Schmetterling um eine dunkle Blume, 15
immer quellend von gutem Muth und Freude,
um mich an jedem Tag mit neuer Thorheit
gaukeltest, deine Lust [43] in meine Seele spieltest,
daß ich schwerfällig zwar und mit gebundnem
Herzen, doch oft vergessend meine Noth mit dir 20
in rascher Jugend hingerißen schwärmte.

Pylades.
Da fing mein Leben an, als ich dich liebte.

Orest.
Mit deiner Liebe zu mir begann dein Elend! 25
Dies ist das schwerste von meinem Schicksal, daß
ich wie ein verpesteter Flüchtling geheimen zeh-
renden Gift um mich verbreite, daß wo ich einen
gesunden Ort betrete gar bald um mich, die
blühenden Gesichter den Schmerzenszug lang- 30
samen Tods verrathen.

Pylades.
Ich wär der nächste, diesen Tod zu sterben,
wenn [44] je dein Hauch, Orest, vergistete. Bin
ich nicht immer noch voll Muth und Lust? und 35
Lust und Liebe sind die Fittige zu großen Thaten.

Orest.
Ja große Thaten! Ich weiß die Zeit wohl
noch, da wir sie vor uns sahn, wenn wir zusammen auf der Jagd dem Wilde nach durch 40
Berg und Thäler rannten, und unsern Anherrn
gleich berrüst mit Käul und Schwerdt dem Un-

D.

Orest.
O wär' ich, seinen Saum ergreifend, ihm
Gefolgt.

Pylades.
So haben die, die dich erhielten,
Für mich gesorgt: denn was ich worden wäre,
Wenn Du nicht lebtest, kann ich mir nicht denken; 640
Da ich mit dir und deinetwillen nur
Zeit meiner Kindheit leb' und leben mag.

Orest.
Erinnre mich nicht jener schönen Tage,
Da mir dein Haus die ferne Stäte gab.
Dein edler Vater klug und liebevoll 645
Die halb erstarrte junge Blüthe pflegte;
Da du ein immer munterer Geselle,
Gleich einem leichten bunten Schmetterling
[40] Um eine dunkle Blume, jeden Tag
Um mich mit neuem Leben gaukeltest, 650
Mir deine Lust in meine Seele spieltest,
Daß ich, vergessend meiner Noth, mit dir
In rascher Jugend hingerißen schwärmte.

Pylades.
Da fing mein Leben an, als ich dich liebte.

Orest.
Sag: meine Noth begann, und du spricht wahr. 655
Das ist das Ängstliche von meinem Schicksal,
Daß ich, wie ein verpesteter Vertriebner,
Geheimen Schmerz und Tod in Busen trage;
Daß, wo ich den gesündsten Ort betrete,
Gar bald um mich die blühenden Gesichter 660
Den Schmerzenszug langsamen Tod's verrathen.

Pylades.
Der nächste wär' ich diesen Tod zu sterben,
Wenn je dein Hauch, Orest, vergistete.
Bin ich nicht immer noch voll Muth und Lust?
Und Lust und Liebe sind die Fittige 665
Zu großen Thaten.

[41] **Orest.**
Große Thaten? Ja,
Ich weiß die Zeit, da wir sie vor uns sahn!
Wenn wir zusammen oft dem Wilde nach
Durch Berg' und Thäler rannten, und dereinst
An Brust und Faust dem hohen Ahnherrn gleich 670
Mit Keul' und Schwert dem Ungeheuer so,

---

5 haten dir, die O. — 10 Erinnere GO. — 17 Tage
GO. — 20 meiner GOW. — 36 Fittiche W. — 41 unserm
O; Anherren W. — 42 bereinst fehlt GO.

— 38 —

A.

geheuer so, dem Räuber auf der Spur zu jagen
hofften, und dann wir Abends ruhig an der
weiten See uns aneinander lehnend saßen, und
die Welt so weit so offen vor uns lag, da fuhr
wohl einer manchmal nach dem Schwerd, und　5
unsre künftige Thaten giengen, wie die Sterne
unzählig über unsern Häuptern auf.
　　　　　　Pyl.
　Die That, die zu vollführen unsre Seele
bringt, ist ein unendlich Werk, wir mögten sie 10
so groß gleich thun, als wie sie wird, wenn
Jahrelang durch ferne Länder und Geschlechter
der Mund der Dichter sie vermehrend wälzt.
Es klingt so schön, was unsre Väter thaten,
wenn es im stillen Abendschatten der Jüngling 15
mit dem Ton der goldnen Harfe schlürft, und
was wir thun, ist, wie es ihnen war, voll Müh'
und eitel Stükwerk. So laufen wir nach dem,
was vor uns flieht, und achten nicht des Weges,
den wir treten, und sehen nicht die Stapfen 20
unsrer Anherrn neben uns, und eilen immer
ihren Schatten nach, [25] der Götter gleich in
einer weiten Ferne der Berge Haupt auf Goldnen
Wolken krönt. Ich halte nichts von dem, der
von sich denkt als wie das Volk ihn etwa preisen 25
dürfte, allein du darfst den Göttern reichlich
danken, für das, was sie durch dich dem Jüngling schon gethan.
　　　　　　Or.
　Wenn sie dem Menschen frohe That bescheren, 30
das er gewaltig von seinem Haus das bittre
Schiksal wendet, daß er sein Reich vermehrt,
und durch des Jünglings Faust lang festgeübte
bewährte Feinde fallen, dann dank' er. Mich
haben sie zum Schlächter auserkohren, zum 35
Mörder meiner Mutter, zum unerhörten Rächer
unerhörter Schandthat. O Nein! sie habens
schon auf Tantals Haus gerichtet, und ich der
lezte soll nicht schuldlos noch ehrenvoll vergehn.

───

2 Abends B. — 9 unsere B. — 20 die Tarsen B.
21 unserer B. — 22 ihrem B. — 27 dich den B.

B.

dem ungeheuer; so den Räuber auf der Spur
zujagen hofften —
Und dann wir Abends ruhig an der weiten See
uns an einander lehnend saßen — und　　　660
Die Welt so weit, so offen vor uns lag —
Da fuhr wohl einer manchmal nach dem
　　　　　　　　　　　　　　Schwerd
und unsre künft'ge Thaten giengen wie die Sterne
unzählig über unsern Häuptern auf.
　　　　　[40] Pylades.
Die That, die zuvollführen unsre Seele bringt — 665
Ist ein unendlich Werk — wir mögten sie so
　　　　　　　　　　　　　　　groß
Gleich thun, als wie sie wird —
wenn Jahre lang
durch ferne Länder und Geschlechter
der Mund der Dichter sie vermehrend wälzt.　670
Es klingt so schön, was unsre Väter thaten;
wenn es im stillen Abendschatten
Der Jüngling mit dem Ton der goldnen Harfe
　　　　　　　　　　　　　　schlürft.
und, was wir thun, ist, wie es ihnen war,
Voll Müh' und eitel Stükwerk.　　　　　　675
So laufen wir nach dem, was vor uns flieht
und achten nicht des Weges, den wir treten;
und sehen nicht die Stapfen unsrer Anherrn
　　　　　　　　　　　　　　neben uns,
und eilen immer ihrem Schatten nach —
Der Göttergleich in einer weiten Ferne —　　680
Der Berge Haupt auf goldnen Wolken krönt.
Ich halte nichts von dem, der von sich denkt,
Als wie das Volk ihn etwa preisen dürfte —
[41] Allein, du darfst den Göttern reichlich danken,
Für das, was sie durch dich den Jüngling schon
　　　　　　　　　　　　　　　gethan.　685
　　　　　Orest.
Wenn sie dem Menschen frohe That bescheeren,
Daß er gewaltig von seinem Hause
Das bittere Schicksal wendet
Daß er sein Reich vermehrt, und durch des
　　　　　　　　　　Jünglings Faust
Lang festgeübte bewährte Feinde fallen　　　690
Denn dank' Er!
Mich haben sie zum Schlächter auserkohren;
Zum Mörder meiner Mutter,
Zum unerhörten Rächer unerhörter Schandthat.
O nein! Sie haben's schon auf Tantals Haus
　　　　　　　　　　　　　gerichtet!　　　695
und ich der Lezte soll nicht schuldlos,
Noch ehrenvoll vergeh'n.

C.

geheuer ſo, dem Räuber auf der Spur zu jagen
hofften, und dann wir Abends ruhig an der
weiten See uns aneinander lehnend ſaßen und
die Welt ſo weit, ſo offen vor uns lag; da
fuhr wohl einer manchmal nach dem Schwerdt 5
und unſre künftige [45] Thaten giengen wie die
Sterne unzälig über unſern Häuptern auf.

Pylades.

Die That, die zu vollführen unſre Seele
bringt, iſt ein unendlich Werk. Wir mögten ſie 10
ſo groß gleich thun, als wie ſie wird, wenn
Jahre lang durch ferne Länder und Geſchlechter
der Mund der Dichter ſie vermehrend wälzt.
Es klingt ſo ſchön, was unſre Väter thaten,
wenn es im ſtillen Abendſchatten der Jüngling 15
mit dem Ton der goldnen Harfe ſchlürft. Und
was wir thun, iſt, wie es ihnen war, voll Müh
und eitel Stückwerk. So laufen wir nach dem
was vor uns flieht, und achten nicht des Weges
den wir treten und ſehen nicht die Tapfen 20
unſrer Ahnherrn neben uns und eilen immer
ihrem [46] Schatten nach, der göttergleich in
einer weiten Ferne der Berge Haupt auf goldnen
Wolken krönt. Ich halte nichts von dem, der
von ſich denkt, wie ihn das Volk vielleicht er- 25
heben möchte; allein du darfſt den Göttern reichlich danken, für das was ſie durch dich den
Jüngling ſchon gethan.

Oreſt.

Wenn ſie dem Menſchen frohe That beſcheeren, 30
daß er gewaltig von ſeinem Haus das bittre
Schickſal wendet, daß er ſein Reich vermehrt
und durch des Jünglings Fauſt lang feſt ge-
übte, bewährte Feinde fallen, dann dankt er.
Mich haben ſie zum Schlächter auserkohren, zum 35
Mörder meiner Mutter zum unerhörten Rächer
unerhörter Schandthat. O nein ſie [47] habens
ſchon auf Tantals Haus gerichtet und ich der
letzte ſoll' nicht ſchuldlos noch ehrenvoll vergehn.

D.

Dem Räuber auf der Spur zu jagen hofften;
Und dann wir Abends an der weiten See
Uns an einander lehnend ruhig ſaßen,
Die Wellen bis zu unſern Füßen ſpielten, 675
Die Welt ſo weit, ſo offen vor uns lag;
Da fuhr wohl einer manchmal nach dem Schwert,
Und künft'ge Thaten drangen wie die Sterne
Rings um uns her unzählig aus der Nacht.

Pylades.

Unendlich iſt das Werk, das zu vollführen 680
Die Seele bringt. Wir möchten jede That
So groß gleich thun als wie ſie wächſt und wird,
Wenn Jahre lang durch Länder und Geſchlechter
Der Mund der Dichter ſie vermehrend wälzt.
Es klingt ſo ſchön was unſre Väter thaten, 685
[42] Wenn es in ſtillen Abendſchatten ruhend
Der Jüngling mit dem Ton der Harfe ſchlürft;
Und was wir thun iſt, wie es ihnen war,
Voll Müh' und eitel Stückwerk!
So laufen wir nach dem was vor uns flieht, 690
Und achten nicht des Weges den wir treten,
Und ſehen neben uns der Ahnherrn Tritte
Und ihres Erdelebens Spuren kaum.
Wir eilen immer ihrem Schatten nach,
Der göttergleich in einer weiten Ferne 695
Der Berge Haupt auf goldnen Wolken krönt.
Ich halte nichts von dem, der von ſich denkt
Wie ihn das Volk vielleicht erheben möchte.
Allein, o Jüngling, danke du den Göttern,
Daß ſie ſo früh durch dich ſo viel gethan. 700

Oreſt.

Wenn ſie dem Menſchen frohe That beſcheren,
Daß er ein Unheil von den Seinen wendet,
Daß er ſein Reich vermehrt, die Gränzen ſichert,
Und alle Feinde fallen oder fliehn;
Dann mag er danken! denn ihm hat ein Gott 705
Des Lebens erſte, letzte Luſt gegönnt.
[43] Mich haben ſie zum Schlächter auserkoren,
Zum Mörder meiner doch verehrten Mutter,
Und eine Schandthat ſchändlich rächend, mich
Durch ihren Wink zu Grund' gerichtet. Glaube, 710
Sie haben es auf Tantals Haus gerichtet,
Und ich, der Letzte, ſoll nicht ſchuldlos, ſoll
Nicht ehrenvoll vergehn.

---

6 künft'gen G; unſer künftige O. — 10 möchten GW.
— 21 Anherren W. — 25 ihn vielleicht das Volk erheben
GO. — 39 ſollte GOW.

A.

Pyl.
Die Götter rächen nicht an den Söhnen der
Väter Mißethal, ein jeder, er sey gut oder bös,
hat seinen Lohn. Segen ist erblich nicht Fluch.
Or.   5
Der Väter Segen hat uns nicht hierher ge-
führt.
Pyl.
So wenigstens der hohen Götter Wille.
Or.   10
So wißen wir durch weßen Wille wir ver-
derben.
Pyl.
Apol gebeut dir vom Taurischen Gestad,
Dianen die geliebte Schwester nach Delphos hin- 15
zubringen, wie ehrenvoll, daß er uns dies Ge-
schäfft vertraut, dann sollst du, durch die Bitte
der Keuschen Göttin, befreit von den Errinnen
werden, die dich umschließen. Schon [26] hier
in diesem heiligen Hayn, wagt keine sich.   20
Or.
So hab ich wenigstens geruh'gen Tod.
Pyl.
Ich denke anders, und nicht ungeschikt hab'
ich das schon geschehene und das Künfftige ver-   25
bunden und mir ausgelegt. Vielleicht reist in
der Götter Rath schon lang das große Werk,
Diana sehnt sich lange von diesem Ufer der
Barbaren, die Menschenblut ein jungfräuliches
Opfer wähnen. Uns war es aufbehalten das   30
heilige Bild von diesem Ort zu hohlen, uns
wird es auferlegt, und seltsam sind wir bis an
die Pforte schon geführt.
Or.
Mit seltner Kunst flichst du der Götter Rath 35
und Menschen Wiz zusammen.
Pyl.
Dann ist der Wiz nur werth, wenn was
geschieht, ihn auf den Willen jener droben aufmerksam macht. Schwere Thaten müßen gethan 40
seyn und dem der viel verbrach, wird auferlegt
mit dem unmöglichen sich zu bekämpfen, damit
er büßend Göttern noch und Menschen diene.

B.

Pylades.
Die Götter rächen an den Söhnen nicht
der Väter Mißethal — Ein Jeder,
Er sey gut oder Böse hat seinen Lohn.   700
Seegen ist erblich, nicht Fluch.
Orest.
Der Väter Seegen hat uns nicht hieher geführt.
[42] **Pylades.**
So wenigstens der hohen Götter Wille!
Orest.
So wißen wir, durch weßen Willen wir verdarben.
Pylades.
Apoll gebeut dir — vom taurischen Gestade   705
Diana, die geliebte Schwester
Nach Delphos hinzubringen —
Wie ehrenvoll, daß Er uns dies Geschäfft vertraut!
dann sollst du durch die Bitte der keuschen Göttinn
Befreyt von den Erinnen werden,   710
die dich umschließen — Schon — Hier
In diesem heil'gen Hayn wagt keine sich.
Orest.
So hab ich wenigstens beruhigen Tod.
Pylades.
Ich denke anders, und nicht ungeschickt hab' ich
das schon geschehene und das künftige   715
Verbunden und mir ausgelegt.
Vielleicht reist in der Götter Rath
Schon lang das große Werk —
Diana sehnt sich lange
[43] von diesem Ufer der Barbaren weg —   720
die Menschenblut ein jungfräuliches Opfer
                                             wähnen,
uns war es aufbehalten das heil'ge Bild
von diesem Ort zu hohlen —
wird es auferlegt; und seltsam sind wir
Bis an die Pforte schon geführt.   725
Orest.
Mit seltner Kunst flichst du
Der Götter Rath und Menschenwitz zusammen.
Pylades.
Dann ist der Witz nur werth, wenn, was ge-
                                         schieht,
Ihn auf den Willen jener droben
Aufmerksam macht.   730
Schwere Thaten müßen gethan seyn!
und dem, der viel verbracht, wird auferlegt,
Mit dem unmöglichen sich zubekämpfen —
Damit er büßend Göttern noch und Menschen
                                       diene.

---

2 rächen an den Söhnen nicht ?c. B. — 11 Willen B.
22 beruhigen B. — 31 diesem B. — 32 und seltsam B.

G.

Pylades.
Die Götter rächen an den Söhnen nicht der
Väter Missethat, ein ieder, er sey gut oder bös
hat seinen Lohn. Seegen ist erblich nicht Fluch.
Crest. 5
Der Väter Seegen hat uns nicht hierher
geführt.
Pylades.
So wenigstens der hohen Götter Wille.
Crest. 10
So wissen wir, durch wessen Willen wir
verderben.
Pylades.
Apoll gebeut dir vom Taurischen Gestad
Dianen die geliebte Schwester nach Delphos 15
hinzubringen. Wie ehrenvoll daß er uns dies
Geschäft [48] vertraut! Dann sollst du durch
die Bitte der keuschen Göttin befreit von den
Erinnen werden die dich umschließen. Schon
hier in diesem heiligen Hain wagt keine sich. 20
Crest.
So hab' ich wenigstens geruhigen Tod.
Pylades.
Ich denke anders, und nicht ungeschickt hab'
ich das schon geschehene und das künftige ver- 25
bunden und mir ausgelegt. Vielleicht reift in
der Götter Rath schon lang das große Werk:
Diana sehnt sich lange von diesem Ufer der
Barbaren, die Menschenblut ein jungfräuliches
Opfer wähnen. Uns war es aufbehalten das 30
heilige Bild von diesem Ort zu holen, uns
wird es auferlegt und seltsam sind wir [49]
bis an die Pforte schon geführt.
Crest.
Mit seltner Kunst flichst du der Götter Rath 35
und Menschen Wiz zusammen.
Pylades.
Dann ist der Wiz nur werth, wenn was
geschieht ihn auf den Willen iener droben aufmerksam macht. Schwere Thaten müssen gethan 40
seyn, und dem der viel verbrach, wird auferlegt,
mit dem unmöglichen sich zu bekämpfen, damit
er büssend Göttern noch und Menschen diene.

D.

Pylades.
Die Götter rächen
Der Väter Missethal nicht an dem Sohn;
Ein jeglicher, gut oder böse, nimmt 715
Sich seinen Lohn mit seiner That hinweg.
Es erbt der Eltern Segen, nicht ihr Fluch.
Crest.
Uns führt ihr Segen, dünkt mich, nicht hierher.
Pylades.
Doch wenigstens der hohen Götter Wille.
Crest.
So ist's ihr Wille denn, der uns verderbt. 720
[44] **Pylades.**
Thu' was sie dir gebiethen, und erwarte.
Bringst du die Schwester zu Apollen hin,
Und wohnen beyde dann vereint zu Delphis,
Verehrt von einem Volk das edel denkt;
So wird für diese That das hohe Paar 725
Dir gnädig seyn, sie werden aus der Hand
Der Unterird'schen dich erretten. Schon
In diesen heil'gen Hain wagt keine sich.
Crest.
So hab' ich wenigstens geruh'gen Tod.
Pylades.
Ganz anders denk' ich, und nicht ungeschickt 730
Hab' ich das schon Gescheh'ne mit dem Künft'gen
Verbunden und im stillen ausgelegt.
Vielleicht reift in der Götter Rath schon lange
Das große Werk. Diane sehnt sich
Von diesem rauhen Ufer der Barbaren 735
Und ihren blut'gen Menschenopfern weg.
Wir waren zu der schönen That bestimmt,
Uns wird sie auferlegt, und seltsam sind
Wir an der Pforte schon gezwungen hier.
[45] **Crest.**
Mit seltner Kunst flichst du der Götter Rath 740
Und deine Wünsche klug in eins zusammen.
Pylades
Was ist des Menschen Klugheit, wenn sie nicht
Auf Jener Willen droben achtend lauscht?
Zu einer schweren That beruft ein Gott
Den edlen Mann, der viel verbrach, und legt 745
Ihm auf was uns unmöglich scheint zu enden.
Es siegt der Held, und büssend dienet er
Den Göttern und der Welt, die ihn verehrt.

---

20 heil'gen G. — 24 habe O. — 24—25 habe ich schon
das Geschehene G — 42 Unmöglichen zu kämpfen, damit O.

A.

Bringst du die Schwester zu Appollon hin, und
wohnen beyde denn vereint in Delphos im ge-
sitteltem Griechenland, so wird für diese That
Apoll dir und Diana gnädig seyn, dich aus der
Hand der alten Unterirrdischen retten. 5

Cr.

Wenn ich bestimmt bin noch für sie zu thun,
so mögen sie von meiner Seele den Schwindel
nehmen, der unaufhaltsam auf dem Pfade des
[27] Bluts mich zu den Todten reißt, die Quelle 10
vertrofnen, die meine Seele ein ewiger Strom,
wie aus den Wunden der Mutter sprudelnd färbt.

Pyl.

Erwart es ruhiger! du mehrst das Uebel
und nimmst das Amt der Furien auf dich. Ich 15
sinn auf tausend Ränke, und zulezt das unternehmen zu vollführen, bedarf ich dein, und beyden
hilft nur ruhige, wohl überlegte Kühnheit.

Cr.

Ich hör' Ulyßen. 20

Pyl.

Spotte nicht! Ein ieder hat seinen Helden,
dem er die Wege zu dem Olympus sich nach
arbeitet. Ich läugn' es nicht, Kühnheit und List
scheint mir gar würdige Zierde dem tapfern 25
Mann.

Cr.

Ich schäze den, der tapfer ist und grad.

Pyl.

Drum heiß ich dich auch nicht auf Wege 30
sinnen, das ist für mich. Von unsern rauhen
Wächtern bisher hab ich gar vieles ausgelockt.
Ich weiß das Blutige Gesez, das jeden Fremden
an Dianens Stufen opfert, schläft, seit ein
fremdes göttergleiches Weib als Priesterin mit 35
Weyrauch und Gebet den Göttern dankt. Sie
glauben, daß es eine der geflüchteten Amazonen
sey, und rühmen ihre Güte hoch.

B.

Bringst du die Schwester zu Apollo hin, 735
und wohnen beyde dann vereint in Delphos
Im gesitteten Griechenland —
So wird für diese That Apoll dir und
Diana gnädig seyn — dich aus der Hand
Der alten unterirdischen retten! 740

[44] **Crest.**

Wenn ich bestimmt bin, noch für sie zuthun;
So mögen sie von meiner Seele
Den Schwindel nehmen,
der unaufhaltsam auf des Bluts Pfade
Mich zu den Todten reißt! 745
Die Quelle mag vertrocknen,
die meine Seele,
Ein ewiger Strom, wie aus den Wunden der
           Mutter
Sprudelnd färbt.

Pylades.

Erwart' es ruhiger! du mehrst das Uebel 750
und nimmst das Amt der Furien auf dich!
Ich sinn' auf tausend Ränke —
und zulezt
das unternehmen zuvollführen,
Bedarf ich dein! 755
und beyden hilft nur ruhige,
wohl überlegte Klugheit.

Crest.

Ich hör' Ulyßen.

Pylades.

Spotte nicht! Ein jeder hat seinen Helden,
dem er die Wege zum Olympus 760
[45] Sich nacharbeitet.
Ich läugn' es nicht
Kühnheit und List scheint mir
Gar würd'ge Zierde dem tapfern Mann.

Crest.

Ich schäze den, der tapfer ist und g'rad. 765

Pylades.

Drum heiß ich dich auch nicht auf Wege sinnen —
das ist für mich .. von unsern rauhen Wächtern
Hab' ich bisher gar vieles ausgelockt.
Ich weiß, das blutige Gesez,
das jeden Fremden an Dianens Stufen opfert, 770
Schläft —
Seit hier ein fremdes göttergleiches Weib
Als Priesterinn mit Weyhrauch und Gebeth
Den Göttern dankt — Sie glauben daß es eine
der geflüchteten Amazonen sey, 775
und rühmen ihre Güte hoch.

---

1 Apollen B. — 12 aus der Mutter Wunden sprudelnd
B. — 23 zu'm Olymp hinauf sich B. — 26 Vor grad steht
in A das durchstrichene prav. — 32 hat gar B.

C.

Bringst du die Schwester zu Apollen hin, und
wohnen beyde dann vereint zu Delphos im ge-
sitteten Griechenlande, so wird für diese That
Apoll dir und Diana gnädig seyn, dich aus der
Hand der alten Unterirrdischen retten. 5
[50] Orest.
Wenn ich bestimmt bin noch zu leben und
zu thun, so mögen sie von meiner Seele den
Schwindel nehmen der unaufhaltsam auf dem
Pfade des Bluts mich zu den Todten reißt, die 10
Quelle vertrocknen, die meine Seele wie aus
der Mutter Wunden ewig sprudelnd färbt.
Pylades.
Erwart' es ruhiger! Du mehrst das Uebel,
und nimmst das Amt der Furien auf dich. Ich 15
sinn' auf tausend Ränke, und zuletzt, das Unter-
nehmen zu vollführen, bedarf ich dein, und beiden
hilft nur ruhige wohl überlegte Kühnheit.
Orest.
Ich hör' Ulyssen. 20
[51] Pylades.
Spotte nicht! Ein ieder hat seinen Helden,
dem er, die Wege zum Olymp hinauf sich nach-
arbeitet. Ich läugn' es nicht, Kühnheit und List
scheint mir gar würdige Zierde dem tapfern 25
Mann.
Orest.
Ich schätze den, der tapfer ist und grad.
Pylades.
Drum heiß ich dich auch nicht auf Wege 30
sinnen; das ist für mich. Von unsern rauhen
Wächtern hab' ich bis her gar vieles ausgelockt.
Ich weiß, das blutige Gesetz, das ieden Fremden
an Dianens Stufen opfert, schläft, seitdem ein
fremdes göttergleiches Weib als Priesterinn mit 35
Weihrauch und Gebet den Göttern dankt. Sie
glauben, daß es eine der geflüchteten Ama-[52]
zonen sey und rühmen ihre Güte hoch.

D.

Orest.
Bin ich bestimmt, zu leben und zu handeln;
So nehm' ein Gott von meiner schweren Stirn 750
Den Schwindel weg, der auf dem schlüpfrigen,
Mit Mutterblut besprengten Pfade fort
Mich zu den Todten reißt. Er trockne gnädig
Die Quelle, die, mir aus der Mutter Wunden
Entgegen sprudelnd, ewig mich besleckt. 755
Pylades.
Erwart' es ruhiger! Du mehrst das Uebel
Und nimmst das Amt der Furien auf dich.
[46] Laß mich nur sinnen, bleibe still! Zuletzt,
Bedarf's zur That vereinter Kräfte, dann
Ruf' ich dich auf, und beyde schreiten wir 760
Mit überlegter Kühnheit zur Vollendung.
Orest.
Ich hör' Ulyssen reden.
Pylades.
Spotte nicht.
Ein jeglicher muß seinen Helden wählen,
Dem er die Wege zum Olymp hinauf
Sich nacharbeitet. Laß es mich gestehn: 765
Mir scheinet List und Klugheit nicht den Mann
Zu schänden, der sich kühnen Thaten weiht.
Orest.
Ich schätze den, der tapfer ist und g'rad.
Pylades.
Drum hab' ich keinen Rath von dir verlangt.
Schon ist ein Schritt gethan. Von unsern Wächtern 770
Hab' ich bisher gar vieles ausgelockt.
Ich weiß, ein fremdes, göttergleiches Weib
[47] Hält jenes blutige Gesetz gefesselt;
Ein reines Herz und Weihrauch und Gebeth
Bringt sie den Göttern dar. Man rühmet hoch 775
Die Gütige; man glaubet, sie entspringe
Vom Stamm der Amazonen, sey geflohn,
Um einem großen Unheil zu entgehn.

11 Quellen O. — 28 grad W. — 33 ietem O.

A.

Or.

Es scheint mit unserm Tod soll das Gesetz ins Leben wiederkehren, und bey dem wiederwärtigen Sinn des Königs wird uns ein Weib nicht retten.

[28] **Pyl.**

Wohl uns, daß es ein Weib ist. Der beste Mann gewöhnt sich endlich an Grausamkeit und macht sich ein Gesetz aus dem, was er verabscheut, wird aus Gewohnheit hart und fast unkenntlich. Allein ein Weib bleibt stet auf seinem Sinn, du rechnest sichrer auf sie im Guten wie im bösen. Sie kömmt! laß mich mit ihr allein, ich sag ihr nicht grade zu die Warheit, und eh sie mit dir spricht, tref ich dich noch. (Orest ab.)

Zweyter Auftritt.
Iphigenie. Pylades.
Iphig.

Woher du seyst und kommst o Frembling, sprich! Ich weiß nicht, ob ich dich mehr dem Geschlecht der Scythen, ob ich dich einem Griechen vergleichen soll? Die Freiheit, die ich dir gewähre, ist gefährlich. Wenden die Götter, was euch bevorsteht!

Pyl.

O süße Stimme! o Willkommener Ton der Muttersprache in einem fremden Lande. Gefangen wie ich bin, seh ich die blauen Berge des Vaterhafens neu Willkomen in meinem Auge! An dieser Freud' erkenne, daß ich ein Grieche bin. Einen Augenblik hab' ich vergessen wie sehr ich dein bedarf, und mich der unerwarteten Erscheinung rein gefreut. O sag mir an, wenn ein Verhängniß dir's nicht verbeut, aus welchem Stamm, du deine Göttergleiche Herkunfft zählst.

3—4 widerwärtigen B. — 9 sich fehlt B. — 13 kömmt B. — 22 soll? (Sie nimmt ihm die Ketten ab:) Die B. — 26 willkommner B.

B.

Orest.

Es scheint, mit unserm Tode
Soll das Gesetz in's Leben wiederkehren —
und bey dem widerwärt'gen Sinn des Königs
Wird uns ein Weib nicht retten. 780
[46] **Pylades.**
Wohl uns, daß es ein Weib ist!
der beste Mann gewöhnt sich endlich
Zur Grausamkeit;
und macht sich ein Gesetz aus dem, was er
          verabscheut —
wird aus Gewohnheit hart und fast unkenntlich. 785
Allein, ein Weib bleibt stets auf seinem Sinn —
Du rechnest sichrer auf sie
Im Guten wie im Bösen.
Sie kömmt! Laß mich mit Ihr allein!
Ich sag' Ihr nicht gerade zu die Wahrheit — 790
und eh Sie mit dir spricht, treff ich dich noch.
                    (Orest ab)

2.
Iphigenie. Pylades.
Iphigenie.

Woher du seyst und kommst — o Frembling
sprich!
Ich weiß nicht, ob ich dich mehr dem Geschlecht
          der Scythen
ob ich dich einem Griechen vergleichen soll?
                 (Sie nimmt ihm die Ketten ab)
Die Freyheit, die ich dir gewähre, ist gefährlich, 795
[47] wenden die Götter, was Euch bevorsteht —
         Pylades.
O süße Stimme!
willkomm — willkommen Ton der Mutter-
          sprache!
In einem fremden Lande!
Gebunden, wie ich bin seh' ich die blauen Berge 800
Des Vaterhafens . . neuwillkommen in meinem
          Auge.
An dieser Freud' erkenn' ich, daß ich ein Grieche
          bin.
Einen Augenblick hab' ich vergessen,
wie sehr ich dein bedarf — und mich
Der unerwarteten Erscheinung rein gefreut — 805
O sag' mir an —
wenn ein Verhängniß dir's nicht verbeut,
Aus welchem Stamme
Du deine göttergleiche Herkunft zählst.

C.

Oreſt.
Es ſcheint mit unſerm Tod ſoll das Geſez ins Leben wiederkehren, und bey dem widerwärt'gen Sinn des Königs wird uns ein Weib nicht retten.

Pylades.
Wohl uns daß es ein Weib iſt! Der beſte Mann gewöhnt ſich endlich an Grauſamkeit und macht ſich ein Geſez aus dem, was er verabſcheut, wird aus Gewohnheit hart und faſt unkenntlich. Allein ein Weib bleibt ſtät auf ihrem Sinn; du rechneſt ſichrer auf ſie im Guten wie im Böſen. Sie kommt! Laß mich mit ihr allein, ich ſag ihr nicht grade zu die Wahrheit und eh ſie mit dir ſpricht, treff' ich dich noch.
(Oreſt ab.)

---

[53] **Zwelter Auftritt.**
Iphigenie. Pylades.

Iphigenie.
Woher du ſeyſt und kommſt o Fremdling, 20 ſprich! Ich weiß nicht ob ich dich mehr dem Geſchlecht der Scythen, ob ich dich einem Griechen vergleichen ſoll? *(Es nimmt ihm die Ketten ab.)* Die Freyheit die ich dir gewähre, iſt gefährlich. Wenden die Götter, was euch bevorſteht! 25

Pylades.
O ſüße Stimme! o willkomner Ton der Mutterſprache in einem fremden Lande! Geſangen wie ich bin ſeh' ich die blaue Berge des Vaterhafens neu willkommen in meinem Auge. 30 In dieſer Freud' erkenne, daß ich ein Grieche bin. Einen Augenblick hab' ich vergeſſen, wie [54] ſehr ich dein bedarf und mich der unerwarteten Erſcheinung rein gefreut. O ſag' mir an, wenn ein Verhängnis dies nicht verbeut, 35 aus welchem Stamm du deine göttergleiche Herkunft zählſt —

3–4 widerwärtigen GOW. — 9 ſich fehlt O. — 13 ſtimmt W. — 14 geradezu GOW. — 16 (Oreſt geht ab.) GO. — 22 einem O. — 29 blauen GOW. — 32 Einem O. — 35 dir's nicht GOW. — 36 Stamme O.

D.

Oreſt.
Es ſcheint, ihr lichtes Reich verlor die Kraft
Durch des Verbrechers Nähe, den der Fluch 780
Wie eine breite Nacht verfolgt und deckt.
Die fromme Blutgier läſ't den alten Brauch
Von ſeinen Feſſeln los, uns zu verderben.
Der wilde Sinn des Königs tödtet uns;
Ein Weib wird uns nicht retten, wenn er zürnt. 785

Pylades.
Wohl uns, daß es ein Weib iſt! denn ein Mann,
Der beſte ſelbſt, gewöhnet ſeinen Geiſt
An Grauſamkeit, und macht ſich auch zuletzt
Aus dem, was er verabſcheut, ein Geſetz,
Wird aus Gewohnheit hart und faſt unkenntlich. 790
Allein ein Weib bleibt ſtät auf Einem Sinn,
[48] Dem ſie gefaßt. Du rechneſt ſichrer
Auf ſie im Guten wie im Böſen. — Still!
Sie kommt; laß uns allein. Ich darf nicht gleich
Ihr unſre Nahmen nennen, unſer Schickſal 795
Nicht ohne Rückhalt ihr vertrau'n. Du gehſt,
Und eh' ſie mit dir ſpricht treff' ich dich noch.

Zweyter Auftritt.
Iphigenie. Pylades.

Iphigenie.
Woher du ſeyſt und kommſt, o Fremdling, ſprich!
Mir ſcheint es, daß ich eher einem Griechen
Als einem Scythen dich vergleichen ſoll. 800
Sie nimmt ihm die Ketten ab.
Gefährlich iſt die Freyheit, die ich gebe;
Die Götter wenden ab, was euch bedroht!

[49] **Pylades.**
O ſüße Stimme! Vielwillkommner Ton
Der Mutterſprach' in einem fremden Lande!
Des väterlichen Hafens blaue Berge 805
Seh' ich Gefangner neu willkommen wieder
Vor meinen Augen. Laß dir dieſe Freude
Verſichern, daß auch ich ein Grieche bin!
Vergeſſen hab' ich einen Augenblick,
Wie ſehr ich dein bedarf, und meinen Geiſt 810
Der herrlichen Erſcheinung zugewendet.
O ſage, wenn dir ein Verhängniß nicht
Die Lippe ſchließt, aus welchem unſrer Stämme
Du deine göttergleiche Herkunft zählſt.

A.	B.

A.

[29] Iphig.
Dianens Priesterin, von ihr der Göttin
selbst gewählt, und im Verborgenen hier erzogen und geheiligt, spricht mit dir, das laß
dir genug seyn, und sag' mir, wer du seyst, 5
und welch unseliges Geschik mit dem Gefährten
dich hierher geführt.

Pyl.
Leicht zu erzählen ist unser Elend, schwer
zu ertragen. Wir sind aus Kreta Abrastus 10
Söhne, der jüngste ich, mein Name ist Amphion,
Laodamas der seine, vom Haus ist er der älteste,
ein mittlerer Bruder stand zwischen beyden.
Gelaßen folgten wir den Worten unsrer Mutter
so lang der Vater noch vor Troja stritt, doch 15
als der mit viel Beute rükwärts kam, und
bald darauf verschied, begann der Streit um
Reich und Erbe unter uns. Ich war dem Aeltern immer mehr gewogen, und in unseligem
Zwist erschlug Laodamas den Bruder. Und 20
nun verfolgen den Bruder um der Blutschuld
willen die Furien, und hierher leitete das Delphische Orakel unsre Schritte, das uns verhieß,
er solle hier im Tempel der Diana Ruh' und
Rettung finden. Gefangen sind wir an dem 25
unwirthbaren Ufer, und dir als Opfer dargestellt, das weißt du.

Iphig.
Ist Troja umgekehrt, versich're es mir!

Pyl.
Es liegt! O sichre du uns Rettung zu, 30
und eilig! hab' erbarmen [30] mit meinem
Bruder! Auch bitt' ich dich, schon ihn, wenn
du ihn sprichst. gar leicht wird er durch traurige
Erinnerung zu weit bewegt, und jede Freud 35
und Schmerz zerrüttelt ihn mit fieberhaften
Wahnsinn.

Iphig.
So groß dein Unglük ist, beschwör ich dich,
vergiß es, bis du meiner Neugier genug ge- 40
than.

---

3 Verborgenen B. — 10 zu tragen B. — 13 mittler
Bruter B. — 18 Aeltern B. — 20-21 Die Worte: Und
nun verfolgen den Bruder sind in A später eingetragen
worden; Bruder, ihn verfolgen aus an der B.

B.

Iphigenie.
Dianens Priesterinn — von Ihr, der Göttinn
selbst 810
Gewählt, und im Verborgnen hier
Erzogen und geheiligt —
Spricht mit Dir —
Das laß genug Tir seyn,
und sag mir, wer du seyst — und welch 815
unseeliges Geschick mit dem Gefährten dich
Hiehergeführt.

[48] Pylades.
Leicht zuerzählen ist unser Elend! Schweer zu
tragen!
wir sind aus Kreta; Abrastus Söhne —.
Der Jüngste — Ich — Mein Nam' ist Amphion. 820
Laodamas der Seine!
Vom Haus ist Er der aelteste —
Ein Mittlerbruder stand zwischen Beyden —
Gelaßen folgten wir den Worten unserer Mutter
So lang der Vater noch vor Troja stritt — 825
Doch, als der mit viel Beute rückwärts kam,
und bald darauf verschied; Begann der Streit
um Reich und Erbe unter uns.
Ich war dem aeltsten immer mehr gewogen —
und im unseel'gen Streit erschlug 830
Laodamas den Bruder! ihn verfolgen
Nun um der Blutschuld willen die Furien —
und hieher leitete
Das Delphische Orakel unsre Schritte,
Das uns verhieß, er sollte hier 835
Im Tempel der Diana Ruh und Rettung finden.
Gefangen sind wir an dem unwirthbaren user —
und dir als Opfer dargestellt — das weißt du.

[49] Iphigenie.
Ist Troja umgekehrt? Versich're es mir!

Pylades.
Es liegt! 840
O sichre du uns Rettung zu, und eilig!
Hab' Erbarmen mit meinem Bruder!
Auch bitt ich dich — schon ihn, wenn du ihn
sprichst!
Gar leicht wird Er durch traurige Erinnerung
Zu weit bewegt 845
und jede Freud' und jeder Schmerz
Zerrüttelt ihn mit fieberhaftem Wahnsinn.

Iphigenie.
So groß dein Unglück ist, beschwör' ich dich
vergiß es!
Bis meiner Neugier du genug gethan! 850

c.

Iphigenie.
Dianens Priesterinn, von ihr der Göttin
selbst gewählt und im Verborgnen hier erzogen
und geheiligt, spricht mit dir, das laß dir genug
seyn, und sag' mir wer du seyst? und welch un- 5
seliges Geschick mit dem Gefährten dich hierher
geführt?

Pylades.
Leicht zu erzälen ist unser Elend; schwer zu
tragen. Wir sind aus Kreta, Adrastus Söhne, 10
der jüngste ich, mein Name ist Amphion, [55]
Laodamas der seine, vom Haus ist er der älteste,
ein mittler Bruder stand zwischen beiden. Gelassen folgten wir den Worten unsrer Mutter,
so lang' der Vater noch vor Troia stritt, doch 15
als der mit viel Beute rückwärts kam und bald
darauf verschied, begann der Streit um Reich
und Erbe unter uns. Ich war dem Aeltsten
immer mehr gewogen, und in unseligem Zwist
erschlug Laodamas den Bruder, ihn verfolgen 20
nun um der Blutschuld willen die Furien, und
hierher leitete das delphische Orakel unsre Schritte,
das uns verhieß, er solle hier im Tempel der
Diana Ruh' und Rettung finden. Gefangen
sind wir an dem unwirthbaren Ufer und dir als 25
Opfer dargestellt, das weißt du.

[56] ### Iphigenie.
Ist Troia umgekehrt? versichr' es mir.

Pylades.
Es liegt! O sichre du uns Rettung zu, und 30
eilig! hab' Erbarmen mit meinem Bruder!
Auch bitt' ich dich, schon ihn, wenn du ihn
sprichst; Gar leicht wird er durch traurige Erinnerung zu sehr bewegt und jede Freud und
Schmerz zerrüttet ihn mit fieberhaftem Wahn- 35
sinn.

Iphigenie.
So groß dein Unglück ist, beschwör' ich dich,
vergiß es, bis du meiner Neugier genug gethan.

---

d.

Iphigenie.
Die Priesterinn, von ihrer Göttinn selbst 815
Gewählet und geheiligt, spricht mit dir.
Das laß dir g'nügen; sage, wer du seyst
Und welch unselig-waltendes Geschick
Mit dem Gefährten dich hierher gebracht.

[50] ### Pylades.
Leicht kann ich dir erzählen, welch ein Übel 820
Mit lastender Gesellschaft uns verfolgt.
O könntest du der Hoffnung frohen Blick
Uns auch so leicht, du Göttliche, gewähren!
Aus Kreta sind wir, Söhne des Adrasts:
Ich bin der jüngste, Cephalus genannt, 825
Und er Laodamas, der älteste
Des Hauses. Zwischen uns stand rauh und wild
Ein mittlerer, und trennte schon im Spiel
Der ersten Jugend Einigkeit und Lust.
Gelassen folgten wir der Mutter Worten, 830
So lang' des Vaters Kraft vor Troia stritt;
Doch als er beutereich zurücke kam
Und kurz darauf verschied, da trennte bald
Der Streit um Reich und Erbe die Geschwister.
Ich neigte mich zum Ältsten. Er erschlug 835
Den Bruder. Um der Blutschuld willen treibt
Die Furie gewaltig ihn umher.
Doch diesem wilden Ufer sendet uns
Apoll, der Delphische, mit Hoffnung zu.
Im Tempel seiner Schwester hieß er uns 840
[51] Der Hülfe segensvolle Hand erwarten.
Gefangen sind wir und hierher gebracht,
Und dir als Opfer dargestellt. Du weißt's.

Iphigenie.
Fiel Troja! Theurer Mann, versichr' es mir.

Pylades.
Es liegt. O sich're du uns Rettung zu! 845
Beschleunige die Hülfe, die ein Gott
Versprach. Erbarme meines Bruders dich.
O sag' ihm bald ein gutes holdes Wort;
Doch schone seiner wenn du mit ihm sprichst,
Das bitt' ich eifrig: denn es wird gar leicht 850
Durch Freud' und Schmerz und durch Erinnerung
Sein Innerstes ergriffen und zerrüttet.
Ein fieberhafter Wahnsinn fällt ihn an,
Und seine schöne freye Seele wird
Den Furien zum Raube hingegeben. 855

Iphigenie.
So groß dein Unglück ist, beschwör' ich dich,
Vergiß es, bis du mir genug gethan.

---

3 Verborgenen G. — 11 Nam' G. — 12 älteste G.
— 18 ältesten GW. — 19 in unseligen G; in unseligsten
O. — 22 unsere G. — 23 daß uns W. — 35 fieberhaften O.

A.

Pyl.
Die hohe Stadt, die Zehen Jahre, sich dem
gesammten Heere der Griechen widersetzt, liegt
nun zerstört! Doch viele Gräber unsrer Hel-
den, machen das Ufer der Barbaren weit be-
rühmt. Achill liegt dort mit seinem Freund.
Iphig.
So seyd ihr schönen Götter Bilder auch zu
Staub!
Pyl. 10
Palamedes und Ajax Telamons hat keiner
seines Vaterlands frohen Tag gesehn.
Iphig. (vor sich)
Er nennt den Vater nicht unter den Er-
schlagenen, er lebt mir noch! o hoffe füßes Herz. 15
Pyl.
Doch seelig sind die Tausende in bitter süßem
Tod! vor'm Feind! denn wüste Schreknisse hat
den Rükkehrenden ein feindlich aufgebrachter
Gott bewahrt. Kommt denn die Stimme der 20
Menschen nicht zu euch? so weit sie reicht, trägt
sie den Ruf herum, von unerhörten Thaten [31]
bös und gut. So ist der Jammer, der durch
Mycenens Hallen tönt, dir ein Geheimniß?
Clytemnestra hat, geholfen von Aegist dem Aga- 25
memnon am Tage der Rükkehr umgebracht.
Ich sehe an deinem Blick und an der Brust die
gegen die ungeheure Nachricht vergebens kämpft,
daß du des Atreus hohes Haus verehrst, vielleicht bist du die Tochter eines Gastfreunds 30
oder Nachbarts? entzieh mir's nicht, und rechne
mir's nicht zu, daß ich der erste bin, der diese
Greuel meldet.
Iphig.
Sag' mir, wie ward die schwere That voll- 35
bracht.
Pyl.
Am Tage der Ankunft, da der König aus
dem Bade steigend sein Gewand verlangte, warf
die verderbliche ein künstlich sich verwirrend 40
Kleid ihm über, und da er drunter sich ab-
arbeitend gefangen war, erstach Aegist ihn.

B.

Pylades.
Die hohe Stadt, die zehen Jahre
Sich dem gesammten Heer der Griechen widersetzt,
Liegt nun zerstört!
doch viele Gräber unsrer Helden machen
das ufer der Barbaren weit berühmt —
Achill liegt dort mit seinem Freund.
[50] **Iphigenie.**
So sey! ihr schönen Götterbilder auch zu Staub!
Pylades.
Palamedes und Ajax Telamons hat keiner
Seines Vaterlandes frohen Tag gesehen.*

---

* Hier ist in B eine Lücke.

C.

Pylades.
Die hohe Stadt, die zehen Jahre sich dem
ge-[57]sammten Heer der Griechen widersezt,
liegt nun zerstöhrt. Doch viele Gräber unsrer
Helden machen das Ufer der Barbaren weit be-
rühmt. Achill liegt dort mit seinem Freund.   5
Iphigenie.
So seyd ihr schöne Götterbilder auch zu Staub!
Pylades.
Palamedes und Aiax Telamons hat keiner   10
seines Vaterlandes frohen Tag gesehn.
Iphigenie (ver stoh).
Er nennt den Vater nicht unter den Er-
schlagnen, er lebt mir noch! o hoffe liebes Herz.
Pylades.
Doch selig sind die Tausende in bitter süßem   15
Tod vor'm Feind! denn wüste Schrecknisse hat
den Rückkehrenden ein feindlich aufge-[58]brachter
Gott bewahrt. Kommt denn die Stimme der
Menschen nicht zu euch? So weit sie reicht, trägt   20
sie den Ruf umher von unerhörten Thaten, bös
und gut. So ist der Jammer, der durch Mycenens Hallen tönt, dir ein Geheimniß? Clytemnestra hat, geholfen von Aegist, den Agamemnon am Tag der Rückkehr umgebracht. Ich   25
seh' an deinem Blick und an der Brust, die
gegen die ungeheure Nachricht vergebens kämpft,
daß du des Atreus hohes Haus verehrst. Vielleicht bist du die Tochter eines Gastfreunds oder
Nachbars? Verbirg mirs nicht und rechne mirs   30
nicht zu, daß ich der erste bin, der diese Greuel
meldet.
[59] **Iphigenie.**
Sag' mir, wie ward die schwere That vollbracht.   35
Pylades.
Am Tag der Ankunft, da der König aus
dem Bade steigend sein Gewand verlangte, warf
die Verderbliche ein künstlich sich verwirrend
Kleid ihm über, und da er drunter sich ab-   40
arbeitend gefangen war, erstach Aegist ihn.

D.

[52] **Pylades.**
Die hohe Stadt, die zehn lange Jahre
Dem ganzen Heer der Griechen widerstand,
Liegt nun im Schutte, steigt nicht wieder auf.   860
Doch manche Gräber unsrer Besten heißen
Uns an das Ufer der Barbaren denken.
Achill liegt dort mit seinem schönen Freunde.
Iphigenie.
So seyd ihr Götterbilder auch zu Staub!
Pylades.
Auch Palamedes, Ajax Telamons,   865
Sie sahn des Vaterlandes Tag nicht wieder.
Iphigenie.
Er schweigt von meinem Vater, nennt ihn nicht
Mit den Erschlagnen. Ja! er lebt mir noch!
Ich werd' ihn sehn. O hoffe, liebes Herz!
Pylades.
Doch selig sind die Tausende, die starben   870
Den bittersüßen Tod von Feindes Hand!
[53] Denn wüste Schrecken und ein traurig Ende
Hat den Rückkehrenden statt des Triumphs
Ein feindlich aufgebrachter Gott bereitet.
Kommt denn der Menschen Stimme nicht zu euch?   875
So weit sie reicht, trägt sie den Ruf umher
Von unerhörten Thaten die geschah'n.
So ist der Jammer, der Mycenens Hallen
Mit immer wiederhohlten Seufzern füllt,
Dir ein Geheimniß! Klytemnestra hat   880
Mit Hülf' Aegisthens den Gemahl berückt,
Am Tage seiner Rückkehr ihn ermordet! —
Ja du verehrest dieses Königs Haus!
Ich seh' es, deine Brust bekämpft vergebens
Das unerwartet ungeheure Wort.   885
Bist du die Tochter eines Freundes? bist
Du nachbarlich in dieser Stadt geboren?
Verbirg es nicht und rechne mir's nicht zu,
Daß ich der erste diese Gräuel melde.
Iphigenie.
Sag' an, wie ward die schwere That vollbracht?   890
[54] **Pylades.**
Am Tage seiner Ankunft, da der König
Vom Bad' erquickt und ruhig, sein Gewand
Aus der Gemahlinn Hand verlangend, stieg,
Warf die Verderbliche ein faltenreich
Und künstlich sich verwirrendes Gewebe   895
Ihm auf die Schultern, um das edle Haupt;
Und da er wie von einem Netze sich
Vergebens zu entwickeln strebte, schlug
Aegisth ihn, der Verräther, und verhüllt
Ging zu den Todten dieser große Fürst.   900

A.

Iphig.
Und welcher Lohn der Mitverschwörung ward
Aegisten?
Pyl.
Des Königs Reich und Bett, das er schon 5
eh besas.
Iphig.
So stammt die Schandthat aus der bösen Lust.
Pyl.
Und aus dem Trieb sich am Gemal zu rächen. 10
Iphig.
Was that der König solcher Rache werth?
[32] **Pyl.**
Nach Aulis lockt er ehmals sie, und seine
älteste Tochter, Iphigenien, bracht' er dort als 15
Dianens Opfer um, das, sagt man, hat sie nie-
mals dem Gemal vergeßen und grausam an
dem Wiederkehrenden gerächt.
Iphig.
Es ist genug! Du wirst mich wiedersehen. 20
(ab)
Pyl.
Sie scheint von dem Geschick in Atreus Hause
tief gerühret. Wer sie auch sey, so hat sie,
scheint es mir, den König wohl gekannt, und 25
ist durch Sklaverei zu unserm Glück aus hohem
Haus hieher verkauft. Steh' du Minerva mir
mit Weisheit bey, daß ich den Schein von Hofnung, der sich zeigt, so gut und schnell als möglich ist benuze. 30

Ende des zweiten Akts.

B.

Iphigenie.
Es ist genug; du wirst mich wiedersehen! 860
Pylades.
Sie scheint von dem Geschick in Atreus Hause
Tiefgerührt!
Wer Sie auch sey, so hat sie, scheint es mir,
Den König wohl gekannt —
und ist durch Sklaverey zu unserm Glück 865
aus hohem Haus hieher verkauft.
Steh du, Minerva, mir mit Weisheit bey,
daß ich den Schein von Hoffnung, der sich zeigt,
So gut und schnell, als möglich ist, benuße!

Ende des zweyten Akts.

27 hieher B.

C.

Iphigenie.
Und welcher Lohn der Mitverschwörung ward
Aegisten?
Pylades.
Des Königs Reich und Bett, das er schon 5
eh besaß.
Iphigenie.
So stammt die Schandthat aus der bösen
Lust?
[60] **Pylades.** 10
Und aus dem Trieb' sich am Gemahl zu
rächen.
Iphigenie.
Was that der König solcher Rache werth?
Pylades. 15
Nach Aulis lockt' er ehmals sie, und seine
älteste Tochter, Iphigenien, bracht' er dort als
Dianens Opfer um. Das, sagt man, hat sie
niemals dem Gemahl vergessen und grausam
an dem Wiederkehrenden gerächt. 20
Iphigenie.
Es ist genug! Du wirst mich wiedersehn.
(ab.)
Pylades.
Sie scheint von dem Geschick in Atreus Hause 25
[61] tief gerührt. Wer sie auch sey, so hat sie,
scheint es mir, den König wohl gekannt und ist
zu unserm Glück aus hohem Haus hierher verkauft. Sieh' du Minerva mir mit Weisheit bey,
und laß dem Stern der Hoffnung, den ich wieder- 30
sehe mit frohem Muth mich klug entgegen steuern.

—

D.

Iphigenie.
Und welchen Lohn erhielt der Mitverschworne?
Pylades.
Ein Reich und Bette, das er schon besaß.
Iphigenie.
So trieb zur Schandthat eine böse Lust?
Pylades.
Und einer alten Rache tief Gefühl.
[55] **Iphigenie.**
Und wie beleidigte der König sie? 905
Pylades.
Mit schwerer That, die, wenn Entschuldigung
Des Mordes wäre, sie entschuldigte.
Nach Aulis lockt' er sie und brachte dort,
Als eine Gottheit sich der Griechen Fahrt
Mit ungestümen Winden widersetzte, 910
Die älteste Tochter Iphigenien
Vor den Altar Dianens, und sie fiel
Ein blutig Opfer für der Griechen Heil.
Dieß, sagt man, hat ihr einen Widerwillen
So tief in's Herz geprägt, daß sie dem Werben 915
Ägisthens sich ergab und den Gemahl
Mit Netzen des Verderbens selbst umschlang.
Iphigenie sich verhüllend.
Es ist genug. Du wirst mich wiedersehn.
Pylades allein.
Von dem Geschick des Königs-Hauses scheint
Sie tief gerührt. Wer sie auch immer sey, 920
[56] So hat sie selbst den König wohl gekannt
Und ist, zu unserm Glück, aus hohem Hause
Hierher verkauft. Nur stille, liebes Herz,
Und laß dem Stern der Hoffnung, der uns blinkt,
Mit frohem Muth uns klug entgegen steuern. 925

—

5 daß er O. — 16 ehmals O.

A.

[33] Dritter Akt.

Erster Auftritt.
Iphigenia. Orest.

Iphig.

Unglücklicher! ich löse deine Bande zum
Zeichen eines schmerzlichern Geschicks. Die Freiheit, die ich gebe, ist wie der letzte lichte Augenblick des schwer erkrankten, Vorbote des Todes.
Noch kan und darf ich mirs nicht sagen daß ihr
verloren seid. Durch meine Hand sollt ihr nicht
fallen, und keine andre darf euch, so lang ich
Priesterin Dianens bin, berühren. Allein das
Priestertum hängt von dem König, der zürnt
mit mir, und seine Gnade mit teurem Lösegeld
zu erhandeln versagt mein Herz. O werter Landsmann, jeder Knecht, der an dem Herd der Vatergötter nur gestreift, ist uns im fremden Land so
hoch willkommen, wie soll ich euch genug mit
Lieb und Ehr umfassen, die ihr, von keinem
niedern Haus entsprungen, durch Blut und Stand
an jene Helden gränzt, die ich von Eltern her
verehre.

Or.

Verbirgst du deinen Stand und Namen mit
Fleiß, oder darf ich wißen mit wem ich rede?
[34] **Iphig.**
Du sollt es wißen. Jezo sag mir an, was
ich von deinem Bruder nur halb gehöret, das
Schicksal derer die von Troia zurük mit ungnädigem Gott ihre Heimat betraten. Jung bin
ich hieher gekommen, doch alt genug mich jener
Helden zu erinnern, die gleich den Göttern in
ihrer Herrlichkeit gerüstet, dem schönsten Ruhm

---

14 Lösegeld B. — 17 in fremdem B. — 18—19 mit
Ehr und Lieb B. — 27 sollst B. — 31 Vrueder B.

B.

[51] Dritter Akt.

1.
Iphigenie. Orest.

Iphigenie.

Unglücklicher! Ich löse deine Bande   870
Zum Zeichen eines schmerzlichern Geschicks.
Die Freyheit, die ich gebe,
Ist wie der letzte lichte Augenblick
Des Schwererkrankten —
Des Todes Vorbot!   875
Noch kann und darf ich mir's nicht sagen —
Daß Ihr verloren seyd!
Durch meine Hand sollt Ihr nicht fallen!
Und keine andre darf Euch,
So lang ich Priesterinn Dianens bin, berühren.   880
Allein das Priesterthum hängt von dem König ..
Der zürnt mit mir —
und seine Gnade mit theurem Lösegeld
Euch zuerhandeln, versagt mein Herz.
O werther Landmann — Jeder Knecht,   885
der an dem Heerd der Vatergötter nur gestreift,
[52] Ist uns in fremdem Land so hochwillkommen.
Wie soll ich Euch genug mit Ehr' und Lieb
umfaßen?
die Ihr von keinem niedern Haus entsprungen,
durch Blut und Stand an jene Helden gränzt,   890
die ich von Aeltern her verehre.

Orest.
Verbirgst Du deinen Stand und Namen
Mit Fleiße? Oder darf ich wißen,
Mit wem ich rede?

Iphigenie.
Du sollst es wißen — Jzo sag mir an,   895
was ich von deinem Bruder nur halb gehöret —
das Schicksal derer, die von Troia zurück
Mit ungnädigem Gott ihre Heymath betraten.
Jung bin ich hiehergekommen —
doch alt genug, mich jener Helden zuerinnern,   900
die gleich den Göttern in ihrer Herrlichkeit
                                       gerüstet,
dem schönsten Ruhm entgegengiengen.

---

871 schmerzlichern M. — 881 hänget M. — 884 erhandeln M. — 885 Landsmann M. — 886 der Väter nur
M. — 887 im fremden M. — 889 fehlt M.

C.

[62] **Dritter Akt.**

Erster Auftritt.
Iphigenie. Orest.
Iphigenie.

Unglücklicher! ich löse deine Bande zum 5
Zeichen eines schmerzlichern Geschicks. Die Freiheit die ich gebe, ist wie der letzte lichte Augenblick des schwer Erkrankten, Vorbote des Tods.
Noch kann und darf ich mirs nicht sagen daß
ihr verloren seyd. Wie könnt euch meine Hand 10
dem Tode weihen? und keine andere darf euer
Haupt, so lang ich Priesterin Dianens bin, berühren. Allein das Priesterthum hängt von dem
König'; der zürnt mit mir, und seine [63] Gnade
mit theurem Lösegelde zu erhandeln, versagt 15
mein Herz. O werther Landsmann, jeder Knecht,
der an den Heerd der Vatergötter nur gestreift,
ist uns in fremden Land so hoch willkommen!
Wie soll ich euch genug mit Ehr' und Lieb'
umfassen, die ihr, von keinem niedern Haus 20
entsprungen, durch Blut und Stand an eine
Helden gränzt, die ich von Eltern her verehre!

Orest.

Verbirgst du deinen Stand und Namen mit
Fleiß, oder darf ich wißen, mit wem ich rede? 25

Iphigenie.

Du sollst es wißen. Jetzo sag' mir an, was
ich von deinem Bruder nur halb gehöret, das
[64] Schicksal derer, die von Troja zurück mit
ungnädigem Gott ihre Heimat betraten. Jung 30
bin ich hierher gekommen, doch alt genug mich
jener Helden zu erinnern, die gleich den Göttern
in ihrer Herrlichkeit gerüstet, dem schönsten Ruhm

---

8 Todes G. — 10 könnt euch O. — 12 lange GO. —
14 stolz ab; der G. — 19 in fremdem GO. — 21
Stand und Geblüt O.

D.

[57] **Dritter Aufzug.**

Erster Auftritt.
Iphigenie. Orest.
Iphigenie.

Unglücklicher, ich löse deine Bande
Zum Zeichen eines schmerzlichern Geschicks.
Die Freyheit, die das Heiligthum gewährt,
Ist wie der letzte, lichte Lebensblick
Des schwer Erkrankten, Todesbothe. Noch 930
Kann ich es mir und darf es mir nicht sagen,
Daß ihr verloren seyd! Wie könnt' ich euch
Mit mörderischer Hand dem Tode weihen?
[58] Und niemand, wer es sey, darf euer Haupt,
So lang' ich Priesterinn Dianens bin, 935
Berühren. Doch verweigr' ich jene Pflicht,
Wie sie der aufgebrachte König fordert;
So wählt er eine meiner Jungfrauen mir
Zur Folgerinn, und ich vermag alsdann
Mit heißem Wunsch allein euch beyzustehn. 940
O werther Landsmann! Selbst der letzte Knecht,
Der an den Herd der Vatergötter streifte,
Ist uns in fremdem Lande hoch willkommen;
Wie soll ich euch genug mit Freud' und Segen
Empfangen, die ihr mir das Bild der Helden, 945
Die ich von Eltern her verehren lernte,
Entgegen bringet und das innre Herz
Mit neuer schöner Hoffnung schmeichelnd labet!

Orest.

Verbirgst du deinen Nahmen, deine Herkunft
Mit klugem Vorsatz? oder darf ich wißen, 950
Wer mir, gleich einer Himmlischen, begegnet?

Iphigenie.

Du sollst mich kennen. Jetzo sag' mir an,
Was ich nur halb von deinem Bruder hörte,
[59] Das Ende derer, die von Troja kehrend
Ein hartes unerwartetes Geschick 955
Auf ihrer Wohnung Schwelle stumm empfing.
Zwar ward ich jung an diesen Strand geführt;
Doch wohl erinnr' ich mich des scheuen Blicks,
Den ich mit Staunen und mit Bangigkeit
Auf jene Helden warf. Sie zogen aus, 960
Als hätte der Olymp sich aufgethan
Und die Gestalten der erlauchten Vorwelt
Zum Schrecken Ilions herabgesendet,
Und Agamemnon war vor allen herrlich

A.

entgegen gingen. Sag' mir: es fiel der grose
Agamemnon in seinem eignen Haus durch seiner
Frauen List?

Or.
So ist es, wie du sagst. 5

Iphig.
Unseliges Mycen! so haben Tantals Enkel
den Fluch, gleich einem unvertilgbarn Unkraut
mit voller Hand gesaet, und jedem ihrer Kinder
wieder einen Mörder zur ewigen Wechselwut er- 10
zeugt. O sag mir an, was ich verwirrt von
dieser Nachricht verhört, wenn anders mir's dein
Bruder gesagt, wie ist des grosen Stammes
lezte Pflanze, dem Mordgesinnten ein aufkeimender gefährlicher Rächer, wie ist Orest dem Schrö- 15
kenstag entgangen! hat ihn ein gleich Geschik
in des Avernus schwarzes Nez verwickelt, hat
ihn ein Gott gerettet? lebt er? lebt Elektra?
[35] **Or.**
Sie leben! 20

Iphig.
O goldne Sonne nimm deine schönste Stralen
und lege sie zum Dank vor Jovis Tron, denn
ich bin arm und stumm.

Or.
Wenn du gastfreundlich diesem Hause ver- 25
bunden bist, wie ich aus deiner schönen Freude
schliese, so halte dein Herz fest, denn dem Fröhlichen ist unerwarteter Rückfall in die Schmerzen
unerträglich; du weisst nur, merk ich Agamemnons 30
Tod.

Iphig.
Hab' ich an dieser Nachricht nicht genug.

Or.
Du hast des Gräuels Hälfte nur erfahren. 35

Iphig.
Was fürcht' ich noch? Es lebt Orest, Elektra
lebt.

Or.
Hast du für Clytemnestren nichts zu fürchten. 40

Iphig.
Die sey den Göttern überlassen. Hofnung
und Furcht hilft dem Verbrecher nicht.

Or.
Sie ist auch aus dem Lande der Hofnung 45
abgeschieden.

---
5 sagst B.

B.

O sag mir: Fiel der grose Agamemnon
In seinem eignen Haus durch seiner Frauen List?
[53] **Orest.**
So ist es, wie du sagst. 905

Iphigenie.
Unseliges Mycen! So haben Tantals Enkel
den Fluch, gleich einem unvertilgbarn Unkraut
Mit voller Hand gesät und jedem ihrer Kinder
wieder einen Mörder
Zur ew'gen Wechselwuth erzeugt. 910
O sag mir an, was ich verwirrt von dieser
Nachricht
verhört; wenn anders mir's
dein Bruder hat gesagt —
Wie ist des grosen Stammes lezte Pflanze
den Mordgesinnten 915
Ein aufkeimender gefährlicher Rächer,
Wie ist Orest dem Schreckenstag entgangen?
Hat ihn ein gleich Geschick in des Avernus
Schwarzes Nez verwickelt?
Hat ihn ein Gott gerettet? 920
Lebt Er? Lebt Elektra?

Orest.
Sie leben.

[54] **Iphigenie.**
O goldne Sonne nimm deine schönsten Strahlen
und lege sie zum Dank vor Jovis Thron
denn ich bin arm und stumm. 925

Orest.
Wenn du gastfreundlich diesem Hause
verbunden bist,
Wie ich aus deiner schönen Freude schliese,
So halt dein Herz fest; denn dem Fröhlichen
Ist unerwarteter Rückfall in die Schmerzen 930
unerträglich —
Du weisst nur, merk ich, Agamemnons Tod.

Iphigenie.
Hab' ich an dieser Nachricht nicht genug.

Orest.
Du hast des Greuels Hälfte nur erfahren.

Iphigenie.
Was fürcht' ich noch? Es lebt Orest! Elektra lebt! 935

Orest.
Hast du für Clytemnestern nichts zufürchten?

Iphigenie.
die sey den Göttern überlassen!
Hoffnung und Furcht hilft dem Verbrecher nicht.

[55] **Orest.**
Auch Sie ist aus dem Lande der Hoffnung ab-
geschnitten.

911—914 O sag mir an;
Wie ist des grosen Stammes lezte Pflanze M.
— 936 Clytemnestra M.

C.

entgegen gingen. Sag mir, es fiel der große
Agamemnon in seinem eignen Haus durch seiner
Frauen List?

Orest.
So ist es, wie du sagst. 5
Iphigenie.
Unseliges Mycen! So haben Tantals Enkel
den Fluch, gleich einem unvertilgbarn Unkraut
mit voller Hand gesät, und jedem ihrer Kinder
wieder einen Mörder zur ewigen [65] Wechsel- 10
wuth erzeugt! O sag' mir an, was ich verwirrt
von dieser Nachricht verhört, wenn mir's vom
Bruder auch gesagt, wie ist des großen Stammes
letzte Pflanze, den Mordgesinnten ein ausleih-
mender gefährlicher Rächer, wie ist Orest dem 15
Schreckenstag' entgangen? Hat ihn ein gleich
Geschick in des Avernus schwarzes Netz verwickelt,
hat ihn ein Gott gerettet? lebt er? lebt Elektra?

Orest.
Sie leben! 20
Iphigenie.
O goldne Sonne, nimm deine schönste Stralen
und lege sie zum Dank vor Jovis Thron, denn
ich bin arm und stumm.

[66] Orest. 25
Wenn du gastfreundlich diesem Hause verbunden bist, wie ich aus deiner schönen Freude
schließe, so halte dein Herz fest, denn dem Fröhlichen ist ein unerwarteter Rückfall in die Schmerzen unerträglich; du weißt nur, merk' ich, Aga- 30
memnons Tod.

Iphigenie.
Hab' ich an dieser Nachricht nicht genug?

Orest.
Du hast des Greuels Hälfte nur erfahren. 35
Iphigenie.
Was fürcht' ich noch? Es lebt Orest, Elektra
lebt.

Orest.
Hast du für Clytemnestren nichts zu fürchten? 40
[67] Iphigenie.
Die sey den Göttern überlassen. Hoffnung
und Furcht hilft dem Verbrecher nicht.

Orest.
Sie ist auch aus dem Lande der Hoffnung 45
abgeschieden.

D.

O sage mir! Er fiel, sein Haus betretend, 965
Durch seiner Frauen und Ägisthus Tücke!
Orest.
Du sagst's!
Iphigenie.
Weh dir, unseliges Mycen!
So haben Tantals Enkel Fluch auf Fluch
Mit vollen wilden Händen ausgesät!
Und gleich dem Unkraut, wüste Häupter schüttelnd 970
Und tausendfält'gen Samen um sich streuend,
Des Kindes Kindern nahverwandte Mörder
[60] Zur ew'gen Wechselwuth erzeugt! — Ent-
hülle,
Was von der Rede deines Bruders schnell
Die Finsterniß des Schreckens mir verdeckte. 975
Wie ist des großen Stammes letzter Sohn,
Das holde Kind, bestimmt des Vaters Rächer
Dereinst zu seyn, wie ist Orest dem Tage
Des Bluts entgangen? Hat ein gleich Geschick
Mit des Avernus Netzen ihn umschlungen? 980
Ist er gerettet? Lebt er? Lebt Elektra?
Orest.
Sie leben.
Iphigenie.
Goldne Sonne, leihe mir
Die schönsten Strahlen, lege sie zum Dank
Vor Jovis Thron! denn ich bin arm und stumm.
Orest.
Bist du gastfreundlich diesem Königs-Hause, 985
Bist du mit nähern Banden ihm verbunden,
Wie deine schöne Freude mir verräth:
So bändige dein Herz und halt es fest!
Denn unerträglich muß dem Fröhlichen
[61] Ein jäher Rückfall in die Schmerzen seyn. 990
Du weißt nur, merk' ich, Agamemnons Tod.
Iphigenie.
Hab' ich an dieser Nachricht nicht genug?
Orest.
Du hast des Gräuels Hälfte nur erfahren.
Iphigenie.
Was fürcht' ich noch? Orest, Elektra leben.
Orest.
Und fürchtest du für Klytemnestren nichts? 995
Iphigenie.
Sie rettet weder Hoffnung, weder Furcht.
Orest.
Auch schied sie aus dem Land der Hoffnung ab.

---

12 wenn's mir GO. — 16 Schreckenstag' W. — 29
ein fehlt GO.

A.	B.
[36] Iphig. Hat sie in Wut ihr eigen Blut vergoßen. Or. Nein, doch ihr eigen Blut gab ihr den Tod. Iphig. 5 Sprich deutlicher damit ich's bald erfahre, die Ungewißheit schlägt mit tausendfältigem Verdacht mir an das Haupt. Or. So haben mich die Götter zum Boten aus- 10 erschen der That, die ich in jene unfruchtbare klanglose Höhlen der alten Nacht verbergen mögte. Wider Willen zwingst du mich, allein dein holder Mund darf auch was schmerzliches fordern und erhält's. Elektra rettete am Tage da der Vater 15 fiel Oresten noch, Strophius, des Vaters Schwäher erzog ihm heimlich neben seinem Sohne Pylades, und da die beide aufgewachsen waren, brannte es ihnen in der Seele des Königs Tod zu rächen. Sie kamen nach Mycen gering an Tracht, als 20 brächten sie die Nachricht von Orestens Tod mit seiner Asche. Wohl empfangen von der Königin gehen sie in's Haus. Elektren giebt Orest sich zu erkennen, sie bläst der Rache Feuer in ihm auf das vor der Mutter [37] heiligen Gegenwart 25 in sich zurück gebrannt war. Und hier am Orte wo sein Vater fiel, wo eine alte leichte Spur von Blut aus denen oft geschwerten Steinen noch herauf zu leichten schien, hier mahlte Elektra die grauenvolle That und ihre Knechtschaft und 30 die glückliche, das Reich besitzende Verräter und die Gefahren mit ihrer Feuerzunge! und Klyt- emnestra fiel durch ihres Sohnes Hand. Iphig. Unsterbliche auf euren reinen Wolken habt 35 ihr nur darum viele Jahre her von Menschen	Iphigenie. Hat Sie in Wuth ihr eigen Blut vergoßen? 940 Orest. Nein! doch ihr eigen Blut gab Ihr den Tod. Iphigenie. Sprich deutlicher, damit ich's schnell erfahre. Die Ungewißheit schlägt Mit tausendfältigem Verdacht Mir an das Haupt. 945 Orest. So haben mich die Götter zum Boten auserlesen Der That, die ich in jene unfruchtbare, klanglose Höhlen der alten Nacht verbergen mögte. Wider Willen zwingst du mich . . . 950 Allein dein holder Mund Darf auch was schmerzliches fodern und erhält's. Elektra rettete am Tage, da der Vater fiel, Oresten noch. Strophius, des Vaters Schweher 955 Erzog ihn heimlich neben seinem Sohne Pylades; [56] und da die beyden aufgewachsen waren, Brannt' es ihnen in der Seele. Des Königs Tod zurächen. Sie kamen nach Mycene, 960 Gering an Tracht; als brächten sie die Nachricht von Orestens Tod Mit seiner Asche. Wohlentpfangen von der Königin Gehn sie in das Haus. 965 Elektren giebt Orest sich zuerkennen. Sie bläst der Rache Feuer in ihm auf, Das vor der Mutter heil'gen Gegenwart In sich zurückgebrannt war. und hier am Orte, wo sein Vater fiel, 970 wo eine alte, leichte Spur von Blut, aus denen oft geschürten Steinen noch Herauszuleuchten schien; Hier mahlt' Elektra die grauenvolle That, und ihre Knechtschaft, 975 und die glückliche, das Reich besitzende Verräther, und die Gefahren all' mit ihrer Feuerzunge — und Clytemnestra fiel durch ihres Sohnes Hand — [57] Iphigenie. unsterbliche! auf Euern Wolken Habt Ihr nur darum viele Jahre her 980 von Menschen mich gesondert!

11 sodern B. — 17 lhn B. — 29 leuchten B.   952 fordern M. — 978 Clytemnestra M.

C.

Iphigenie.
Hat sie in Wuth ihr eigen Blut vergoßen?
Crest.
Nein, doch ihr eigen Blut gab ihr den Tod.
Iphigenie.   5
Sprich deutlicher, damit ich's bald erfahre,
die Ungewißheit schlägt mit tausendfältigem Verdacht mir an das Haupt.
Crest.
So haben mich die Götter zum Boten aus- 10
er[68]sehen, der That, die ich in jene unfrucht-
bare klanglose Hölen der alten Nacht verbergen
möchte. Wider Willen zwingst du mich; allein
dein holder Mund darf auch was schmerzliches
fodern und erhält's. Elektra rettete am Tage 15
da der Vater fiel, Cresten glücklich: Strophius,
des Vaters Schwäher, erzog ihn stille, neben
seinem Sohne Pylades, und da die beyden auf-
gewachsen waren, brannte ihnen die Seele, des
Königs Tod zu rächen. Sie kamen nach Mycen, 20
gering an Tracht als brächten sie die Nachricht
von Crestens Tode mit seiner Asche. Wohl empfangen von der Königin gehn sie ins Haus.
Elektren giebt Crest sich zu erkennen, sie bläst
der Rache Feuer in ihm [69] auf, das vor der 25
Mutter heilgen Gegenwart in sich zurückgebrannt
war. Und hier am Orte wo sein Vater fiel, wo
eine alte leichte Spur von Blut aus denen oft
geschewerten Steinen noch herauszuleuchten schien,
hier mahlte Elektra die grauenvolle That und 30
ihre Knechtschaft und die glückliche, das Reich
besitzende Verräther und die Gefahren mit ihrer
Feuerzunge! und Clytemnestre fiel durch ihres
Sohnes Hand.
Iphigenie.   35
Unsterbliche auf euren reinen Wolken! habt
ihr nur darum diese Jahre her von Menschen

11—12 unfruchtbaren klanglosen G. — 13 möchte GW.
— 15 fodern G. — 17 Vater W. — 20 heiligen OO. —
28 aus den oft GO. — 31 glücklichen GW. — 32 be-
sitzenden O.

Goethes Iphigenie.

D.

Iphigenie.
Vergoß sie reuig wüthend selbst ihr Blut?
Crest.
Nein, doch ihr eigen Blut gab ihr den Tod.
[62] **Iphigenie.**
Sprich deutlicher, daß ich nicht länger sinne. 1000
Die Ungewißheit schlägt mir tausendfältig
Die dunkeln Schwingen um das bange Haupt.
Crest.
So haben mich die Götter ausersehn
Zum Bothen einer That, die ich so gern
In's klanglos-dumpfe Höhlenreich der Nacht   1005
Verbergen möchte? Wider meinen Willen
Zwingt mich dein holder Mund; allein er darf
Auch etwas schmerzlich's fodern und erhält's.
Am Tage da der Vater fiel, verbarg
Elektra rettend ihren Bruder: Strophius,   1010
Des Vaters Schwäher, nahm ihn willig auf,
Erzog ihn neben seinem eignen Sohne,
Der, Pylades genannt, die schönsten Bande
Der Freundschaft um den Angekommen knüpfte.
Und wie sie wuchsen, wuchs in ihrer Seele   1015
Die brennende Begier des Königs Tod
Zu rächen. Unversehn, fremd gekleidet,
Erreichen sie Mycen, als brächten sie
Die Traurnachricht von Orestens Tode
[63] Mit seiner Asche. Wohl empfänget sie   1020
Die Königinn, sie treten in das Haus.
Elektren gibt Orest sich zu erkennen;
Sie bläs't der Rache Feuer in ihm auf,
Das vor der Mutter heil'ger Gegenwart
In sich zurückgebrannt war. Stille führt   1025
Sie ihn zum Orte, wo sein Vater fiel,
Wo eine alte leichte Spur des frech-
Vergoßnen Blutes oftgewaschnen Boden
Mit blassen ahndungsvollen Streifen färbte.
Mit ihrer Feuerzunge schilderte   1030
Sie jeden Umstand der verruchten That,
Ihr knechtisch elend durchgebrachtes Leben,
Den Übermuth der glücklichen Verräther,
Und die Gefahren, die nun der Geschwister
Von einer stiefgeword'nen Mutter warteten;   1035
Hier drang sie jenen alten Dolch ihm auf,
Der schon in Tantals Hause grimmig wüthete,
Und Klytemnestra fiel durch Sohnes-Hand.
Iphigenie.
Unsterbliche, die ihr den reinen Tag
Auf immer neuen Wolken selig lebet,   1040
[64] Habt ihr nur darum mich so manches Jahr
Von Menschen abgesondert, mich so nah

8

A.

mich gesondert und die kindliche Beschäftigung,
auf dem Altar das reine Feuer zu erhalten mir
aufgetragen, und meine Seele diesem Feuer gleich
in ew'ger Klarheit zu euch aufgezogen, daß ich
so spät die schwehre Thaten erfahren soll. O 5
sag' mir vom Unglücklichen, sag' von Oresten!

Or.

Es wär' ihm wohl, wenn man von seinem
Tode auch sagen könnte. Wie gährend stieg aus
der erschlagenen Blut der Mutter Geist und 10
ruft den alten Töchtern der Nacht, die auf den
Mord der [38] Blutsverwandten die hergebrachten Rechte wie ein hungrig Heer von Geiern
rastlos verfolgen, sie ruft sie auf und die alten
Schreckniße, der Zweifel und die Reue und die 15
zu spät sich ewig in sich selbst verzehrende und
nährende Betrachtung und Ueberlegung der That,
die schon gethan ist, steigen wie ein Dampf vom
Acheron vor ihnen auf, und nun berechtigt zum
Verderben treten sie den schönen Boden der Gott- 20
besäten Erde wovon sie längst hinweggebannt
sind. Den Flüchtigen verfolgt ihr schneller Fuß
und geben keine Raß, als wieder neu zu schröten.

Iphig.

Unseliger! du bist im gleichen Fall und fühlst 25
was er der arme Flüchtling leidet.

Or.

Was sagst du mir, was wähnst du gleichen
Fall?

Iphig.

Den Bruder Mord, der dich auch schuldgen 30
drückt, vertraute mir dein Jüngster.

Or.

Ich kan nicht leiden, daß du große Seele
betrogen wirst. Ein lügenhaft Gewebe mag mis- 35
trauisch ein Fremder dem andern zur Falle, vor
die Füße knüpfen. Zwischen uns sei Wahrheit.

B.

und die kindliche Beschäftigung.
Auf dem Altar das reine Feuer zuerhalten
Mir aufgetragen,
und meine Seele diesem Feuer gleich   985
In ew'ger Klarheit zu Euch aufgezogen,
Daß ich so spät die schweeren Thaten
Erfahren soll.
O sag mir vom unglücklichen!
Sag von Oresten!   990

Orest.

Es wär' ihm wohl;
Wenn man von seinem Tod' auch sagen könnte!
Wie gährend stieg aus der Erschlagnen Blut
der Mutter Geist
und ruft den alten Töchtern der Nacht   995
die auf den Mord der Blutsverwandten
die hergebrachten Rechte,
wie ein hungrig Heer von Geyern rastlos verfolgen.
[58] Sie ruft sie auf
und die alten Schröckniße;   1000
der Zweifel und die Reue — und die zu spät
Sich ewig in sich selbst verzehrende
und nährende Betrachtung und überlegung
der That, die schon gethan ist,
Steigen wie ein Dampf vom Acheron   1005
vor ihnen auf,
und nun berechtigt zum Verderben treten sie
den schönen Boden der Gottbesäten Erde,
Wovon sie längst hinweggebannt sind.
Den flüchtigen verfolget ihr schneller Fuß;   1010
und geben keine Raß, als wieder neu zuschröden.

Iphigenie.

unseeliger! du bist in gleichem Fall,
und fühlst, was Er der arme Flüchtling leidet.

Orest.

Was sagst du mir? was wähnst du gleichen Fall?

Iphigenie.

den Brudermord, der dich auch schuld'gen drückt,   1015
vertraute mir dein Jüngster.

Orest.

Ich kann nicht leiden, daß du große Seele
[59] Betrogen wirst.
Ein lügenhaft Gewebe mag mistrauisch
Ein Fremder dem andern zur Falle   1020
vor die Füße knüpfen!
Zwischen uns sey Wahrheit!

---

6 von S. — 12—13 der Blutverwandten hergebrachte
S. — 15 Schreckniße S. — 25 Unseliger S.

1001 Reu M. — 1011 Sie geben M. — 1016 jüngster.
(Pylades) M.

C.

mich gesondert, die kindliche Beschäftigung, auf
dem Altar das reine Feuer zu erhalten mir
aufgetragen und meine Seele [70] diesem Feuer
gleich in ew'ger Klarheit zu euch aufgezogen,
daß ich so spät die schwere Thaten erfahren soll! 5
O sag' mir vom Unglücklichen, sag' von Oresten!
         Orest.
Es wär' ihm wohl wenn man von seinem
Tode auch sagen könnte. Wie gährend stieg aus
der Erschlagnen Blut der Mutter Geist und ruft 10
der Nacht uralten Töchtern zu: Laßt nicht den
Muttermörder entfliehn! Verfolgt den Verbrecher,
euch ist er geweiht! Sie horchen auf! Ihr hoher
Blick schaut mit der Gier des Adlers um sich
her. Sie rühren sich in ihren schwarzen Hölen, 15
und aus den Winkeln schleichen ihre Gefährten,
der Zweifel und die Reue leis herbey. Ein [71]
Dampf vom Acheron steigt vor ihnen herauf,
in seinen wolkigen Kreysen wälzt sich die ewige
Betrachtung und Ueberlegung der geschehenen 20
That verwirrend um des Schuldigen Haupt.
Und sie, berechtigt zum Verderben, treten den
schönen Boden der gottbesäten Erde wovon sie
längst hinweggebannt sind. Den Flüchtigen verfolgt ihr schneller Fuß und geben keine Rast, 25
als wieder neu zu schrecken.
         Iphigenie.
Unseliger! du bist im gleichen Fall! und
fühlst was er der arme Flüchtling leidet.
         Orest. 30
Was sagst du mir, was wähnst du gleichen
Fall?
         Iphigenie.
Dein Jüngster vertraute mir den Brudermord, [72] der dich, auch Schuldgen drückt. 35
         Orest.
Ich kann nicht leiden, daß du, große Seele,
betrogen wirst. Ein lügenhaft Gewebe mag mistrauisch ein Fremder dem andern zur Falle vor
die Füße knüpfen. Zwischen uns sey Wahrheit. 40

D.

Bey euch gehalten, mir die kindliche
Beschäftigung, des heil'gen Feuers Gluth
Zu nähren, aufgetragen, meine Seele   1045
Der Flamme gleich in ew'ger frommer Klarheit
Zu euern Wohnungen hinaufgezogen,
Daß ich nur meines Hauses Gräuel später
Und tiefer fühlen sollte? — Sage mir
Vom Unglücksel'gen! Sprich mir von Orest! — 1050
         Orest.
O könnte man von seinem Tode sprechen!
Wie gährend stieg aus der Erschlagnen Blut
Der Mutter Geist
Und ruft der Nacht uralten Töchtern zu:
„Laßt nicht den Muttermörder entfliehn!   1055
Verfolgt den Verbrecher! Euch ist er geweiht!"
Sie horchen auf, es schaut ihr hohler Blick
Mit der Begier des Adlers um sich her.
Sie rühren sich in ihren schwarzen Höhlen,
Und aus den Winkeln schleichen ihre Gefährten, 1060
Der Zweifel und die Reue, leis' herbey.
[65] Vor ihnen steigt ein Dampf vom Acheron;
In seinen Wolkenkreisen wälzet sich
Die ewige Betrachtung des Geschehnen
Verwirrend um des Schuld'gen Haupt umher. 1065
Und sie, berechtigt zum Verderben, treten
Der gottbesäten Erde schönen Boden,
Von dem ein alter Fluch sie längst verbannte.
Den Flüchtigen verfolgt ihr schneller Fuß;
Sie geben nur um neu zu schrecken Rast.   1070
         Iphigenie.
Unseliger, du bist in gleichem Fall,
Und fühlst was er, der arme Flüchtling, leidet!
         Orest.
Was sagst du mir? Was wähnst du gleichen
         Fall?
         Iphigenie.
Dich drückt ein Brudermord wie jenen; mir
Vertraute dieß dein jüngster Bruder schon.   1075
         Orest.
Ich kann nicht leiden, daß du große Seele
Mit einem falschen Wort betrogen werdest.
[66] Ein lügenhaft Gewebe knüpf' ein Fremder
Dem Fremden, sinnreich und der List gewohnt,
Zur Falle vor die Füße; zwischen uns   1080
Sey Wahrheit!

---

5 schweren O. — 11 Töchter O. — 12 entfliehen O.
— 15 sich aus ihren O. — 17 Reue blaß (!) herbey. O.
— 23 gottbesäten O. — 28 im gleichen O. — 29 er
später in C hineincorrigirt; fühlst was der G.; fühlst
was der O W.

| A. | B. |

A.

Ich bin Orest! und dieses schuldge Haupt senkt nach der Grube sich und sucht den Tod. In jeglicher Gestalt sei [39] er willkommen. Wer du auch seist so wünsch ich dir Errettung und meinen Freund, nicht mir. Du scheinst hier ungern zu verweilen, erfinde Rath zur Flucht und laßt mich hier, laß meinen, vor dem Altar der Göttin, entseelten Cörper vom Fels in's Meer gestürzt, mein drüber rauchend Blut Fluch auf das Ufer der Barbaren bringen, und geht, daheim, im schönen Griechenland, ein neues Leben freundlich anzufangen.

Iphig.

Deinen Rath ewig zu verehren, Tochter Latos, war mir ein Gesetz, dir mein Schicksal ganz zu vertrauen, aber solche Hofnung hat ich nicht auf dich, noch auf deinen weit regierenden Vater. Soll der Mensch die Götter wol bitten? sein kühnster Wunsch reicht der Gnade der schönsten Tochter Jovis nicht an die Knie, wann sie mit Seegen die Hand gefüllt, von den unsterblichen freiwillig herabkommt. Wie man den König an seinen Geschenken erkennt, denn er ist reich vor tausenden, so erkennt man die Götter an lang bereiteten, lang aufgesparten Gaben, denn ihre Weisheit sieht allein die Zukunft, die jedes Abends gestirnte Hülle den Menschen zudeckt. Sie hören gelassen das Flehn, das um Beschleunigung kindisch bittet, aber unreif bricht eine Gottheit nie der Erfüllung goldne Früchte und wehe dem Menschen der ungeduldig sie erzrozend, [40] an dem sauern Genuß sich den Tod ißt. Aus dem Blute Hyacints sproste die schönste Blume, die Schwestern Phaetons weinten lieblichen Balsam und mir steigt aus

5 meinem A. — 7 vor'm A. — 22 sauren A.

B.

Ich bin Orest!
und dieses schuldg'ge Haupt senkt nach der Grube sich
und sucht den Tod.   1025
In jeglicher Gestalt sey Er willkommen!
Wer du auch seyst,
So wünsch' ich dir Errettung —
und meinem Freund; Nicht mir!
Du scheinst hier ungern zuverweilen;   1030
Erfinde Rath zur Flucht!
und laßt mich hier! Laß meinen
vor dem Altar der Göttinn entseelten Körper
Vom Fels ins Meer gestürzt,
Mein drüber rauchend Blut   1035
Fluch auf das Ufer der Barbaren bringen —
und geht daheim im schönen Griechenland
Ein neues Leben glücklich anzufangen.

[60] Iphigenie.

Deinen Rath ewig zuverehren
Tochter Latos!   1040
war mir ein Gesetz —
dir mein Schicksal ganz zuvertraun . . .
Aber solche Hoffnung hatt' ich nicht auf dich,
Noch auf deinen weitregierenden Vater!
Soll der Mensch die Götter wohl bitten?   1045
Sein kühnster Wunsch reicht
der Gnade, der schönsten Tochter Jovis
Nicht an die Kniee;
wenn sie, mit Seegen die Hand gefüllt,
von den unsterblichen   1050
Freiwillig herabkommt . .
Wie man den König an seinen Geschenken erkennt;
denn Er ist reich vor tausenden;
So erkennt man die Götter
an lang bereiteten, lang aufgesparten Gaben,   1055
denn ihre Weisheit sieht allein die Zukunft,
die jedes Abends gestirnte Hülle
den Menschen zudeckt . .
Sie hören gelassen das Flehn
[61] das um Beschleunigung kindisch bittet.   1060
Aber unreif bricht eine Gottheit
Nie der Erfüllung goldne Früchte;
und wehe dem Menschen,
der ungeduldig sie erzrozend
An dem sauern Genuß sich den Tod ißt!   1065
Aus dem Blute Hyacinths
Sproßte die schönste Blume;
die Schwestern Phaetons
weynten lieblichen Balsam —

1032 sehr meinem M. — 1041 Mär M. — 1050 stush hin M. — 1065 sauren M.

G.

Ich bin Orest! und, dieses schuld'ge Haupt senkt
nach der Grube sich und sucht den Tod. In
ieglicher Gestalt sey er willkommen. Wer du
auch seyst, so wünsch' ich dir Errettung und
meinem Freund, nicht mir. Du scheinst hier 5
ungern zu verweilen: erfindet Rath zur Flucht
und laßt mich hier. Laß meinen vor'm Altar
der Göttin entseelten Körper vom Fels in's
Meer gestürzt, mein brüder rauchend Blut Fluch
auf das [73] Ufer der Barbaren bringen, und 10
geht, daheim im schönen Griechenland' ein neues
Leben freundlich anzufangen. (:er entfernt sich:)
Iphigenie.
Deinen Rath ewig zu verehren, Tochter La-
tonens war mir ein Gesez, dir mein Schicksal 15
ganz zu vertrauen; aber solche Hoffnung hatt'
ich nicht auf dich, noch auf deinen weit regierenden Vater. Soll der Mensch die Götter wohl
bitten? sein kühnster Wunsch reicht der Gnade
der schönsten Tochter Jovis nicht an die Knie, 20
wann sie mit Seegen die Hände gefüllt, von
den Unsterblichen freiwillig herabkommt. Wie
man den König an seinen Geschenken erkennt,
denn er ist reich vor Tausenden, so erkennt man
die Götter an langbereiteten, langaufgesparten 25
[74] Gaben, denn ihre Weisheit sieht allein
die Zukunft und iedes Abends gestirnte Hülle
verdeckt sie den Menschen. Sie hören gelassen
das Flehn, das um Beschleunigung kindisch
billet, aber unreif bricht eine Gottheit nie der 30
Erfüllung goldne Früchte und wehe dem Menschen der ungeduldig sie ertrozzend, an dem sauren
Genuß sich den Tod ißt! Aus dem Blute Hyacints sproßte die schönste Blume, die Schwestern
Phaetons weinten lieblichen Balsam und mir 35

D.

Ich bin Orest! und dieses schuld'ge Haupt
Senkt nach der Grube sich und sucht den Tod;
In jeglicher Gestalt sey er willkommen!
Wer du auch seyst, so wünsch' ich Rettung dir 1085
Und meinem Freunde; mir wünsch' ich sie nicht.
Du scheinst hier wider Willen zu verweilen;
Erfindet Rath zur Flucht und laßt mich hier.
Es stürze mein entseelter Leib vom Fels,
Es rauche bis zum Meer' hinab mein Blut, 1090
Und bringe Fluch dem Ufer der Barbaren!
Geht ihr, daheim im schönen Griechenland'
Ein neues Leben freundlich anzufangen.

Er entfernt sich.

Iphigenie.
So steigst du denn, Erfüllung, schönste Tochter
Des größten Vaters, endlich zu mir nieder! 1095
Wie ungeheuer steht dein Bild vor mir!
[67] Kaum reicht mein Blick dir an die Hände, die
Mit Frucht und Segenskränzen angefüllt
Die Schätze des Olympus niederbringen.
Wie man den König an dem Übermaß 1100
Der Gaben kennt: denn ihm muß wenig scheinen
Was Tausenden schon Reichthum ist; so kennt
Man euch, ihr Götter, an gesparten, lang'
Und weise zubereiteten Geschenken.
Denn ihr allein wißt was uns frommen kann, 1105
Und schaut der Zukunft ausgedehntes Reich,
Wenn jedes Abends Stern und Nebelhülle
Die Aussicht uns verdeckt. Gelassen hört
Ihr unser Flehn, das um Beschleunigung
Euch kindisch billet; aber eure Hand 1110
Bricht unreif nie die goldnen Himmelsfrüchte;
Und wehe dem, der ungeduldig sie
Ertrozzend, saure Speise sich zum Tod'
Genießt. O laßt das lang' erwartete,

---

1 schuldige GO. — 16 vertraun O. — 22 herabkömmt W.

A.

der Eltern Blut ein Reis der Errettung, das
zum schattenreichen Baum Knospen und Wuchs
hat. Was es auch sei, laßt mir dieses Glück
nicht wie das Gespenst eines geschiednen Geliebten,
eitel vorüber gehn. 5
Cr.
Wenn du die Götter anrufst für dich und
Pylades, so nenn' mich nicht. Sei gegen die
Gesellschaft des Verbrechers auf deiner Hut!
Dem Bösen ist's kein Vorteil und dem Guten 10
Schade.
Iphig.
Mein Schicksal ist an deines fest gebunden.
Cr.
Mit nichten! Laß allein mich zu den Toden 15
gehn. Verhülleft du in deinem heiligen Schleier
den Schuldigen, du birgst mich nicht vor'm Blick
der Furien, und deine heilige Gesellschaft hält
sie nur seitwärts und verscheucht sie nicht. In
diesen heiligen geweihten Hain wagt ihr ver- 20
fluchter Fuß sich nicht, doch hör' ich unter der
Erde hier und da ihr gräßliches Gelächter, wie
Wölfe um den Baum, auf den ein Reisender
sich rettete, harren sie nur hungriger, sie horchen
auf den ersten Tritt dieses Ufers ungeweihten 25
Boden berührt. [41] sie steigen den Staub von
ihren Häuptern schüttelnd auf und treiben ihre
Beute vor sich her.
Iphig.
Kannst du Crest ein freundlich Wort ver- 30
nehmen?
Cr.
Spar' es für einen, dem die Götter freund-
lich sind.
Iphig. 35
Sie geben dir zu neuer Hoffnung Licht.
Cr.
Den gelben matten Schein des Todenflusses
seh ich nur durch Rauch und Qualen.
Iphig. 40
Hast du nur eine Schwester, die Elektra heißt?

---

2 Baume B. — 39 und Qualen B.

B.

und mir steigt aus der Aeltern Blut 1070
Ein Reis der Errettung,
das zum Schattenreichen Baume
Knospen und Wuchs hat . . .
Was es auch sey . . .
Laßt mir dieses Glück nicht, 1075
Wie das Gespenst eines geschiednen geliebten
Eitel vorübergehn.
Crest.
Wenn du die Götter anrufst
Für dich und Pylades;
So nenne mich nicht! 1080
[62] Sey gegen die Gesellschaft des Verbrechers
Auf deiner Hut —
dem Bösen ist's kein Vortheil —
und dem Guten Schade.
Iphigenie.
Mein Schicksal ist an deines festgebunden! 1085
Crest.
Mit nichten!
Laß allein mich zu den Todten gehn!
Verhülleft du in deinem heil'gen Schleyer
dem Schuldigen
du birgst mich nicht vorm Blick der Furien; 1090
und deine heilige Gesellschaft
Hält sie nur seitwärts und verscheucht sie nicht.
In diesen heiligen, geweihten Hayn
wagt ihr verfluchter Fuß sich nicht.
Doch hör' ich unter der Erde hie und da 1095
Ein gräßliches Gelächter,
wie Wölfe um den Baum,
Auf den ein Reisender sich rettete,
Harren sie nur hungriger
Sie horchen auf den Ersten Tritt 1100
[63] Der dieses Ufers ungeweyhten Boden
berührt . . sie steigen,
den Staub von ihren Häuptern schüttelnd, auf
und treiben ihre Beute vor sich her.
Iphigenie.
Kannst du, Crest, ein freundlich wort vernehmen? 1105
Crest.
Spar es für einen, dem die Götter freundlich sind.
Iphigenie.
Sie gaben dir zu neuer Hoffnung Licht.
Crest.
Den gelben matten Schein des Todtenflußes
Seh' ich nur durch Rauch und Cuaalen.
Iphigenie.
Hast du nur Eine Schwester, 1110
die Elektra heißt?

G.

steigt aus der Eltern Blut ein Reis der Er-
rettung, das zum schattenreichen Baume Knospen
und Wuchs hat. Was es auch sey, laßt mir
dieses Glück nicht wie das Gespenst eines geschiednen Geliebten, eitel vorübergehn. 5
[75] Crest.
Wenn du die Götter anrufst für dich und
Pylades, so nenne mich nicht. Sey gegen die
Gesellschaft des Verbrechers auf deiner Hut!
dem Bösen ist's kein Vortheil und dem Guten 10
Schade.
Iphigenie.
Mein Schicksal ist an deines fest gebunden.
Crest.
Mit nichten! Laß allein mich zu den Todten 15
gehn. Verhülltest du in deinen Schleyer den
Schuldigen, du birgst mich nicht vor'm Blick
der Furien, und deine unsträfliche Gesellschaft
hält sie nur seitwärts und verscheucht sie nicht.
In diesen heiligen geweihten Hain scheut ihr 20
verfluchter Fuß zu treten, doch hör' ich unter
der Erde hier und da ihr [76] gräßliches Ge-
lächter. Wie Wölfe um den Baum, auf den ein
Reisender sich rettete, harren sie nur hungriger;
sie horchen auf den ersten Tritt der dieses Ufers 25
ungeweihten Boden berührt; sie steigen, den
Staub von ihren Häuptern schüttelnd, auf und
treiben ihre Beute vor sich her.
Iphigenie.
Kannst du, Crest, ein freundlich Wort ver- 30
nehmen?
Crest.
Spar' es für einen, dem die Götter freund-
lich sind.
Iphigenie. 35
Sie geben dir zu neuer Hoffnung Licht.
Crest.
Den gelben matten Schein des Todtenflusses
seh' [77] ich nur durch Rauch und Qualm.
Iphigenie. 40
Hast du nur Eine Schwester, die Elektra
heißt?

D.

Noch kaum gedachte Glück nicht, wie den Schatten 1115
Des abgeschiednen Freundes, eitel mir
Und dreyfach schmerzlicher vorübergehn!
[68] Crest, der wieder zu ihr tritt.
Rufst du die Götter an für dich und Pylades,
So nenne meinen Nahmen nicht mit euerm.
Du rettest den Verbrecher nicht zu dem 1120
Du dich gesell'st, und theilest Fluch und Noth.
Iphigenie.
Mein Schicksal ist an deines fest gebunden.
Crest.
Mit nichten! Laß allein und unbegleitet
Mich zu den Todten gehn. Verhülltest du
In deinen Schleyer selbst den Schuldigen; 1125
Du birgst ihn nicht vorm Blick der immer Wachen,
Und deine Gegenwart, du Himmlische,
Drängt sie nur seitwärts und verscheucht sie nicht.
Sie dürfen mit den ehrnen frechen Füßen
Des heil'gen Waldes Boden nicht betreten; 1130
Doch hör' ich aus der Ferne hier und da
Ihr gräßliches Gelächter. Wölfe harren
So um den Baum, auf den ein Reisender
[69] Sich rettete. Da draußen ruhen sie
Gelagert; und verlaß ich diesen Hain, 1135
Dann steigen sie, die Schlangenhäupter schüttelnd,
Von allen Seiten Staub erregend auf
Und treiben ihre Beute vor sich her.
Iphigenie.
Kannst du, Crest, ein freundlich Wort ver-
nehmen?
Crest.
Spar' es für einen Freund der Götter auf. 1140
Iphigenie.
Sie geben dir zu neuer Hoffnung Licht.
Crest.
Durch Rauch und Qualm seh' ich den matten Schein
Des Todtenflusses mir zur Hölle leuchten.
Iphigenie.
Hast du Elektren, Eine Schwester nur?

A.

Or.
Die eine kannt ich. Eine andre nahm ihr
gut Geschick bey Zeiten aus dem Elend unsers
Hauses. O laß dein Fragen! und geselle dich
nicht auch zu den Erinnen sie blasen ewig die 5
Asche mir von der Seele und leiden nicht daß
sich die lezten Kolen vom Schröckens Brand unsres
Hauses in mir still verglimmen. Soll die Glut
dann ewig angefacht mit Höllen Schwefel genährt
mir auf der Seele brennen? 10
Iphig.
Süßes Rauchwerk bring' ich drauf. O laß
den Hauch der Liebe nicht unwillkommen dir
den Busen [42] treffen! Orest! — mein Theurer!
hat das Geleit der Schröckensgötter so iede über 15
in dir aufgetrocknet? schleicht, wie vom Haupt
der gräßlichen Gorgone versteinert sich ein Zauber
dir durch die Glieder? Ruft des vergoßnen Mutter
Blutes Stimme zur Höll' hinab, o sollte einer
reinen Schwester Wort hülfreiche Götter nicht 20
vom Olympus rufen?
Or.
Es ruft! es ruft! so willst du mein Ver-
derben! hat eine Rachgottheit sich in dich ver-
kleidet? Wer bist du daß du mit entsetzlicher 25
Stimme mein innerstes in seinen Tiefen wendest!
Iphig.
Es zeigt sich dir in tiefen Herzen an. Orest,
ich bin's! Sieh' Iphigenien! ich lebe!
Or. 30
Du!
Iphig.
Mein Bruder!
Or.
Laß'! ich rathe dir's, o rühre mich nicht an! 35
Wie Creusas Brautkleid zündet ein unauslösch-

B.

Orest.
die Eine kannt' ich. Eine andre nahm
Ein gut Geschick
Bey Zeiten aus dem Elend unsers Hauses.
O Laß dein Fragen! 1115
[64] und geselle dich nicht auch zu den Erinnen!
Sie blasen ewig mir die Asche von der Seele.
und leiden nicht, daß sich die lezten Kohlen
von unsers Hauses Schreckensbrand'
In mir still verglimmen. 1120
Soll die Gluth dann ewig angefacht
genährt mit Höllenschwefel
Mir auf der Seele brennen?
Iphigenie.
Süßes Rauchwerk bring' ich drauf.
O Laß den Hauch der Liebe 1125
Nicht unwillkommen dir den Busen treffen!
Orest! mein theurer!
Hat das Geleit der Schreckensgötter
So iede Ader in dir aufgetrocknet?
Schleicht, wie vom Haupt der gräßlichen Gorgone 1130
versteinert sich ein Zauber
dir durch die Glieder?
Ruft des vergoßnen Mutterblutes Stimme
Zur Höll hinab;
O sollte einer reinen Schwester Wort 1135
Hülfreiche Götter nicht vom Olympus rufen?
[65] **Orest.**
Es ruft! Es ruft!
So willst du mein Verderben!
Hat eine Rachegottheit sich in dich verkleidet?
wer bist du? 1140
Daß du mit entsetzlicher Stimme
Mein Innerstes in seinen Tiefen wendest?
Iphigenie.
Es zeigt sich dir im tiefen Herzen an!
Orest!
Ich bin's! 1145
Sieh' Iphigenien!
Ich lebe!
Orest.
Du!
Iphigenie.
Mein Bruder!
Orest.
Laß! Laß! Ich rathe dir's! 1150
O rühre mich nicht an!
wie Creusas Brautkleid zündet

---

7 Schreckensbrande unsers B. — 9 denn B. — 17 versteinernd dir ein B. — 28 im B.

1115 die Fragen! M. — 1136 Hülfreiche M; vom M.
— 1146 Iphigenie! M.

C.

Orest.
Die eine kannt' ich. Eine andre nahm ihr
gut Geschick bey Zeiten aus dem Elend unsers
Hauses. O laß dein Fragen! und geselle dich
nicht auch zu den Erinnen. Sie blasen ewig   5
mir die Asche von der Seele und leiden nicht,
daß sich die letzten Kohlen vom Schreckensbrande
unsers Hauses in mir still verglimmen. Soll
die Glut denn ewig angefacht, mit Höllen-
Schwefel genährt, mir auf der Seele brennen? 10
Iphigenie.
Süßes Räuchwerk bring' ich drauf. O laß
den Hauch der Liebe nicht unwillkommen dir
den [78] Busen treffen! Orest! — mein Theurer!
hat das Geleit der Schreckensgötter so jede Ader 15
in dir ausgetrocknet? schleicht, wie vom Haupt
der gräßlichen Gorgone versteinernd dir ein
Zauber durch die Glieder? Ruft des vergoßnen
Mutterblutes Stimme zur Höll hinab; o sollte
einer reinen Schwester Wort hülfreiche Götter 20
nicht vom Olympus rufen?
Orest.
Es ruft! es ruft! So willst du mein Ver-
derben! Hat eine Rachegottheit sich in dich ver-
kleidet? wer bist du, daß du mit entsetzlicher 25
Stimme mein Innerstes in seinen Tiefen wendest?
Iphigenie.
Es zeigt sich dir im tiefsten Herzen an. Orest,
[79] ich bin's! Sieh' Iphigenien! ich lebe!
Orest.
Du!   30
*Iphigenie.
Mein Bruder! —
Orest.
Laß'! ich rathe dirs, o rühre mich nicht an! 35
Wie von Creusas Brautkleid zündet ein unaus-

D.

[70] **Orest.**
Die Eine kannt' ich; doch die Älste nahm   1145
Ihr gut Geschick, das uns so schrecklich schien,
Bey Zeiten aus dem Elend unsers Hauses.
O laß dein Fragen, und geselle dich
Nicht auch zu den Erinnyen; sie blasen
Mir schadenfroh die Asche von der Seele,   1150
Und leiden nicht, daß sich die letzten Kohlen
Von unsers Hauses Schreckensbrande still
In mir verglimmen. Soll die Gluth denn ewig
Vorsetzlich angefacht, mit Höllenschwefel
Genährt, mir auf der Seele marternd brennen!   1155
Iphigenie.
Ich bringe süßes Räuchwerk in die Flamme.
O laß den reinen Hauch der Liebe dir
Die Gluth des Busens leise wehend kühlen.
Orest, mein Theurer, kannst du nicht vernehmen?
Hat das Geleit der Schreckensgötter so   1160
Das Blut in deinen Adern ausgetrocknet?
Schleicht, wie vom Haupt der gräßlichen Gorgone,
[71] Versteinernd dir ein Zauber durch die
Glieder?
O wenn vergoßnen Mutterblutes Stimme
Zur Höll' hinab mit dumpfen Tönen ruft: 1165
Soll nicht der reinen Schwester Segenswort
Hülfreiche Götter vom Olympus rufen?
Orest.
Es ruft! es ruft! So willst du mein Verderben!
Verbirgt in dir sich eine Rachegöttinn?
Wer bist du, deren Stimme mir entsetzlich   1170
Das Innerste in seinen Tiefen wendet?
Iphigenie.
Es zeigt sich dir im tiefsten Herzen an:
Orest, ich bin's! sieh Iphigenien!
Ich lebe!
Orest.
Du!
Iphigenie.
Mein Bruder!
[72] **Orest.**   Laß! Hinweg!
Ich rathe dir, berühr nicht die Locken!   1175
Wie von Kreusa's Brautkleid zündet sich

A.

lich [43] Feuer sich von mir fort. Laß' mich!
wir Herkul will ich Unwürdiger am Tod voll
Schmach in mich verschloßen sterben.
Iphig.
   Du wirst nicht untergehn! o höre mich! o 5
sieh mich an! Wie mir es ist nach einer langen
Reihe von Jahren, zum Erstenmal dem Liebsten
auf der Welt, was sie noch für mich trägt, das
Haupt zu küßen! und meine Arme die den
Wänden nur so lange sehnend ausgebreitet waren, 10
um dich zu schließen! O laß mich! laß mich!
denn es quillt heller nicht von Parnaß die ewige
Quelle sprudelnd so von Fels zu Fels in's
goldne Thal hinab, wie Freude, mir vom Herzen
wallend, fließt und wie ein selig Meer mich 15
rings umfängt! Orest mein Bruder!
Or.
   Schöne Nymphe, ich traue dir nicht! Spotte
nicht des unglücklichen und wende deine Liebe
irgend einen Gott zu. Diana rächt ein Ver- 20
gehen hart. Wie sie der Männer Liebkosen verachtet, fodert sie strenge Nymphen, und viele
Helden haben ihre Rache schwer gefühlt. Wenn
du gefällig bist, so rette meinen Freund, der
mit mir irrt. Auf jenem Pfade such' ihn auf, 25
weis' ihn zurecht und schone meiner!
[44] Iphig.
   Faße dich Orest! erkenne mich! Schill einer
Schwester reine Himmels Freude nicht unbesonnene strafbare Lust. O nehmt den Wahn ihm von 30
dem starren Aug', und macht uns nicht im Augen-

B.

Ein unauslöschlich Feuer
sich von mir fort!
[66] Laß mich!   1155
Wie Herkul will ich unwürdiger sterben
am Tod voll Schmach
In mich verschloßen sterben!
Iphigenie.
Du wirst nicht untergehn!
O höre mich! o sieh mich an!   1160
Wie mir es ist —
Nach einer langen Reihe von Jahren,
Zum erstenmal dem Liebsten auf der Welt
das Haupt zuküßen . . .
und meine Arme, die den winden nur   1165
So lange sehnend ausgebreitet waren
um dich zuschließen!
O Laße mich!
denn es quillt heller nicht von dem Parnaß,
die ew'ge Quelle sprudelnd so von Fels zu Fels 1170
In's goldne Thal hinab,
Wie Freude, mir vom Herzen wallend fließt,
und, wie ein seelig Meer mich rings umfängt!
Orest — mein Bruder!
Orest.
Schöne Nymphe! Ich traue dir nicht . . .   1175
[67] Spotte nicht des unglücklichen!
und wende deine Liebe irgend einem Gott zu!
Diana rächt ein Vergehen hart!
Wie sie der Männer Liebkosen verachtet;
fodert Sie strenge Nymphen.   1180
und viele Helden haben ihre Rache schwer gefühlt!
Wenn du gefällig bist, so rette meinen Freund,
der mit mir irrt!
Auf jenem Pfade such ihn auf!
Weis ihn zurecht und schone meiner!   1185
Iphigenie.
Faße dich! Orest!
Erkenne mich!
Schill einer Schwester reine Himmels freude
Nicht unbesonnene strafbare Lust!
O nehmt, ihr Götter, nehmt   1190
den Wahn ihm von dem starren Aug!
und macht uns nicht im Augenblik

---

2 Unwürdiger den Tod B. — 9 zu lassen nur B.
10 Winden nur B. — 12 vom B. — 16 umfängt B. —
20 einem B. — 30 ihm B.

11-5 versehen M. — 1176 Unglückseeligen M. —
1180 fordert M.

C.

löschlich Feuer sich von mir fort. Laß mich!
wie Herkul will ich Unwürdiger den Tod voll
Schmach in mich verschloßen, sterben.

Iphigenie.

Du wirst nicht untergehen, laß mich ein 5
ruhig Wort von dir vernehmen! Lös' meine
Zweifel und gieb mir eine treue glückliche Ge-
wißheit. [80] Es wälzt ein Rad von Freud'
und Schmerz sich durch meine Seele, mich
schaudert vor dem fremden Manne und mich 10
reißt mein Innerstes zum Bruder.

Orest.

Ist hier Lydens Tempel, daß der unbändige
Gott mit seiner Wuth die Priesterin ergreift?

Iphigenie.

O höre mich! o sieh mich an! Wie mir es 15
ist, nach einer langen Reihe von Jahren zum
erstenmal dem Liebsten was die Welt noch für
mich trägt, das Haupt zu küssen! und meine
Arme sonst den Winden nur ausgebreitet, um 20
dich zu schließen! O laß mich! laß mich! denn
es quillt heller nicht vom Parnaß die ewige
Quelle sprudelnd so [81] von Fels zu Fels in's
goldne Thal hinab, wie Freude mir vom Herzen
wallend, fließt und wie ein seelig Meer mich rings 25
umfängt! Orest mein Bruder!

Orest.

Schöne Nymphe, ich traue dir nicht! Spotte
nicht des Unglücklichen und wende deine Liebe
irgend einem Gott zu. Diana rächt ein Ver- 30
gehen hart. Wie sie der Männer Lieblosen verachtet, fodert sie strenge Nymphen, und viele
Helden haben ihre Rache schwer gefühlt. Wenn
du gefällig bist, so rette meinen Freund, der
mit mir irrt. Auf jenem Pfade such' ihn auf, 35
weis' ihn zurecht und schone meiner.

[82] **Iphigenie.**

Fasse dich Orest! erkenne mich! Schilt einer
Schwester reine Himmelsfreude nicht unbesonnene
strafbare Lust. O nehmt den Wahn ihm von 40
dem starren Aug', und macht uns nicht im

D.

Ein unauslöschlich Feuer von mir fort.
Laß mich! Wie Herkules will ich Unwürd'ger
Den Tod voll Schmach, in mich verschloßen,
sterben.

Iphigenie.

Du wirst nicht untergehn! O daß ich nur 1180
Ein ruhig Wort von dir vernehmen könnte!
O löse meine Zweifel, laß des Glückes,
Des lang' erflehten, mich auch sicher werden.
Es wälzet sich ein Rad von Freud' und Schmerz
Durch meine Seele. Von dem fremden Manne 1185
Entfernet mich ein Schauer; doch es reißt
Mein Innerstes gewaltig mich zum Bruder.

Orest.

Ist hier Lydens Tempel? und ergreift
Unbändig-heil'ge Wuth die Priesterinn?

[73] **Iphigenie.**

O höre mich! O sieh mich an, wie mir 1190
Nach einer langen Zeit das Herz sich öffnet,
Der Seligkeit, dem Liebsten, was die Welt
Noch für mich tragen kann, das Haupt zu küssen,
Mit meinen Armen, die den leeren Winden
Nur ausgebreitet waren, dich zu fassen. 1195
O laß mich! Laß mich! Denn es quillet heller
Nicht vom Parnaß die ew'ge Quelle sprudelnd
Von Fels zu Fels in's gold'ne Thal hinab,
Wie Freude mir vom Herzen wallend fließt,
Und wie ein selig Meer mich rings umfängt. 1200
Orest! Orest! Mein Bruder!

Orest.

Schöne Nymphe,
Ich traue dir und deinem Schmeicheln nicht.
Diana fordert strenge Dienerinnen
Und rächet das entweih'te Heiligthum.
Entferne deinen Arm von meiner Brust! 1205
Und wenn du einen Jüngling rettend lieben,
Das schöne Glück ihm zärtlich biethen willst;
So wende meinem Freunde dein Gemüth,
[74] Dem würd'gern Manne zu. Er irrt umher
Auf jenem Felsenpfade; such' ihn auf, 1210
Weis' ihn zurecht und schone meiner.

Iphigenie.

Fasse
Dich, Bruder, und erkenne die Gefund'ne!
Schilt einer Schwester reine Himmelsfreude
Nicht unbesonnene, strafbare Lust.
O nehmt den Wahn ihm von dem starren Auge, 1215
Daß uns der Augenblick der höchsten Freude

---

32 fordert G. — 41 Auge W.

A.

blick des höchsten Glücks elend. Die längst verlorne Iphigenia ist hier, sie ward in Aulis
nicht geopfert, die Gnaden Hand der Göttin
rettete mich hieher, und du Gefangner, Ver-
urteilter steh' die Priesterin ist deine Schwester. 5
Or.
Unselige! So mag die Sonne denn die lezte
Gräuel von Tantals Enkel sehen! Wär nur
Elektre hier, damit nicht irgend sie zu einem
grausamen Schicksal aufbewahret bleibe. Gut, 10
Priesterin! ich folg' dir zum Altar! der Brudermord ist hergebracht in unserm Stamm; und,
Götter! nehmt Dank, daß ihr mich ohne Kinder
auszurotten beschloßen habt. Und laß' dir rathen!
habe nicht den Tag zu lieb, noch die fröliche 15
Sterne und folge mir in Proserpinens Reich
hinab. Verderblicher als das Gewürm, das aus
dem siedenden Schwefelschwamm' sich zeigt ist
was von uns entspringt. O komm Kinderlos
und schuldlos mit hinab! Du siehst mich voll 20
Erbarmen an, laß ab! mit solchen Blicken suchte
Clytemnestra auch einen Weg nach ihres Sohnes
Herzen, allein sie fiel! Tritt auf unwilliger
Geist! In Kreis ge-[45]schloßen, Tretet an ihr
Furien und wohnet dem willkommnen Schau- 25
spiel bei! Es ist das lezte und das gräßlichste.
Bisher vergoßen wir das Blut aus Haß und
Rache, nun wird die Schwesterliebe zu dieser
That gezwungen. Weine nicht! Leb wohl! Seit
meinen ersten Jahren hab ich nichts geliebt, wie 30
ich dich lieben konnte Schwester. Doch ich bin

B.

des höchsten Glückes elend!
die längstverlohrne Iphigenie ist hier!
Sie ward in Aulis nicht geopfert! 1195
[68] Der Göttinn Gnadenhand hat mich hieher
    gerettet.
und du — Gefangener! Verurtheilter!
Sieh!
Die Priesterinn ist deine Schwester!
Orest.
Unseelige! 1200
So mag die Sonne denn
die lezte Greuel
von Tantals Enkeln sehen!
Wär nur Elektra hier!
damit nicht irgend Sie zu einem grausamen
    Schicksal 1205
Aufbewahrt bleibe!
gut! Priesterinn!
Ich folg' dir zum Altar!
der Brudermord ist hergebracht in unserm Stamme!
und Götter! 1210
Nehmt Dank!
Laß Ihr mich ohne Kinder auszurotten
Beschloßen habt!
und laß dir rathen:
Habe nicht den Tag zulieb, 1215
noch die fröhliche Sonne ..
und folge mir in Proserpinens Reich hinab!
[69] verderblicher als das Gewürm
das aus dem siedenden Schwefelschlamm sich zeugt,
Ist was von uns entspringt. 1220
o komm, komm Kinderlos —
und schuldlos mit hinab!
Du siehst mich voll Erbarmen an!
Laß ab! Laß ab!
Mit solchen Blicken suchte Clytemnestre 1225
Auch einen weg nach ihres Sohnes Herzen!
Allein — Sie fiel!
Tritt' auf, unwilliger Geist!
In Kreis geschloßen tretet an ihr Furien!
und wohnet dem willkommnen Schauspiel bey! 1230
Es ist das Lezte und das Gräßlichste!
Bisher vergoßen wir das Blut
Aus Haß und Rache!
Nun wird die Schwesterliebe
Zu dieser That gezwungen ... 1235
weyne nicht!
Leb wohl!
Seit meinen ersten Jahren hab ich nichts geliebt,
[70] wie ich dich lieben konnte! Schwester!

---

1 Glückes B. — 4 liebten B. — 8 Aulis B; Bär'
ser B. — 9 Elektra B. — 10 aufbewahrt B. — 12 unserm
B. — 15 fröhliche B. — 18 Schwefelschlamm' sich zeugt
B. — 23 allein sie Urm war aufgehoben und fie B. —
24 Im B. — 31 könnte B.

1197 Gefangner M. — 1216 lieblichen Sterne M. —
1225 Clytemnestra M. — 1237 Lebe M.

C.

Augenblick des höchsten Glückes elend. Die längst
verlohrne Iphigenia ist hier, sie ward in Aulis
nicht geopfert; die Gnadenhand der Göttin rettete
mich hierher und du Gefangner, Verurtheilter,
sieh' die Priesterinn ist deine Schwester!   5
    Orest.
Unselige! So mag die Sonne denn die letzte
Gräuel von Tantals Enkeln sehen! Wär' nur
Elektra hier, damit nicht sie zu einem grausamen
Geschick ihr Leben friste. [83] Gut Priesterinn!   10
ich folg' dir zum Altar! Der Brudermord ist
hergebracht in unserm Stamm; und, Götter!
nehmt Dank, daß ihr mich ohne Kinder auszurotten beschloßen habt. Und laß' dir rathen!
habe nicht den Tag zu lieb, noch die fröhlichen   15
Sterne und folge mir in Proserpinens Reich
hinab. Verderblicher als das Gewürm, das aus
dem siedenden Schwefelschlamm' sich zeugt, ist
was von uns entspringt. O komm kinderlos
und schuldlos mit hinab! Du siehst mich voll   20
Erbarmen an, laß' ab! mit solchen Blicken suchte
Clytemnestra auch einen Weg nach ihres Sohnes
Herzen, allein sein Arm war aufgehoben und
sie fiel! Tritt auf, unwilliger Geist! In Kreis
geschloßen tretet an, ihr Furien, und wohnet   25
dem willkomnen Schau-[84]spiel bey. Es ist das
letzte und das gräßlichste. Bisher vergoßen wir
das Blut aus Haß und Rache, nun wird zu
dieser That die Schwesterliebe gezwungen. Weine
nicht! leb' wohl! Seit meinen ersten Jahren   30
hab' ich nichts geliebt, wie ich dich lieben könnte.

D.

Nicht dreyfach elend mache! Sie ist hier,
Die längst verlorne Schwester. Vom Altar
Riß mich dir Göttinn weg und rettete
Hierher mich in ihr eigen Heiligthum.   1220
Gefangen bist du, dargestellt zum Opfer,
Und findest in der Priesterinn die Schwester.
    Orest.
Unselige! So mag die Sonne denn
Die letzten Gräuel unsers Hauses sehn!
Ist nicht Elektra hier? damit auch sie   1225
Mit uns zu Grunde gehe, nicht ihr Leben
Zu schwererem Geschick und Leiden friste.
Gut, Priesterinn! ich folge zum Altar:
[75] Der Brudermord ist hergebrachte Sitte
Des alten Stammes; und ich danke, Götter,   1230
Daß ihr mich ohne Kinder auszurotten
Beschloßen habt. Und laß dir rathen, habe
Die Sonne nicht zu lieb und nicht die Sterne;
Komm, folge mir in's dunkle Reich hinab!
Wie sich vom Schwefelpfuhl' erzeugte Drachen   1235
Bekämpfend die verwandte Brut verschlingen,
Zerstört sich selbst das wüthende Geschlecht;
Komm kinderlos und schuldlos mit hinab!
Du siehst mich mit Erbarmen an? Laß ab!
Mit solchen Blicken suchte Klytemnestra   1240
Sich einen Weg nach ihres Sohnes Herzen;
Doch sein geschwung'ner Arm traf ihre Brust.
Die Mutter fiel! — Tritt auf, unwill'ger Geist!
Im Kreis geschloßen tretet an, ihr Furien,
Und wohnet dem willkommnen Schauspiel bey,   1245
Dem letzten, gräßlichsten, das ihr bereitet!
Nicht Haß und Rache schärfen ihren Dolch;
Die liebevolle Schwester wird zur That
Gezwungen. Weine nicht! Du hast nicht Schuld.
[76] Seit meinen ersten Jahren hab' ich nichts   1250
Geliebt, wie ich dich lieben könnte, Schwester.

---

2 Iphigenie GOW. — 4 hieher GO; Gefangener G.
— 7 letzten GO. — 13 nehmet G. — 22 Clytemnestre W.
— 24 Im O.

A.	B.
reif. Ja! heb das Messer hoch und reiße den Busen auf, und öfne diesen Strömen die hier sieden, einen Weeg. (:er sinkt in Ermattung:) **Iphig.** Allein zu tragen, dieses Glück und Elend vermag ich nicht. Wo find' ich Pylades, dich teuren Mann. (ab)	Doch — Ich bin reif! 1240 Ja! Heb das Messer hoch! und reiße den Busen auf, und öffne diesen Strömen, die hier sieden, den weg! (Er sinkt in Ermattung) **Iphigenie.** Allein zutragen 1245 dieß Glück und Elend vermag ich nicht! wo find' ich Pylades? dich, theuern Mann? (ab)
Zweiter Auftritt. Orest. allein wie erwachend.	**2.** Orest — allein, wie erwachend...
Noch einen! reiche mir aus Letes Fluten den lezten Becher! Bald ist der böse Krampf des Lebens aus meinem Busen weggespült, bald fließt mein Geist, wie in die Quelle des Vergehens selbst verwandelt, zu euch ihr Schatten in die ewige Nebel. Wie ist's so still! Willkommen ist die Ruh', dem Umgetrie-[46]benen! — Sie kommen schon, den neuen Gast zu sehn Wer ist die Schaar? Sie gehen friedlich mit einander, Alte und Junge und Männer mit den Weibern, Sie sind es, meine Anherrn! sie sind's! Mit Thyesten geht Atreus und die Knaben schlüpfen vermischt um sie herum. Ist keine Feindschaft mehr unter euch! ist alle Rache mit dem Licht der Sonne vor euch verloschen, so bin ich auch willkommen, so darf ich in euern feierlichen Zug mich mischen. Willkommen Väter! euch grüßt Orest, von eurem Stamme der lezte Mann. Was ihr gesät, hat er geerndet, mit Fluch beladen stieg er herab. Doch leichter wird hier jede Bürde, nehmt ihr ihn auf in euren Kreis.	Noch Einen! reiche mir Aus Lethes Fluthen — — 1250 den lezten Becher! Bald ist der böse Krampf des Lebens aus meinem Busen weggespühlt! [71] Bald fließt mein Geist, — wie in die Quelle des Vergessens Selbst verwandelt! 1255 Zu euch — Ihr Schatten in die ewige Nebel! Wie ist's so still! willkommen ist die Ruh' dem umgetriebnen! Sie kommen schon, den neuen Gast zuseh'n... wer ist die Schaar? 1260 Sie gehen friedlich mit einander! Alte und junge! und Männer mit den Weibern! Sie sind es meine Anherrn! Sie sind's! 1265 Mit Thyesten geht Atreus — u: die Knaben schlüpfen vermischt um sie herum... Ist keine Feindschaft mehr unter Euch? Ist alle Rache mit dem Licht der Sonne vor Euch verloschen? 1270 So bin auch ich willkommen! So darf auch ich In Euern feyrlichen Zug mich mischen. willkommen, Väter! Euch grüßt Orest! 1275 [72] von Euerm Stamm der lezte Mann! was Ihr gesät, hat Er geerndtet! Mit Fluch beladen stieg Er herab! doch, leichter wird hier jede Bürde — Nehmt Ihr ihn auf in Euern Kreis... 1280

13 meinem S. — 26 ich auch in S.

1242 reif M. — 1248 theuern M. — 1252 Kampf M. — 1256 ew'gen M. — 1258 alle Feindschaft M. — 1273 feyerlichen M. — 1280 Euern M.

C.

Schwester. Doch ich bin reif. Ja! heb' das Messer hoch, reiße den Busen auf, und öfne diesen Strömen, die hier sieden, einen Weg.

(:er ruht in Ermattung:)

Iphigenie.

Allein zu tragen, dieses Glück und Elend vermag ich nicht. Wo sind ich Pylades, dich teuern Mann.

(:ab:)

---

[85] **Zweiter Auftritt.**

Crest allein. (wie erwachend.)

Noch einen! reiche mir aus Lethes Fluten den lezten Becher! Bald ist der böse Krampf des Lebens aus meinem Busen weggespült, bald fließt mein Geist, wie in die Quelle des Vergehens selbst verwandelt, zu euch ihr Schatten in die ewige Nebel. In eurer Stille labt gefällige Ruhe den Umgetriebenen Sohn der Erde! — Sie kommen schon, den neuen Gast zu sehn. Wer ist die Schaar? Sie gehen friedlich mit einander, Alte und Junge und Männer mit den Weibern. Sie sind es, meine Anherrn! so sie sind's! Mit Thyesten geht Atreus und die Knaben schlüpfen vermischt um sie herum. Ist keine Feindschaft mehr unter [86] euch? ist alle Rache mit dem Licht der Sonne vor euch verloschen? so bin ich auch willkommen, so darf ich auch in eurem feyerlichen Zug mich mischen. Willkommen Väter! euch grüßt Crest, von eurem Stamme der lezte Mann. Was ihr gesä't, hat er geerndtet, mit Fluch beladen, stieg er herab. Doch leichter wird hier jede Bürde, nehmt ihr ihn auf in euren Kreis. Dich Atreus ehr' ich,

7 Pylades, dem G. — 17 ewigen G. — 18 umgetriebnen G. — 22 Anherrn W. — 27 bin ich euch willkommen G. — 28 euren G.

D.

Ja, schwinge deinen Stahl, verschone nicht,
Zerreiße diesen Busen, und eröffne
Den Strömen die hier sieden einen Weg.

Er ruht in Ermattung.

Iphigenie.

Allein zu tragen dieses Glück und Elend   1255
Vermag ich nicht. — Wo bist du, Pylades?
Wo find' ich deine Hülfe, theurer Mann?

Sie entfernt sich suchend.

Zweyter Auftritt.

Crest

aus seiner Betäubung erwachend und sich aufrichtend.

Noch einen! reiche mir aus Lethe's Fluthen
Den lezten kühlen Becher der Erquickung!   1260
Bald ist der Krampf des Lebens aus dem Busen
Hinweggespült; bald fließet still mein Geist,
[77] Der Quelle des Vergessens hingegeben,
Zu euch, ihr Schatten, in die ew'gen Nebel.
Gefällig laßt in eurer Ruhe sich
Den umgetriebnen Sohn der Erde laben! —   1265
Welch ein Gelispel hör' ich in den Zweigen,
Welch ein Geräusch aus jener Dämmrung säuseln?
Sie kommen schon den neuen Gast zu sehn!
Wer ist die Schaar, die herrlich mit einander
Wie ein versammelt Fürstenhaus sich freut?   1270
Sie gehn friedlich, All' und Junge, Männer
Mit Weibern; göttergleich und ähnlich scheinen
Die wandelnden Gestalten. Ja, sie sind's,
Die Ahnherrn meines Hauses! — Mit Thyesten
Geht Atreus in vertraulichen Gesprächen,   1275
Die Knaben schlüpfen scherzend um sie her.
Ist keine Feindschaft hier mehr unter euch?
Verlosch die Rache wie das Licht der Sonne?
So bin auch ich willkommen, und ich darf
In euern feierlichen Zug mich mischen.   1280
Willkommen, Väter! euch grüßt Crest,
Von euerm Stamme der lezte Mann;
Was ihr gesä't, hat er geärntet:
[78] Mit Fluch beladen stieg er herab.
Doch leichter träget sich hier jede Bürde: 1285
Nehmt ihn, o nehmt ihn in euern Kreis! —

A.

Dich Atreus ehr' ich und dich Thesten, wir sind hier alle der Feindschaft los. Zeigt mir den Vater, denn ich nur einmal im Leben sah. Bist du's mein Vater und führst die Mutter vertraut mit dir? Darf Clytemnestra die Hand dir reichen, so darf Crest auch zu ihr tretten, und darf ihr sagen: sieh' deinen Sohn! Seht euren Sohn! Heißt ihn willkommen! Auf Erden war in unserm Haus der Willkomm tod und das Geschlecht des alten Tantals hat seine [47] Freuden jenseits der Nacht. Willkomm Willkomm! o schließt mich um und führt zum Alten zum Ahnherrn mich! wo ist der Alte daß ich ihn sehe, das teure Haupt, das Mit den Göttern zu Rathe saß. Ihr scheint zu zaudern, wollt ihr dem Enkel die Schmerzen sparen. Soll er nicht sehen des Ahnherrn Qual durch übermächtge Götter der Helden Brust mit ehrnen Ketten fest aufgeschmiedet.

Dritter Auftritt.
Iphigenie. Crest. Pylades.
Crest.

Seid ihr auch schon herabgekommen! Wohl Schwester dir! noch fehlt Elektra! Ein gütiger Gott send uns die eine mit sanften Pfeilen auch schnell herab. Dich armer Freund muß ich bedauern. Kommt mit! kommt mit zu Plutos Thron, es ziemt den Gästen den Wirt mit Gruß zu ehren.

Iphig.

Geschwister! die ihr an den weiten Himmel das schöne Licht bey Tag und Nacht heraufbringt, und den Abgeschiedenen nimmer leuchtet, erbarmt

B.

dich, Atreus, ehr' ich —
und dich Thyesten!
wir sind hier alle der Feindschaft los ..
Zeigt mir den Vater,
den ich nur Einmal im Leben sah'! 1285
Bist du's, mein Vater?
und führest du die Mutter
vertraut mit dir?
darf Clytemnestra
die Hand dir reichen — 1290
So darf Crest auch zu ihr treten —
und darf Ihr sagen:
Sieh deinen Sohn!
Seht Euern Sohn! Heißt Ihn willkommen!
Auf Erden war in unserm Haus 1295
der Willkomm — Tod.
[73] Und das Geschlecht des alten Tantals
Hat seine Freuden jenseits der Nacht!
Willkomm! willkomm!
O schließt mich um! und führt zum Alten, 1300
zum Ahnherrn mich!
wo ist der Alte, daß ich ihn sehe!
das theure Haupt,
das mit den Göttern zu Rathe saß!
Ihr scheint zu zaudern? 1305
wollt Ihr dem Enkel die Schmerzen sparen?
Soll Er nicht sehn des Ahnherrn Qual?
durch übermächt'ge Götter
die Heldenbrust mit ehrnen Ketten
fest aufgeschmiedet? 1310

3.
Iphigenie. Crest. Pylades.
Crest.

Seyd auch Ihr schon herabgekommen?
wohl, Schwester, dir!
Noch fehlt Elektra!
Ein güt'ger Gott send' uns die Eine
Mit sanften Pfeilen auch so schnell herab! 1315
[74] dich, armer Freund muß ich bedauern!
Kommt mit! Kommt mit zu Plutos Thron!
Es ziemt den Gästen,
den Wirth mit Gruß zuehren.

Iphigenie.

Geschwister! die Ihr an dem weiten Himmel 1320
das Licht bey Tag und Nacht heraufbringt!
und den Abgeschiedenen nimmer leuchtet ...
Erbarmt Euch unser!

C.

auch dich Thyesten, wir sind hier alle der Feindschaft los. Zeigt mir den Vater, den ich nur einmal im Leben sah. Bist du's mein Vater? und führst die Mutter vertraut mit dir? Darf Clytemnestra die Hand dir reichen, so darf Crest auch zu ihr treten, und darf ihr sagen: sieh deinen Sohn! [87] Seht euren Sohn! heißt ihn willkommen! Auf Erden war's in unserm Haus ein Gruß zum Tod! und das Geschlecht des alten Tantals hat seine Freuden jenseit der Nacht. Willkommen! willkommen! o schließt mich um und führt zum Alten zum Ahnherrn mich! Wo ist der Alte? daß ich ihn sehe, das theure Haupt, das mit den Göttern zu Rathe saß. Ihr scheint zu zaudern! Wollt ihr dem Enkel die Schmerzen sparen? soll er nicht sehen des Ahnherrn Qual durch übermächtige Götter der Heldenbrust mit ehrnen Ketten fest aufgeschmiedet?

D.

Dich, Atreus, ehr' ich, auch dich Thyesten;
Wir sind hier alle der Feindschaft los. —
Zeigt mir den Vater, den ich nur Einmal
Im Leben sah! — Bist du's, mein Vater? 1290
Und führst die Mutter vertraut mit dir?
Darf Klytemnestra die Hand dir reichen;
So darf Crest auch zu ihr treten
Und darf ihr sagen: sieh deinen Sohn! —
Seht euern Sohn! Heißt ihn willkommen. 1295
Auf Erden war in unserm Hause
Der Gruß des Mordes gewisse Losung,
Und das Geschlecht des alten Tantalus
Hat seine Freuden jenseits der Nacht.
Ihr ruft: Willkommen! und nehmt mich auf! 1300
O führt zum Alten, zum Ahnherrn mich!
Wo ist der Alte? daß ich ihn sehe,
Das theure Haupt, das vielverehrte,
Das mit den Göttern zu Rathe saß.
Ihr scheint zu zaudern, euch wegzuwenden? 1305
Was ist es? Leidet der Göttergleiche?
[79] Weh mir! es haben die Übermächt'gen
Der Heldenbrust grausame Qualen
Mit ehrnen Ketten fest aufgeschmiedet.

Dritter Auftritt.

Iphigenie. Orest. Pylades.

Orest.

Seyd ihr auch schon herabgekommen! Wohl, Schwe-[88]ster dir! noch fehlt Elektra. Ein gütiger Gott send uns die eine mit sanften Pfeilen auch schnell herab. Dich, armer Freund, muß ich bedauren. Kommt mit, kommt mit zu Pluto's Thron, es ziemt den Gästen den Wirth mit Gruß zu ehren.

Iphigenie.

Geschwister! die ihr an dem weiten Himmel das schöne Licht bey Tag' und Nacht herauf bringt, und den Abgeschiedenen nimmer leuchtet.

Dritter Auftritt.

Orest. Iphigenie. Pylades.

Orest.

Seyd ihr auch schon herabgekommen? 1310
Wohl Schwester dir! Noch fehlt Elektra:
Ein gül'ger Gott send' uns die Eine
Mit sanften Pfeilen auch schnell herab.
Dich, armer Freund, muß ich bedauern!
Komm mit! Komm mit! zu Pluto's Thron, 1315
Als neue Gäste den Wirth zu grüßen!

Iphigenie.

Geschwister, die ihr an dem weiten Himmel
Das schöne Licht bey Tag und Nacht herauf
Den Menschen bringet, und den Abgeschiednen
Nicht leuchten dürfet, rettet uns Geschwister! 1320

A.

euch unser. Du weißt Diana wie du [48] deinen
Bruder vor allen liebst was Erd' und Himmel
faßt und sehnend immer dein Angesicht nach
seinem ewgen Lichte wendest, laß meinen einigen,
spätgefundenen nicht in der Finsterniß des Wahn- 5
sinns rasen, und ist dein Wille, daß du hier
mich bargst nunmehr vollendet, willst du mir
durch ihn, und ihn durch mich die seelge Rettung geben, so lös' ihn von den Banden der
Furien, daß nicht die teure Zeil der Rettung 10
uns entgehe.

Pyl.

Erkennst du uns und diesen heil'gen Hain
und dieses Licht das nicht den Toden leuchtet,
fühlst du den Arm des Freundes und der 15
Schwester die dich noch fest noch lebend halten.
Faß' uns an! wir sind nicht leere Schatten.
Werde auf das Wort und raffe dich zusammen,
denn jeder Augenblick ist teuer unsre Rückehr
hängt an einem zarten Faden. 20

Or.

Laß mich zum erstenmale seit meinen Kinder
Jahren in deinen Armen ganz reine Freude
haben. Ihr Götter, die ihr mit entsetzlichen
Flam-[49]men die schweere Gewitterwolken auf- 25
zehrt und eure Gnadengaben, euren fruchtbaren
Regen mit fürchterlichen Donnerschlägen auf
eure Erde schmettert und so die grausende Erwartung der Menschen sich in heillsamen Seegen
auflöst, wenn die Sonn mit den Blättertropfen 30
spielt und jeden grauen Rest getrennter Wolken
mit bunter Freundlichkeit die leichte Iris fort-
treibt! — Laßt mich auch so in euern Armen
danken — Mich dünkt ich höre der Erinnen
fliehend Chor die Thore des Tartarus hinter 35
sich fern ab donnernd zu schlagen. Mich dünkt
die Erde dämpft mir wieder erquickenden Geruch,
und läd' mich ein auf ihren Flächen wieder nach
Lebens Freude und großer That zu jagen.

B.

du weißt Diana —
wie du deinen Bruder vor allen liebst, 1325
was Erd' und Himmel faßt!
und segnend immer dein Angesicht
Nach seinem ew'gen Lichte wendest!
Laß meinen einigen spätgefundnen
Nicht in der Finsterniß des Wahnsinns rasen! 1330
und ist dein Wille, daß du hier mich bargst,
Nunmehr vollendet;
willst du mir durch ihn, und ihn durch mich
die seel'ge Rettung geben;
[75] So lös Ihn von den Banden der Furien, 1335
daß nicht die theure Zeit
der Rettung uns entgehe!

Pylades.

Erkennst du uns und diesen heil'gen Hayn?
und dieses Licht, das nicht den Todten leuchtet?
Fühlst du den Arm des Freundes und der Schwester, 1340
Die dich noch lebend halten?
Faß uns an!
Wir sind nicht leere Schatten!
Merk auf das Wort und raffe dich zusammen!
denn jeder Augenblick ist theuer; 1345
unsre Rückkehr hängt an einem zarten Faden!

Orest.

Laß mich zum erstenmal seit meinen Kinderjahren
In deinen Armen ganz reine Freude haben!
Ihr Götter, die ihr mit entsetzlichen Flammen
die schweeren Gewitterwolken aufzehrt! 1350
und Eüre Gnadengaben, Euern fruchtbaren Regen
Mit fürchterlichen Donnerschlägen
Auf Eure Erde schmettert
und so die grausende Erwartung der Menschen sich
[76] In heillsamen Seegen auflöst, 1355
wenn die Sonne mit den Blättertropfen spielt,
und jeden grauen Rest getrennter Wolken
Mit bunter Freundlichkeit
die leichte Iris fortreibt!
Laßt mich auch so in Euern Armen danken! 1360
Mich dünkt, ich höre der Erinnen fliehend Chor
Die Thore des Tartarus hinter sich
Fernabdonnernd zuschlagen.
Mich dünkt, die Erde dämpft mir wieder
Erquickenden Geruch, 1365
und lad' mich ein, auf ihren Flächen wieder
Nach Lebensfreud' und großer That zuzagen.

---

3 fasset und S. — 8 und ihm S. — 13 heiltern S. —
20 einem S. — 27—28 auf die Erde S. — 30 Sonne H.
— 35 fern A. — 38 läd't S; wieder fehlt S.

1325 allem M. — 1346 fehlt M. — 1351 Euren fruchtbaren M. — 1360 Euren M — 1366 lact M.

O.

erbarmt euch unser. Du weißt, Diana, wie du
deinen Bruder vor allem liebst, was Erd und
Himmel faßt und sehnend immer dein Angesicht
nach seinem ew'gen Lichte wendest. Laß meinen
einigen, spätgefundnen nicht in der Finsterniß 5
des [89] Wahnsinns rasen, und ist dein Wille
daß du hier mich bargst nunmehr vollendet;
willst du mir durch ihn, und ihm durch mich
die sel'ge Hülfe geben: so lös ihn von den
Banden der Furien, daß nicht die theure Zeit 10
der Rettung uns entgehe.
          Pylades.
  Erkennst du uns und diesen heiligen Hain
und dieses Licht das nicht den Todten leuchtet?
Fühlst du den Arm des Freundes und der 15
Schwester die dich noch fest noch lebend halten?
Faß uns an! wir sind nicht leere Schatten.
Merke auf das Wort und raffe dich zusammen,
denn jeder Augenblick ist theuer: unsre Rückkehr
hängt an einem zarten Faden. 20
          [90] **Orest.**
  Laß mich zum erstenmale seit meinen Kinderjahren in deinen Armen ganz reine Freude haben.
Ihr Götter, die ihr mit entsezlichen Flammen
die schweren Wetterwolken aufzehrt und eure 25
Gnadengaben, euren fruchtbaren Regen mit fürchterlichen Donnerschlägen auf die Erde schmettert
und so die grausende Erwartung der Menschen
sich in heilsamen Seegen auflöst, wenn die Sonne
wieder mit den Blättertropfen spielt, und jeden 30
grauen Rest getrennter Wolken mit bunter
Freundlichkeit die leichte Iris fortreibt. —
Laßt mich auch so in euren Armen danken! —
Mir däucht ich höre der Erinnen fliehend Chor
die [91] Thore des Tartarus hinter sich fern- 35
abdonnernd zu schlagen. Die Erde dampft mir
wieder erquickenden Geruch und ladet mich ein
auf ihren Flächen nach Lebensfreude und großer
That zu jagen.

D.

[80] Du liebst, Diane, deinen holden Bruder
Vor allem, was dir Erd' und Himmel biethet,
Und wendest dein jungfräulich Angesicht
Nach seinem ew'gen Lichte sehnend still.
O laß den einz'gen, spätgefundnen mir   1325
Nicht in der Finsterniß des Wahnsinns rasen!
Und ist dein Wille, da du hier mich bargst,
Nunmehr vollendet, willst du mir durch ihn
Und ihm durch mich die sel'ge Hülfe geben;
So lös' ihn von den Banden jenes Fluchs,   1330
Daß nicht die theure Zeit der Rettung schwinde.
          Pylades.
Erkennst du uns und diesen heil'gen Hain
Und dieses Licht, das nicht den Todten leuchtet?
Fühlst du den Arm des Freundes und der
          Schwester,
Die dich noch fest, noch lebend halten? Faß' 1335
Uns kräftig an; wir sind nicht leere Schatten.
Merk' auf mein Wort! Vernimm es! Raffe dich
Zusammen! Jeder Augenblick ist theuer,
Und unsre Rückkehr hängt an zarten Fäden,
Die, scheint es, eine günst'ge Parze spinnt. 1340
      [81] **Orest zu Iphigenien.**
Laß mich zum erstenmal mit freyem Herzen
In deinen Armen reine Freude haben!
Ihr Götter, die mit flammender Gewalt
Ihr schwere Wolken aufzuzehren wandelt,
Und gnädig-ernst den lang' erflehten Regen 1345
Mit Donnerstimmen und mit Windes-Brausen
In wilden Strömen auf die Erde schüttet;
Doch bald der Menschen grausendes Erwarten
In Segen auflös't und das bange Staunen
In Freudeblick und lauten Dank verwandelt, 1350
Wenn in den Tropfen frischerquickter Blätter
Die neue Sonne tausendfach sich spiegelt,
Und Iris freundlich bunt mit leichter Hand
Den grauen Flor der letzten Wolken trennt;
O laßt mich auch an meiner Schwester Armen, 1355
An meines Freundes Brust, was ihr mir gönnt
Mit vollem Dank genießen und behalten.
Es löset sich der Fluch, mir sagt's das Herz.
Die Eumeniden ziehn, ich höre sie,
Zum Tartarus und schlagen hinter sich   1360
Die ehrnen Thore fernabdonnernd zu.
[82] Die Erde dampft erquickenden Geruch
Und ladet mich auf ihren Flächen ein,
Nach Lebensfreud' und großer That zu jagen

---

5. einzigen Spätgefundenen O; spätgelauntem O. —
9 ihm O. — 16 die dich fest O.

A.	B.
Pyl.	**Pylades.**
Versäumt die Zeit nicht, die uns übrig bleibt,	Versäumt die Zeit nicht, die uns übrig bleibt!
und laßt den Wind der unser Seegel schwellt	und laßt den wind, der uns're Seegel schwellt,
erst unsre volle Freude zum Olympus bringen.	Erst unsre volle Freude zum Olympus bringen! 1370
Kommt! es bedarf hier schnellen Rath und Schluß	5. Kommt! Es bedarf hier schnellen Rath und
	Schluß.
Ende des dritten Akts.	Ende des dritten Akts.

5 bis 8.

C.

Pylades.
Versäumt die Zeit nicht, die uns übrig bleibt,
und laßt den Wind der unser Segel schwellt,
erst unsre volle Freude zum Olympus bringen.
Kommt! es bedarf hier schnellen Rath und Schluß.

D.

Pylades.
Versäumt die Zeit nicht, die gemessen ist! 1365
Der Wind der unsre Segel schwellt, er bringe
Erst unsre volle Freude zum Olymp.
Kommt! Es bedarf hier schnellen Rath und
        Schluß.

3 unsre O.

A.

[51] Vierter Akt.

Iphigenie.

Wem die himmlischen viel Verwirrung zugedacht haben, wem sie den erschütternden schnellen Wechsel von Freude und Schmerz bereiten, dem geben sie kein höher Geschenk als einen ruhigen Freund. Segnet unsern Pylades und sein Vorhaben! Er ist wie der Arm des Jünglings in der Schlacht, wie des Greisen leuchtend Auge in der Versammlung. Denn seine Seele ist still, er bewahrt die Ruhe wie einen heiligen Schatz und aus ihren Tiefen hohlt er für die umgetriebenen Rath und Hülfe. Er hat mich von Bruder los gerissen, dem staunt ich immerfort an, hielt ihn in meinen Armen und dachte an seine Gefahr. Jezt gehn sie listig ihren Anschlag auszuführen nach der See wo das Schif mit den treuen Gefährten an irgend einer Felsenbucht aufs Zeichen lauert, und haben mir in den Mund gegeben, was ich sagen soll, wenn der König sendet das Opfer zu beschleunigen. Ich muß mich leiten lassen wie ein Kind, denn ich habe nicht gelernt hinterhaltig zu seyn, noch einem etwas abzulisten. O weh der Lüge! Die Brust wird nicht wie von einem andern wahrgesprochene Worte getrost und frey. Wer sie heimlich schmiedet den ängstet sie, und wie ein versagender Pfeil lehrt

---

1 S. 50 der Handschrift A leer. — Vor 2 gibt B: Erster Auftritt. — 14 vom B; dem A. — 26 wahrgesprochenen B.

B.

[77] Vierter Akt.

1.

*Iphigenie.

Wem die Himmlischen viel Verwirrung zugedacht haben,
wem sie den erschütternden schnellen Wechsel
von Freud' und Schmerz bereiten;
dem geben sie kein höheres Geschenk   1375
Als einen ruhigen Freund.
Seegnet unsern Pylades und sein Vorhaben!
unsterbliche!
Er ist wie der Arm des Jünglings in der
Schlacht!
wie des Greisen leuchtend Aug in der Versammlung.   1380
denn seine Seel' ist still und Er bewahrt die
Ruhe
wie einen heil'gen Schatz
und aus ihren Tiefen hohlt Er
Für die umgetriebenen
Rath und Hülfe.   1385
Er hat mich von dem Bruder losgerissen;
Den staunt' ich immerfort an . . .
Hielt' ihn in meinen Armen
und dachte an seine Gefahr.
[78] Izt geh'n sie listig, ihren Anschlag auszuführen   1390
Hin nach der See, wo das Schiff
Mit den treuen Gefährten —
an irgend einer Felsenbucht auf's Zeichen lau'rt
und haben mir in den Mund gegeben,
Was ich sagen soll — wenn nun   1395
der König sendet — das Opfer zubeschleunigen.
Ich muß mich leiten lassen, wie ein Kind
denn nie hab' ich gelernet, hinterhaltig zu seyn,
Noch einem etwas abzulisten.
O weeh der Lüge! die Brust wird nicht,   1400
wie von einem andern wahrgesprochnen Worte
Getrost und frey   wer sie heimlich schmiedet,
den ängstet sie —
und wie ein versagender Pfeil lehrt

1374 mit Schmerzen (!) M. — 1382 heiligen M. — 1383 ihrer Tiefe M. — 1384 Umgetriebenen M. — 1386 gelernt M

[92] Vierter Akt.

Erster Auftritt.
Iphigenie.

Wem die himmlischen viel Verwirrung zugedacht haben, wem sie erschütternde schnelle Wechsel der Freude und des Schmerzens bereiten, dem geben sie kein höher Geschenk, als einen ruhigen Freund: Segnet unsern Pylades, und sein Vorhaben! Er ist wie der Arm des Jünglings in der Schlacht, wie des Greisen leuchtend Auge in der Versammlung. Denn seine Seele ist still, er bewahrt die Ruhe wie einen heiligen Schatz und aus ihren Tiefen holt er für die Umgetriebnen Rath und Hülfe. Er hat mich vom Bruder losgerißen: [93] den staunt ich immerfort an, hielt ihn in meinen Armen und dachte an keine Gefahr. Jetzt gehn sie listig ihren Anschlag auszuführen nach der See, wo das Schiff mit den treuen Gefährten an irgend einer Felsenbucht aufs Zeichen lauert, und haben mir in den Mund gegeben was ich sagen soll, wenn der König sendet das Opfer zu beschleunigen. Ich muß mich leiten laßen wie ein Kind, denn ich habe nicht gelernt hinterhaltig zu seyn, noch jemand etwas abzulisten. O weh der Lüge! die Brust wird nicht wie von einem andern wahr gesprochnen Worte getrost und frey. Wer sie heimlich schmiedet, den ängstet sie, und wie ein versagender Pfeil kehrt sie, losgedruckt ver-

---

5 Schmerzes G. — 14 für den G. — 27 wahrgesprochenem GG. — 29 losgedrückt G.

---

[83] Vierter Aufzug.

Erster Auftritt.
Iphigenie.

Denken die Himmlischen
Einem der Erdgebornen 1370
Viele Verwirrungen zu,
Und bereiten sie ihm
Von der Freude zu Schmerzen
Und von Schmerzen zur Freude
Tieferschütternden Übergang; 1375
Dann erziehen sie ihm
In der Nähe der Stadt,
Oder am fernen Gestade,
[84] Daß in Stunden der Noth
Auch die Hülfe bereit sey, 1380
Einen ruhigen Freund.
O segnet, Götter, unsern Pylades
Und was er immer unternehmen mag!
Er ist der Arm des Jünglings in der Schlacht,
Des Greises leuchtend Aug' in der Versammlung: 1385
Denn seine Seel' ist stille; sie bewahrt
Der Ruhe heil'ges unerschöpftes Gut,
Und den Umhergetriebnen reichet er
Aus ihren Tiefen Rath und Hülfe. Mich
Riß er vom Bruder los; den staunt' ich an 1390
Und immer wieder an, und konnte mir
Das Glück nicht eigen machen, ließ ihn nicht
Aus meinen Armen los, und fühlte nicht
Die Nähe der Gefahr die uns umgibt.
Jetzt gehn sie ihren Anschlag auszuführen 1395
Der See zu, wo das Schiff mit den Gefährten,
In einer Bucht versteckt auf's Zeichen lauert,
Und haben kluges Wort mir in den Mund
Gegeben, mich gelehrt was ich dem König'
[85] Antworte, wenn er sendet und das Opfer 1400
Mir bringender gebiethet. Ach! ich sehe wohl',
Ich muß mich leiten laßen wie ein Kind.
Ich habe nicht gelernt zu hinterhalten,
Noch jemand etwas abzulisten. Weh!
O weh der Lüge! Sie befreyet nicht, 1405
Wie jedes andre wahrgesprochne Wort,
Die Brust; sie macht uns nicht getrost, sie ängstet
Den der sie heimlich schmiedet, und sie kehrt,

A.	B.
sie losgedruckt verwundend auf den Schützen [52] zurück. Auch fürcht ich immer für meinem Bruder, daß ihn die Furien, wenn er aus den heiligen Haine hervortritt gewaltsam anfallen und unsre Rettung vereiteln. Den Arkas seh ich kommen, o dürst ich ihm sagen, was mir im Herzen liegt.	Sie losgedrückt verwundend 1405 Auf den Schützen zurück. Auch fürcht' ich immer für meinen Bruder daß ihn die Furien, wenn er Aus diesem heil'gen Hayn hervortritt, Gewaltsam anfallen, 1410 [79] und unsre Rettung vereiteln. Den Arkas seh' ich kommen — o dürst' ich Ihm sagen, was mir im Herzen liegt.
Arkas. Im Nahmen des Königs, soll ich dir Priesterin Beschleunigung des Opfers gebieten.	**Arkas.** Im Namen des Königs Soll ich dir, Priesterinn, des Opfers 1415 Beschleunigung gebieten.
Iphig. Es ist an mir zu gehorchen, doch hat ein unvermuthet Hindernis sich in den Weeg gestellt.	**Iphigenie.** Es ist an mir, zugehorchen — doch hat ein unvermuthet Hinderniß Sich in den Weg gestellt.
Arkas. Was ists das dem Befehl des Königes hindern kan.	**Arkas.** Was ist's, das den Befehl des Königs hindern kann? 1420
Iphig. Der Zufall über den wir keine Meister sind.	**Iphigenie.** Der Zufall, über den wir keine Meister sind.
Arkas. So sag mirs an, daß ichs ihm schnell vermelde. Denn er beschloß bei sich der beiden Tod.	**Arkas.** So sag mir's an, daß ich's ihm schnell vermelde — Denn Er beschloß bey sich der beyden Tod.
Iphig. Die Götter haben ihn noch nicht beschloßen. Der älteste dieser Männer ist ein verwünschtes Haupt, um einer Blutschuld willen von Furien [53] verfolgt und in des Wahnsinns verabscheute Bande gesellt. Durch seine Gegenwart und daß im Heiligthum das böse Uebel ihn ergrif, sind wir verunreint. Der Göttin Bild muß mit geheimer Weihung am Meer von mir und meinen Jungfrauen erst entsühnt, und unser Heiligthum gereinigt werden. Das sag dem König und daß er so lang das Heer in Schranken halte und niemand aus dem Lager sich in unsre Gränzen wage.	**Iphigenie.** die Götter haben ihn noch nicht beschloßen. [80] der älteste dieser Männer ist ein verwünschtes Haupt. 1425 um einer Blutschuld willen von Furien verfolgt, und in des Wahnsinns verabscheute Bande gesellt. durch seine Gegenwart, und daß im Heiligthum Das Böse übel ihn ergriff, 1430 Sind wir verunreint. Der Göttinn Bild muß mit geheimer Weyhung Am Meer von mir und meinen Jungfrau'n erst Entsöhnt, und unser Heiligthum gereinigt werden. Das sag dem König und daß Er 1435 So lang das Heer in Schranken halte und niemand aus dem Lager sich In unsre Gränzen wage.

2 meinen B. — 3 dem B. — 5 u. 8 Arkas A. — Vor 9 giebt B: Zweiter Auftritt. Arkas, Iphigenie. — 15 dem B. — 26 und fehlt B. — 32 König, sag ihm daß B.

C.

wandend auf den Schützen zurück. [94] Auch
fürcht' ich immer für meinen Bruder, daß ihn
die Furien, wenn er aus dem heiligen Haine
hervortritt, gewaltsam anfallen und unsre Rettung vereiteln. Den Arkas seh ich kommen, o 5
dürft ich ihm sagen, was mir im Herzen ist.

Zweiter Auftritt.
Arkas. Iphigenie.
Arkas.

Im Rahmen des Königs, soll ich dir, Prie- 10
sterinn, Beschleunigung des Opfers gebieten.
Iphigenie.
Es ist an mir, zu gehorchen, doch hat ein
unvermuthet Hinderniß sich in den Weg gestellt.
[95] Arkas. 15
Was ist's, das den Befehl des Königs hin-
dern kann?
Iphigenie.
Der Zufall, über den wir keine Meister sind.
Arkas. 20
So sag' mirs an, daß ich's ihm schnell vermelde. Denn er beschloß bey sich der beyden Tod.
Iphigenie.
Die Götter haben ihn noch nicht beschlossen.
Der älteste dieser Männer ist ein verwünschtes 25
Haupt! Um einer Blutschuld willen von Furien
verfolgt und in des Wahnsinns abscheuliche Bande
gefesselt. Durch seine Gegenwart und das im
Heiligthum das böse Uebel ihn ergriff, sind wir
verunreint. Der Göttin Bild muß mit gehei- 30
[96]mer Weihung am Meer von mir und meinen
Jungfrauen erst entsühnt, und unser Heiligthum
gereinigt werden. Das sag' dem König', sag'
ihm, daß er so lang das Heer in Schranken
halte und niemand aus dem Lager sich in unsre 35
Gränzen wage.

D.

Ein losgedrucker Pfeil von einem Gotte
Gewendet und verjagend, sich zurück   1410
Und trifft den Schützen. Sorg' auf Sorge schwankt
Mir durch die Brust. Es greift die Furie
Vielleicht den Bruder auf dem Boden wieder
Des ungeweihten Ufers grimmig an?
Entdeckt man sie vielleicht? Mich dünkt, ich höre 1415
Gewaffnete sich nahen! — Hier! — Der Bothe
Kommt von dem Könige mit schnellem Schritt.
Es schlägt mein Herz, es trübt sich meine Seele,
Da ich des Mannes Angesicht erblicke,
Dem ich mit falschem Wort begegnen soll.   1420

[86] Zweyter Auftritt.
Iphigenie. Arkas.
Arkas.
Beschleunige das Opfer, Priesterinn!
Der König wartet und es harrt das Volk.
Iphigenie.
Ich folgte meiner Pflicht und deinem Wink,
Wenn unvermuthet nicht ein Hinderniß
Sich zwischen mich und die Erfüllung stellte.   1425
Arkas.
Was ist's, das den Befehl des Königs hindert?
Iphigenie.
Der Zufall, dessen wir nicht Meister sind.
Arkas.
So sage mir's, daß ich's ihm schnell vermelde:
Denn er beschloß bey sich der Beyden Tod.
Iphigenie.
Die Götter haben ihn noch nicht beschlossen.   1430
Der älteste dieser Männer trägt die Schuld
[87] Des nahverwandten Bluts, das er vergoß.
Die Furien verfolgen seinen Pfad,
Ja in dem innern Tempel faßte selbst
Das Uebel ihn, und seine Gegenwart   1435
Entheiligte die reine Stäte. Nun
Eil' ich mit meinen Jungfraun, an dem Meere
Der Göttinn Bild mit frischer Welle netzend
Geheimnißvolle Weihe zu begehn.
Es störe niemand unsern stillen Zug!   1440

---

3 Hain W. — 5 bereiteten GW. — 21—22 schnell melde
G. — 25 älteste GW. — 28 beschloß O. — 32 Jungfrau'n
G; entsühnet W.

A.

Arkas.
Eh du das heilige Werk beginnst, ziemt sichs,
dem König es zu melden. Drum bis ich mit
seinen Willen wiederkehre, so lang halt noch
den heiligen Zug zurück.   5

Iphig.
Dies ist allein der Priesterin überlassen.

Arkas.
Solch seltnen Fall soll auch der König wissen!
— Und du hast auf den Rath des treuen nicht 10
geachtet?

Iphig.
Was ich vermochte hab ich gern gethan.

[54] **Arkas.**
Noch wär es Zeit den Sinn zu ändern.   15

Iphig.
Das steht nun einmal nicht in unsrer Macht.

Arkas.
Du hältst unmöglich was dir Mühe kostet.

Iphig.   20
Du hältst das möglich, was dein Wunsch
dir möglich macht.

Arkas.
Um deintwillen und unsertwillen wünsch
ich es.   25

Iphig.
Dir sey für deine gute Meinung Dank.

Arkas.
Willst du denn alles so gelassen wagen?

Iphig.   30
Ich hab es in der Götter Hand gelegt.

Arkas.
Sie pflegen Menschen menschlich zu erretten.

---

19 was dich B. — 24 Um deint und B. — 29 du uns
alles B.

B.

Arkas.
Eh du das heil'ge werk beginnst
Ziemt sich's, dem König es zu melden —   1440
Darum, bis ich mit seinem willen wiederkehre,
So lang halt noch den heil'gen Zug zurück.

[81] **Iphigenie.**
dieß ist allein der Priesterinn überlaßen.

Arkas.
Solch seltnen Fall soll auch der König wissen ....
und du hast auf den Rath des Treuen nicht
geachtet?   1445

Iphigenie.
was ich vermochte, hab' ich gern gethan.

Arkas.
Noch wär' es Zeit, den Sinn zu ändern.

Iphigenie.
das steht nun einmal nicht in unsrer Macht.

Arkas.
du hältst unmöglich, was dir Mühe kostet.

Iphigenie.
du hältst das möglich, was dein wunsch dir
möglich macht.   1450

Arkas.
um deint und unsert willen wünsch' ich es.

Iphigenie.
dir sey für deine gute Meinung Dank.

Arkas.
Willst du denn alles so gelaßen wagen?

Iphigenie.
Ich hab' es in der Götter Hand gelegt.

[82] **Arkas.**
Sie pflegen Menschen menschlich zuerretten. 1455

C.

Arkas.
Eh du das heilige Werk beginnst, ziemt sich's,
dem König es zu melden, darum bis ich mit
seinem Willen wiederkehre, so lang halt noch
den heiligen Zug zurück.
Iphigenie.
Dies ist allein der Priesterinn überlassen.
Arkas.
Solch seltnen Fall soll auch der König wissen!
[97] **Iphigenie.**
Hier kann sein Rath nicht helfen, sein Befehl nicht hindern.
Arkas.
Doch will die Ehrfurcht, daß es also scheine.
Iphigenie.
Erdringe nicht was ich versagen sollte.
Arkas.
Versage nicht, was gut und nützlich ist.
Iphigenie.
Ich gebe nach, wenn du nicht säumen willst.
Arkas.
Schnell bin ich mit der Nachricht in dem Lager, und schnell mit seinem Wort bey dir zurück. O könnt ich ihm noch eine Botschaft bringen! die alles löste, was uns jetzt verwirrt. Denn [98] leider hast du nicht des Treuen Rath geachtet.
Iphigenie.
Was ich vermochte, hab' ich gern gethan.
Arkas.
Noch wär' es Zeit den Sinn zu ändern.
Iphigenie.
Das steht nun einmal nicht in unsrer Macht.
Arkas.
Du hältst unmöglich, was dich Mühe kostet.
Iphigenie.
Du hältst das möglich, was dein Wunsch dir möglich macht.
Arkas.
Und dreist und unserwillen wünsch' ich es.
Iphigenie.
Dir sey für deine gute Meynung Dank.
[99] **Arkas.**
Willst du nun alles so gelassen wagen?
Iphigenie.
Ich hab' es in der Götter Hand gelegt.
Arkas.
Sie pflegen Menschen menschlich zu erretten.

D.

Arkas.
Ich melde dieses neue Hinderniß
Dem Könige geschwind, beginne du
Das heil'ge Werk nicht eh' bis er's erlaubt.
Iphigenie.
Dieß ist allein der Priest'rinn überlassen.
Arkas.
Solch seltnen Fall soll auch der König wissen. 1445
Iphigenie.
Sein Rath wie sein Befehl verändert nichts.
Arkas.
Oft wird der Mächtige zum Schein gefragt.
[88] **Iphigenie.**
Erdringe nicht, was ich versagen sollte.
Arkas.
Versage nicht, was gut und nützlich ist.
Iphigenie.
Ich gebe nach, wenn du nicht säumen willst. 1450
Arkas.
Schnell bin ich mit der Nachricht in dem Lager,
Und schnell mit seinem Worten hier zurück.
O könnt' ich ihm noch Eine Bothschaft bringen,
Die alles läß'te was uns jetzt verwirrt:
Denn du hast nicht des Treuen Rath geachtet. 1455
Iphigenie.
Was ich vermochte, hab' ich gern gethan.
Arkas.
Noch änderst du den Sinn zur rechten Zeit.
Iphigenie.
Das steht nun einmal nicht in unsrer Macht.
Arkas.
Du hältst unmöglich, was dir Mühe kostet.
[89] **Iphigenie.**
Dir scheint es möglich, weil der Wunsch dich trügt. 1460
Arkas.
Willst du denn alles so gelassen wagen?
Iphigenie.
Ich hab' es in der Götter Hand gelegt.
Arkas.
Sie pflegen Menschen menschlich zu erretten.

A.	B.

A.

[55] Iphig.
Auf ihren Fingerzeig kommt alles an.
  Arkas.
Ich sage dir es ligt in deiner Hand! Des
Königs aufgebrachter Sinn ist es allein der diesen 5
fremden bittern Tod bereitet. Das Heer ist
lang entwöhnt der harten Opfer. Und manche
von uns bisher an fremde Ufer verschlagen,
haben freundlicher Aufnahme hohen Werth dem
Vaterlande verkündigt. Zwar sind nicht viele 10
geneigt, zu nachbarlicher Freundschaft doch viele
ehrens wieder, als dein Wort, denn von Himmel
gekommen achten sie dich und vertrauen, daß dir
der Götter Wille bekannt ist.
  Iphigenie. 15
Erschüttre meine Seele nicht, da du sie nicht
bewegen kannst.
  Arkas.
So lang es Zeit ist, soll man keine Mühe
schonen. 20
  Iphig.
Du machst dir Müh und mir vergebne
Schmerzen.
  [56] Arkas.
Die Schmerzen sind's, die ich erregen möchte. 25
  Iphig.
Der Widerwille wird durch sie nicht getilgt.
  Arkas.
Giebt eine schöne Seele für Wohlthat Wider-
willen? 30
  Iphig.
Ja wenn für Wohlthat mehr als Dank ver-
langt wird. Hat Toas mich durch seine Wohl-
that erkaufen wollen, weiß ich ihm keinen Dank.
  Arkas. 35
Wer keine Neigung fühlt ist an Entschuldi-
gung reich. Dem König will ich deine Worte
bringen. Denn es ist freundlich daß er von dem
heiligen Werck, eh es begangen wird, die Nach-
richt habe — und könntest du indeß in deiner 40

B.

Iphigenie.
Auf ihren Fingerzeig kommt Alles an.
  Arkas.
Ich sage dir: Es liegt in deiner Hand!
Des Königs aufgebrachter Sinn ist es allein,
der diesen Fremden bittern Tod bereitet.
Das Heer ist lang entwöhnt der harten Opfer 1460
und manche von uns bisher
An fremde ufer verschlagne
Haben freundlicher Aufnahme hohen werth
Dem Vaterlande verkündigt.
Zwar sind nicht viele geneigt 1465
Zu nachbarlicher Freundschaft;
Doch viele ehren's wieder als dein Wort,
denn vom Himmel gekommen achten sie dich
und vertrauen,
Daß dir der Götter wille bekannt ist. 1470
  Iphigenie.
Erschüttre meine Seele nicht,
Da du sie nicht bewegen kannst!
  [83] Arkas.
So lang es Zeit ist, soll man keine Mühe
  schonen.
  Iphigenie.
du machst dir Müh' und mir vergebne Schmerzen.
  Arkas.
Die Schmerzen sind's, die ich erregen möge. 1475
  Iphigenie.
der Widerwille
wird durch sie nicht getilgt.
  Arkas.
Giebt eine schöne Seele für Wohlthat widerwillen?
  Iphigenie.
Ja! wenn für wohlthat mehr
Als Dank verlangt wird! 1480
Hat Thoas mich
durch seine wohlthat erkaufen wollen,
Weiß ich ihm keinen Dank.
  Arkas.
wer keine Neigung fühlt,
Ist an Entschuldigung reich. 1485
dem König will ich deine worte bringen.
denn, es ist freundlich,
[84] Daß von dem heiligen werk, eh' es be-
  gangen wird,
Er Nachricht habe.
und könntest du indeß 1490

---

27 Durch sie wird Widerwille nicht getilgt. B.

G.

Iphigenie.
Auf ihren Fingerzeig kommt alles an.
Arkas.
Ich sage dir, es liegt in deiner Hand! des
Königs aufgebrachter Sinn ist es allein der 5
diesen Fremden bittern Tod bereitet. Das Heer
ist lang' entwöhnt der harten Opfer. Und manche
von uns bisher an fremde Ufer verschlagen,
haben freundlicher Aufnahme hohen Werth dem
Vaterlande verkündigt. Zwar sind [100] nicht 10
viele geneigt, zu nachbarlicher Freundschaft; doch
jeder ehrt dein Wort, denn vom Himmel ge-
kommen achten sie dich und vertrauen, daß dir
der Götter Wille bekannt ist.
Iphigenie.
Erschüttre meine Seele nicht, da du sie nicht 15
bewegen kannst.
Arkas.
So lang es Zeit ist, soll man keine Mühe
schonen. 20
Iphigenie.
Du machst dir Müh und mir vergebne
Schmerzen.
Arkas.
Die Schmerzen sind's, die ich erregen möchte. 25
Iphigenie.
Durch sie wird Widerwille nicht getilgt.
[101] **Arkas.**
Giebt eine schöne Seele für Wohlthat Wider-
willen? 30
Iphigenie.
Ja wenn für Wohlthat mehr als Dank ver-
langt wird. Hat Thoas mich durch seine Wohl-
that erkaufen wollen, weiß ich ihm keinen Dank.
Arkas. 35
Wer keine Neigung fühlt, ist an Entschul-
digung reich. Dem König will ich deine Worte
bringen — und könntest du indeß in deiner

D.

Iphigenie.
Auf ihren Fingerzeig kommt alles an.
Arkas.
Ich sage dir, es liegt in deiner Hand. 1465
Des Königs aufgebrachter Sinn allein
Bereitet diesen Fremden bittern Tod.
Das Heer entwöhnte längst vom harten Opfer
Und von dem blut'gen Dienste sein Gemüth.
Ja mancher, den ein widriges Geschick 1470
An fremdes Ufer trug, empfand es selbst,
Wie göttergleich dem armen Irrenden,
Umhergetrieben an der fremden Gränze,
[90] Ein freundlich Menschenangesicht begegnet.
O wende nicht von uns was du vermagst! 1475
Du endest leicht was du begonnen hast:
Denn nirgends baut die Milde, die herab
In menschlicher Gestalt vom Himmel kommt,
Ein Reich sich schneller, als wo trüb' und wild
Ein neues Volk, voll Leben, Muth und Kraft, 1480
Sich selbst und banger Ahndung überlassen,
Des Menschenlebens schwere Bürden trägt.
Iphigenie.
Erschütt're meine Seele nicht, die du
Nach deinem Willen nicht bewegen kannst.
Arkas.
So lang' es Zeit ist, schont man weder Mühe 1485
Noch eines guten Wortes Wiederhohlung.
Iphigenie.
Du machst dir Müh' und mir erregst du Schmerzen;
Vergebens beydes: darum laß mich nun.
Arkas.
Die Schmerzen sind's, die ich zu Hülfe rufe:
Denn es sind Freunde, Gutes rathen sie. 1490
[91] **Iphigenie.**
Sie fassen meine Seele mit Gewalt,
Doch tilgen sie den Widerwillen nicht.
Arkas.
Fühlt eine schöne Seele Widerwillen
Für eine Wohlthat, die der Edle reicht?
Iphigenie.
Ja, wenn der Edle, was sich nicht geziemt, 1495
Statt meines Dankes mich erwerben will.
Arkas.
Wer keine Neigung fühlt, dem mangelt es
An einem Worte der Entschuld'gung nie.
Dem Fürsten sag' ich an, was hier gescheh'n.

A.	B.

A.

Seele alles wiederhohlen, was zu seinen Vorteil
sein ganz Betragen, zu dir spricht, von deiner
Ankunft an, bis diesen Tag.

      Iphigenie allein.
  Sehr zur ungelegnen Zeit hat dieser Mann 5
meine Seele mit gefälligen Worten angegriffen.
— Wie die hereinströmende Fluth das Ufer
weiter deckt und die Felsen überspült [57] die
im Sande liegen, kam die unerwartete Freude,
und das rasche Glück über mich. In lebendigem 10
Traum trat ich die Wolken. Das Unmögliche
hielt ich mit Händen gefaßt. Wie in jenem
Schlummer betäubt, da in sanften Armen die
Göttin mich von gewißem Tode hieher trug.
Nur meinen Bruder zog das Herz sich nach, 15
nur horchl ich auf seines Freundes Rath, nach
ihrer Rettung ging vorwärts meine Seele,
Tauris lag wie der Boden einer unfruchtbaren
Insel, hinter dem Schiffenden. Jetzt hat dieser
Mann meine Gedanken auf das vergangne ge- 20
leitet und durch seine Gegenwart mich wieder
errinnert, daß ich auch Menschen hier verlaße,
und seine Freundlichkeit macht mir den Betrug
doppelt verhaßt — Ruhig meine Seele! Was
beginnst du zu schwanden, doppelte Sorgen 25
wenden sich hierhin und dorthin, und machen
zweifelhaft, ob das gut ist, was du vorhast.
Zum ersten mal seit langen Jahren fühl ich
mich wieder eingeschifft und vor den Wogen
geschaukelt taumelnd mich und die Welt ver- 30
kennen.

B.

In deiner Seele alles wiederhohlen,
was zu seinem vortheil
Sein ganz Betragen zu dir spricht,
von deiner Ankunft an bis diesen Tag . . .

      Iphigenie.
      (allein)
Sehr zur ungelegnen Zeit   1495
Hat dieser Mann meine Seele
Mit gefälligen worten angegriffen . .
wie die weither strömende Fluth
das ufer weither deckt,
und die Felsen überspühlt, die im Sande liegen, 1500
Kam die unerwartete Freude,
Kam das rasche Glück über mich.
In lebendigem Traume
Trat ich die Wolken.
das unmögliche hielt' ich mit Händen gefaßt. 1505
wie in jenen Schlummer betäubt,
da in sanften Armen
[85] die Göttinn mich
vom gewißen Tode hiehertrug.
Nur meinen Bruder zog das Herz sich nach. 1510
Nur horchl' ich
Auf seines Freundes Rath!
Nach ihrer Rettung gieng vorwärts meine Seele!
Tauris lag wie der Boden einer unfruchtbaren
                         Insel
Hinter dem Schiffenden.   1515
Jtzt hat dieser Mann meine Gedanken
Auf das Vergangene geleitet ‒ ‒
und durch seine Gegenwart mich wieder erinnert,
daß ich auch Menschen hier verlaße.
und seine Freundlichkeit macht den Betrug 1520
Mir doppelt verhaßt.
Ruhig, meine Seele!
was beginnst du, zuschwanken?
Doppelte Sorgen wenden sich hierhin und dorthin,
und machen zweifelhaft, ob das gut ist, 1525
was du vorhast.
Zum Erstenmal seit langen Jahren
Fühl' ich mich wieder eingeschifft . . .
[86] und von den wogen geschaukelt
Traumend mich und die Welt verkennen. 1530

---

1 seinem B. — 3 Tag. (ab)
      Dritter Auftritt. B.
— 5 ungelegnern B. — 14 gewißem B. — 15 meinem B.
— 29 und von den B

C.

Seele wiederhohlen, wie vortheilhaft sein ganz
Betragen zu dir spricht, von deiner Ankunft
an bis diesen Tag. (ab.)

[102] **Dritter Auftritt.**
Iphigenie allein.

Sehr zur ungelegenen Zeit hat dieser Mann
meine Seele mit gefälligen Worten angegriffen
— (Wie die hereinströmende Fluth das Ufer
weither deckt und die Felsen überspült die im
Sande liegen, kam die unerwartete Freude und
rasches Glück über mich. Wolken umgaben mich
in lebendigem Traume, das Unmögliche hielt
ich mit Händen gefaßt. Wie von jenem Schlummer betäubt, da in sanften Armen Diana mich
vom gewissen Tode hieher trug.) Nur meinem
Bruder zog das Herz sich nach, nur horcht ich
auf seines Freundes Rath, nach ihrer Rettung
gieng vorwärts meine Seele, Tauris [103] lag
wie der Boden einer unfruchtbaren Insel, hinter
dem Schiffenden. Jetzt hat dieser Mann meine
Gedanken auf das Vergangene geleitet, durch
seine Gegenwart mich wieder erinnert, daß ich
auch Menschen hier verlaße, und seine Freundlichkeit macht mir den Betrug zwiefach verhaßt.
— Ruhig meine Seele! Warum beginnst du
zu schwanken? Doppelte Sorgen wenden dich
hierhin und dorthin, und machen zweifelhaft,
ob gut ist, was du vor hast. Zum erstenmal seit
langen Jahren fühl ich mich wieder eingeschifft
und von den Wogen geschaukelt taumelnd mich
und die Welt verkennen.

D.

C wiederhohltest du in deiner Seele,   1500
Wie edel er sich gegen dich betrug
Von deiner Ankunft an bis diesen Tag!

[92] **Dritter Auftritt.**
Iphigenie allein.

Von dieses Mannes Rede fühl' ich mir
Zur ungelegnen Zeit das Herz im Busen
Auf einmal umgewendet. Ich erschrecke! —   1505
Denn wie die Fluth mit schnellen Strömen
    wachsend
Die Felsen überspült, die in dem Sand'
Am Ufer liegen: so bedeckte ganz
Ein Freudenstrom mein Innerstes. (Ich hielt
In meinen Armen das Unmögliche.   1510
Es schien sich eine Wolke wieder sanft
Um mich zu legen, von der Erde mich
Empor zu heben und in jenen Schlummer
Mich einzuwiegen, den die gute Göttinn
Um meine Schläfe legte, da ihr Arm   1515
Mich rettend faßte.)— Meinen Bruder
Ergriff das Herz mit einziger Gewalt:
Ich horchte nur auf seines Freundes Rath;
Nur sie zu retten drang die Seele vorwärts.
Und wie den Klippen einer wüsten Insel   1520
Der Schiffer gern den Rücken wendet: so
[93] lag Tauris hinter mir. Nun hat die
    Stimme
Des treuen Manns mich wieder aufgeweckt,
Daß ich auch Menschen hier verlaße mich
Erinnert. Doppelt wird mir der Betrug   1525
Verhaßt. O bleibe ruhig, meine Seele!
Beginnst du nun zu schwanken und zu zweifeln?
Den festen Boden deiner Einsamkeit
Mußt du verlaßen! Wieder eingeschifft
Ergreifen dich die Wellen schaukelnd, trüb'   1530
Und bang verkennest du die Welt und dich.

---

9 weiter OW. — 10 die fehlt OW — 13 mit den
GO. — 14 sanftrn Händen Diane O. — 15 hierher GOW.
— 21 Vergangne W. — 29 langer Zeit fühl' G.

A.

Iphigenie. Pylades.
Iphig.
Welche Nachricht von meinem Bruder?
[58] **Pylades.**
Die beste und schönste. Von hier begleitet
ich ihn, gesteh ich mit einiger Sorge. Denn ich
traute den unterirrdischen nicht, und fürchtete
auf des Gestades ungeweihten Boden ihren
Hinterhalt. Aber Orest ging, die Seele frey,
wie ich ihn nie gesehn, immer unsrer Errettung
nachdenkend vorwärts und bemerkte nicht, daß
er aus des heiligen Hains Gränzen sich entfernte. Wir waren dem Vorgebirge näher gekommen, das wie ein Widder — Haupt in die
See steht. Dort hielten wir inne und beschloßen
unsern Rath. Kaum daß ich dem nothwendigen
nachdachte, so fröhlich war ich in ihm das schöne
Feuer der Jugend auflodern zu sehen und ihn
zu sehn mit freyem Geiste kühnen Thaten nachdenken.

Iphig.
Was habt ihr beschloßen?
Pylad.
Auf dem Vorgebirge zündet er ein Feuer
an das Zeichen unsern lang harrenden Freunden
zur See.
Iphig.
Wenn sie nicht aufmerken, oder vorüber gefahren sind?
[59] **Pylad.**
Dann wäre neue Sorge. Jetzt ist nur diese.
Und wann sie's merken und landen in der bestimmten Bucht; kommt er zurück und hohlt
uns ab, wir nehmen still das Bild der Göttin
mit, und stechen rudernd nach der vielgeliebten
Küste! Hast du dem König die Worte sagen
lassen?

Vor 1 gibt B: Vierter Aufzritt. — 8 ungeweihtem
B. — 18—19 zu sehen und ihn mit freyem Geiste B. —
24 dem Vorgebirgen B.

B.

Iphigenie u: Pylades.
Iphigenie.
Welche Nachricht von meinem Bruder?
Pylades.
die beste, die schönste.
von hier begleitet' ich Ihn,
gesteh' ich, mit einiger Sorge.
denn ich traute den unterirdischen nicht, 1535
und fürchtete
Auf des Gestades ungewehtem Boden
Ihren Hinterhalt.
Aber, Orest gieng
Die Seele frey, wie ich Ihn nie geseh'n, 1540
Immer unserer Errettung nachdenkend
vorwärts und bemerkte nicht,
daß Er aus den heiligen Haynes Gränzen
Sich entfernte.
wir waren dem Vorgebürge näher gekommen, 1545
[87] dort hielten wir inne und beschloßen unsern
Rath.
Kaum, daß ich dem Rothwendigen nachdachte;
So fröhlich war ich, in Ihm das schöne Feuer
der Jugend auflodern zusehn,
und Ihn zu sehn, mit freyem Geiste 1550
Kühnen Thaten nachdenken.
Iphigenie.
Was habt Ihr beschloßen?
Pylades.
Auf dem Vorgebürge zündet Er ein Feuer an,
Das Zeichen unsern langharrenden Freunden
zur See.
Iphigenie.
wenn sie nicht aufmerken, 1555
oder vorübergefahren sind . . .
Pylades.
dann wäre neße Sorge.
Ist nur diese . .
und, wenn sie's merken,
und landen in der bestimmten Bucht 1560
Kömmt Er zurück und hohlt uns ab —
[88] wir nehmen still das Bild der Göttinn mit,
und stechen rudernd nach der vielgeliebten Küste.
Hast du dem König
die Worte sagen lassen? 1565

C.

[104] **Vierter Auftritt.**
Iphigenie. Pylades.
Iphigenie.
Welche Nachricht von meinem Bruder?
Pylades.
Die beste und schönste. Von hier begleitet'
ich ihn, gesteh' ich, mit einiger Sorge, denn ich
traute den Unterirdischen nicht, und fürchtete
auf des Gestades ungeweihtem Boden ihren
Hinterhalt. Aber Orest gieng, die Seele frey, 10
wie ich ihn nie gesehn, immer unsrer Errettung
nachdenkend vorwärts und bemerkte nicht, daß
er aus des heiligen Hains Gränzen sich entfernte. Wir waren dem Vorgebirge näher gekommen, das wie ein Widder-Haupt in die See 15
steht. Dort hielten [105] wir inne und beschloßen
unsern Rath. Mit freyem Geiste dacht er kühnen
Thaten nach; der Jugend schönes Feuer umloderte sein Haupt, ich hielt ihn fest und sah'
ihn fröhlich an, vergaß der Noth, der bringen- 20
den Gefahr und pries der schnellen Retter gnädig
Walten.
Iphigenie.
Was habt ihr beschloßen?
Pylades.
Auf dem Vorgebirge zündet er ein Feuer 25
an, das Zeichen unsern lang harrenden Freunden
zur See.
Iphigenie.
Wenn sie nicht aufmerken, oder vorüber ge- 30
fahren sind!
Pylades.
Dann wäre neue Sorge. Jezt ist nur diese.
[106] Und wann sies merken und landen in
der bestimmten Bucht; kommt er zurück und 35
holt uns ab, wir nehmen still das Bild der
Göttin mit, und stiehen rudernd nach der vielgeliebten Küste] Uns bleibet Raum wenn auch
nicht alles glückte, uns schützet dein Verbot das
die Barbaren von diesen Gränzen hält. Hast 40
du dem König' was wir abgeredet vermelden
laßen?

---

11 unserer O. — 13 Heimat O. — 34 wenn O. —
39 statt uns goben GO mst.

D.

Vierter Auftritt.
Iphigenie. Pylades.
Pylades.
Wo ist sie? daß ich ihr mit schnellen Worten
Die frohe Bothschaft unsrer Rettung bringe! 5
Iphigenie.
Du siehst mich hier voll Sorgen und Erwartung
Des sichern Trostes, den du mir versprichst. 1535
[94] **Pylades.**
Dein Bruder ist geheilt! Den Felsenboden
Des ungeweihten Ufers und den Sand
Betraten wir mit fröhlichen Gesprächen;
Der Hain blieb hinter uns, wir merkten's nicht.
Und herrlicher und immer herrlicher 1540
Umloderte der Jugend schöne Flamme
Sein lockig Haupt; sein volles Auge glühte
Von Muth und Hoffnung, und sein freyes Herz
Ergab sich ganz der Freude, ganz der Lust,
Dich seine Retterinn und mich zu retten. 1545
Iphigenie.
Gesegnet seyst du, und es möge nie
Von deiner Lippe, die so Gutes sprach,
Der Ton des Leidens und der Klage tönen!
Pylades.
Ich bringe mehr als das: denn schön begleitet,
Gleich einem Fürsten pflegt das Glück zu nah'n. 1550
Auch die Gefährten haben wir gefunden.
In einer Felsenbucht verbargen sie
Das Schiff und saßen traurig und erwartend.
[95] Sie sahen deinen Bruder, und es regten
Sich alle jauchzend, und sie bathen dringend 1555
Der Abfahrt Stunde zu beschleunigen.
Es sehnt jede Faust sich nach dem Ruder,
Und selbst ein Wind erhob vom Lande lispelnd,
Von allen gleich bemerkt, die holden Schwingen.
Drum laß uns eilen, führe mich zum Tempel, 1560
Laß mich das Heiligthum betreten, laß
Mich unsrer Wünsche Ziel verehrend fassen.
Ich bin allein genug der Göttinn Bild
Auf wohl geübten Schultern wegzutragen;
Wie sehn' ich mich nach der erwünschten Last! 1565

Er geht gegen den Tempel unter den letzten Worten, ohne zu bemerken, daß Iphigenie nicht folgt; endlich kehrt er sich um.

Du stehst und zauderst — sage mir — du schweigst!
Du scheinst verworren! Widersetzet sich
Ein neues Unheil unserm Glück? Sag' an!
Hast du dem Könige das kluge Wort
Vermelden lassen, das wir abgeredet? 1570

A.

Iphig.
Ich habe! und Arkas verlangte der seltnen
Entsühnung Feier dem König erst zu melden.
Pylad.
Weh uns! Hast du dich nicht ins Priester 5
Recht gehüllt.
Iphig.
Als eine Hülle hab ichs nie gebraucht.
Pylad.
So wirst du reine Seele uns verderben. 10
Warum verließ ich dich. Du warst nicht gegen-
wärtig genug dem unerwarteten durch gewandte
List zu entgehn. Wir sind nicht sicher bis der
Bote von König wieder weg ist, und wann du
ihn grad abgewiesen hättest, so wär uns zu der 15
Flucht gelegener Raum geblieben. Warum hab
ich dir nicht die tiefsten Wendungen von unsrer
List erklärt.
Iphig.
Du hasts, erinnre dich, und ich gesteh, an 20
mir [60] ligt alle Schuld. Doch konnt ich anders
dem Manne nichts sagen, denn er verlangt es
mit Ernst und Güte.
Pylad.
Gefährlicher zieht sichs zusammen, doch un- 25
verzagt. Erwarte du des Königs Wort. Jezt
würde jede Eile verdacht erwecken. Und dann
steh fest, denn solche Weihung anzuordnen gehört der Priesterin und nicht dem König. So
schaf uns Luft, daß wenn die Freunde glücklich 30
landen, wir ohne Aufschub mit dem Bild der
Göttin entfliehn. Gutes prophezeiht uns Apoll,
denn eh wir die Bedingung erfüllen daß wir
die Schwester ihm nach Delphos bringen, erfüllt
sich das Versprechen schon. Crest ist frey! Mit 35
dem befreyten, O führt uns günstge Winde
hinüber nach dem langgewünschten Hafen. Leben-

---
14 vom S.

B.

Iphigenie.
Ich hab — und Arkas verlangte
Der seltenen Entsöhnung Feyer
Dem König erst zumelden.
Pylades.
weeh uns!
Hast du dich nicht ins Priesterrecht gehüllt! 1570
Iphigenie.
Als eine Hülle hab' ich's nie gebraucht.
Pylades.
So wirst du, reine Seele, uns verderben!
warum verließ ich dich?
Du warst nicht gegenwärtig genug
dem unerwarteten 1575
durch gewandte List zu entgeh'n!
wir sind nicht sicher, bis der Bote
[89] vom König wieder weg ist —
und wenn du ihn gerade wieder abgewiesen hättest,
So wär' uns zu der Flucht gelegner Raum geblieben; 1580
warum hab' ich dir nicht die tiefsten Wendungen
von unsrer List erklärt!
Iphigenie.
Du hast's! Erinnere dich!
und ich gesteh's —
an mir liegt alle Schuld! 1585
doch konnt' ich anders dem Manne nichts sagen;
denn Er verlangt es mit Ernst und Güte.
Pylades.
Gefährlicher zieht sichs zusammen!
doch unverzagt!
Erwarte du des Königs wort! 1590
Jzt würde jede Eile Verdacht erwecken.
und dann steh fest!
denn solche Weyhung anzuordnen
Gehört der Priesterinn und nicht dem König.
So schaff uns Luft, 1595
daß, wenn die Freunde glücklich landen,
[90] wir ohne Aufschub mit dem Bild der
Göttinn entflieh'n.
Gutes prophezeyt uns Apoll,
denn eh wir die Bedingung erfüllen,
daß wir die Schwester Ihm nach Delphos bringen, 1600
Erfüllt sich das Versprechen schon!
Crest ist frey!
Mit dem Befreyten, o führt uns günst'ge winde
Hinüber nach dem langgewünschten Hafen!

C.

Iphigenie.
Ich habe theurer Mann, doch wirst du schelten?
dein Anblick ist mir gleich ein schweigender Verweis. Dem Arkas sagt' ich was du mir in
Mund gelegt, und er verlangte, der seltnen Entführung Feier dem König erst zu melden. 5
[107] **Pylades.**
Weh uns! Hast du dich nicht ins Priesterrecht gehüllt?
Iphigenie. 10
Als eine Hülle hab' ich's nie gebraucht.
Pylades.
So wirst du reine Seele dich und uns verderben! O warum mußt ich dich dir überlassen!
du warst nicht gegenwärtig gnug dem Unerwarteten durch gewandte List zu entgehn. Des 15
Boten Wiederkunft erneuert die Gefahr. Laß
uns bereit seyn, iede wegzuwenden. Verlangt
er uns zu sehn, und ienen Mann, der von dem
Wahnsinn schwer belastet ist, so weis ihn ab,
als hieltest du uns in dem Tempel wohl verwahrt. O warum kann' ich nicht [108] auf diesen 20
Fall voraus.
Iphigenie.
Du hast erinnre dich, und ich gesteh' an mir 25
liegt alle Schuld. Doch konnt ich anders dem
Manne nichts sagen, denn er verlangt' es mit
Ernst und Güte.
Pylades.
Gefährlicher zieht sich's zusammen, doch unverzagt! Erwarte du des Königs Wort. Jetzt 30
würde iede Eile Verdacht erwecken: Und dann
steh fest, denn solche Weihung anzuordnen
gehört der Priesterin und nicht dem König.
So schaff uns Luft, daß wenn die Freunde 35
glücklich landen, wir ohne Aufschub mit dem
Bilde der Göttin entfliehn. Gutes prophezeiht
uns [109] Apoll, denn eh wir die Bedingung
erfüllen, daß wir die Schwester ihm nach Delphos
bringen, erfüllt sich das Versprechen schon. Orest 40
ist frey! O! Mit dem Befreyten o führet uns
günstge Winde hinüber nach dem langgewünschten

D.

[96] **Iphigenie.**
Ich habe, theurer Mann; doch wirst du schellen.
Ein schweigender Verweis war mir dein Anblick!
Des Königs Bothe kam, und wie du es
Mir in den Mund gelegt, so sagt' ich's ihm.
Er schien zu staunen, und verlangte bringend 1575
Die seltne Feier erst dem Könige
Zu melden, seinen Willen zu vernehmen;
Und nun erwart' ich seine Wiederkehr.
Pylades.
Weh' uns! Erneuert schwebt nun die Gefahr
Um unsre Schläfe! Warum hast du nicht 1580
In's Priesterrecht dich weislich eingehüllt?
Iphigenie.
Als eine Hülle hab' ich's nie gebraucht.
Pylades.
So wirst du, reine Seele, dich und uns
Zu Grunde richten. Warum dacht' ich nicht
Auf diesen Fall voraus, und lehrte dich 1585
Auch dieser Ford'rung auszuweichen!
[97] **Iphigenie.**
Schilt
Nur mich, die Schuld ist mein, ich fühl' es wohl;
Doch konnt' ich anders nicht dem Mann begegnen,
Der mit Vernunft und Ernst von mir verlangte,
Was ihm mein Herz als recht gestehen mußte. 1590
Pylades.
Gefährlicher zieht sich's zusammen; doch auch so
Laß uns nicht zagen, oder unbesonnen
Und übereilt uns selbst verrathen. Ruhig
Erwarte du die Wiederkunft des Bothen,
Und dann steh fest, er bringe was er will: 1595
Denn solcher Weihung Feier anzuordnen
Gehört der Priesterin und nicht dem König.
Und fordert er den fremden Mann zu sehn,
Der von dem Wahnsinn schwer belastet ist;
So lehn' es ab, als hieltest du uns beyde 1600
Im Tempel wohl verwahrt. So schaff' uns Luft,
[98] Daß wir auf's eiligste, den heil'gen Schatz
Dem rauh unwürd'gen Volk entwendend, fliehn.
Die besten Zeichen sendet uns Apoll,
Und, eh wir die Bedingung fromm erfüllen, 1605
Erfüllt er göttlich sein Versprechen schon.
Orest ist frey, geheilt! Mit dem Befreyten
O führet uns hinüber, günst'ge Winde,
Zur Felsen-Insel die der Gott bewohnt;

4—5 in den Mund O. — 6 seltener O. — 5—6 Entführung W. — 15 genug GW. — 25 hast, erinnre OO. — 37 Bild GW. — 41 O! fehlt GGW.

A.

dig wird Myzen und du o heilige, wendest durch
deine unbescholtne Gegenwart den Seegen auf
Atreus Haus zurück.
Iphig.
Hör ich dich o Theurer. So wendet meine 5
Seele wie eine Blume der Sonne sich nachwendet deinen frölichen muthigen Worten sich
nach. O eine köstliche Gabe ist des Freundes
tröstliche Rede, die der Einsame nicht kennt,
denn langsam [61] reist in seinem Busen ver- 10
schlosen Gedank und Entschluß, denn die glückliche Gegenwart des Liebenden leicht entwickelt.
Doch zieht wie schnelle leichte Wolden über die
Sonne, mir noch eine Bänglichkeit vor der Seele
vorüber. 15
Pylad.
Sage nicht. Nur in der Furcht ist die Gefahr.
Iphig.
Nicht Furcht ein edler Gefühl macht mir
bange. Den König, der mich gastfreundlich auf- 20
nahm, beraub ich und betrüg ich.
Pylad.
Den beraubst du der deinen Bruder zu
schlachten gebot.
Iphig.
Es ist eben der, und eine Wohlthat wird 25
durch Obles Bezeigen nicht ausgelöscht.
Pylad.
Das ist nicht Undank, was die Noth heischt.
Iphig.
Es bleibt wohl Undank nur die Noth ent- 30
schuldigt's.
Pylad.
Die gültigste Entschuldigung hast du.

B.

Lebendig wird Myzen, 1605
und du, o Heilige, wann wendest du
durch deine unbescholtne Gegenwart den Seegen
Auf Atreus Haus zurück!
Iphigenie.
Hör' ich dich, o theurer,
So wendet meine Seele 1610
wie eine Blume der Sonne sich nachwendet,
deinen frölichen, muthigen worten sich nach.
O eine köstliche Gabe
Ist des Freundes tröstliche Rede,
die der Einsame nicht kennt; 1615
[91] denn langsam reist in seinem Busen
verschlossen Gedank und Entschluß,
den die glückliche Gegenwart des Liebenden
Leicht entwickelt ....
doch zieht, wie schnelle leichte wolken über die
Sonne 1620
Mir noch eine Bänglichkeit
Sich vor der Seele vorüber.
Pylades.
Sage nicht!
Nur in der Furcht ist die Gefahr.
Iphigenie.
Nicht Furcht   ein edleres Gefühl macht mir
bange! 1625
den König, der mich gastfreundlich aufnahm,
Beraub ich, und betrüg' ich!
Pylades.
den beraubst du, der deinen Bruder
zuschlachten gebot?
Iphigenie.
Es ist eben der, 1630
und eine wohlthat wird
durch Obles Bezeigen nicht ausgelöscht.
[92] ### Pylades.
das ist nicht unbank, was die Noth heischt.
Iphigenie.
Es bleibt wohl unbank; Nur die Noth ent-
schuldigt's.
Pylades.
die gültigste Entschuldigung hast du. 1635

C.

Hafen. Lebendig wird Myren und du o heilige,
wendest durch deine unbescholtne Gegenwart den
Segen auf Atreus Haus zurück.

Iphigenie.

Hör' ich dich o Bester; so wendet meine Seele, 5
wie eine Blume der Sonne sich nach wendet,
deinen fröhlichen muthigen Worten sich nach.
O köstliche Gabe ist des Freundes tröstliche Rede,
die der Einsame nicht kennt, denn langsam reist
in seinen Busen verengt Gedank' [110] und Ent- 10
schluß, den die glückliche Gegenwart des Liebenden bald entwickelt. Doch zieht wie schnelle leichte
Wolken über die Sonne, mir noch eine Bänglichkeit vor der Seele vorüber.

Pylades.

Zage nicht. Nur in der Furcht ist die Gefahr. 15

Iphigenie.

Nicht Furcht, ein edler Gefühl macht mir
bange. Den König, der mich gastfreundlich aufnahm, beraub' ich und betrüg' ich. 20

Pylades.

Den beraubst du, der deinen Bruder zu
schlachten gebot.

Iphigenie.

Es ist eben der, und eine Wohlthat wird 25
durch übles Bezeigen nicht ausgelöscht.

[111] Pylades.

Das ist nicht Undank, was die Noth heischt.

Iphigenie.

Es bleibt wohl Undank nur die Noth ent- 30
schuldigt's.

Pylades.

Die gültigste Entschuldigung hast du.

---

10 letzten G. — 13—14 Bänglichkeit G. — 18 edles
W. — 20 und betrüglich. Schreibfehler in O. — 28 er-
heischt GO.

D.

Dann nach Myren, daß es lebendig werde, 1610
Daß von der Asche des verlosch'nen Heerdes
Die Vatergötter fröhlich sich erheben,
Und schönes Feuer ihre Wohnungen
Umleuchte! Deine Hand soll ihnen Weihrauch
Zuerst aus gold'nen Schalen streuen. Du 1615
Bringst über jene Schwelle Heil und Leben wieder,
Entsühnst den Fluch und schmückest neu die Deinen
Mit frischen Lebensblüthen herrlich aus.

Iphigenie.

Vernehm' ich dich, so wendet sich, o Theurer,
Wie sich die Blume nach der Sonne wendet, 1620
[99] Die Seele, von dem Strahle deiner Worte
Getroffen, sich dem süßen Troste nach.
Wie köstlich ist des gegenwärt'gen Freundes
Gewisse Rede, deren Himmelskraft
Ein Einsamer entbehrt und still verfinkt. 1625
Denn langsam reist, verschlossen in dem Busen,
Gedank' ihm und Entschluß; die Gegenwart
Des Liebenden entwickelte sie leicht.

Pylades.

Leb' wohl! Die Freunde will ich nun geschwind
Beruhigen, die sehnlich wartend harren. 1630
Dann komm' ich schnell zurück und lausche hier
Im Felsenbusch versteckt auf deinen Wink. —
Was sinnest du? Auf einmal überschwebt
Ein stiller Trauerzug die freye Stirne.

Iphigenie.

Verzeih! Wie leichte Wolken vor der Sonne, 1635
So zieht mir vor der Seele leichte Sorge
Und Bangigkeit vorüber.

[100] Pylades.

Fürchte nicht!
Betrüglich schloß die Furcht mit der Gefahr
Ein enges Bündniß; beyde sind Gesellen.

Iphigenie.

Die Sorge nenn' ich edel, die mich warnt, 1640
Den König, der mein zweyter Vater ward,
Nicht tückisch zu betrügen, zu berauben.

Pylades.

Der deinen Bruder schlachtet, dem entfliehst du.

Iphigenie.

Es ist derselbe, der mir Gutes that.

Pylades.

Das ist nicht Undank, was die Noth gebeut. 1645

Iphigenie.

Es bleibt wohl Undank; nur die Noth ent-
schuldigt's.

Pylades.

Vor Göttern und vor Menschen dich gewiß.

A.

[62] Iphig.
Vor andern wohl doch mich beruhiget sie
nicht. Ganz unbefleckt ist nur die Seele ruhig.
Pylad.
So hast du sie im Tempel wohl erhalten. 5
Vor Menschen ist das Halb befleckte rein. So
wunderbar ist dieß Geschlecht gebildet und verknüpft, daß weder mit sich selbst noch andern
irgend einer ganz reine Rechnung führen kan.
Auch sind wir nicht bestellt uns selbst zu richten. 10
Zu wandeln und auf seinen Weeg zu sehen ist
der Mensch bestimmt. Denn selten schäzt er was
er gethan hat recht, und was er thut, fast nie.
Iphig.
So thut der wohl, der seine Seele fragt. 15
Pylad.
Wenn sie den nächsten Weeg zur That ihm
zeigt dann hör er sie. Hält sie ihn aber mit
zweifeln und Verdacht, dann geb er andern
festen Rath ein Chr. 20
[63] Iphig.
Fast überredst du mich zu deiner Meynung.
Pylad.
Mich wundert, daß es Ueberredung noch
bedarf. Den Bruder, dich zu retten, ist nur Ein 25
Weeg, fragt sichs ob wir ihn gehn?
Iphig.
Ein kleiner Zauber, hält mich noch zurück.
Das Unrecht das ich meinem Wirth thu.
Pylades. 30
Wenn wir verloren sind, wem ist das Un-
recht? O wäge nicht, besäftge deine Seele. Man
sieht, du bist nicht an Verlust gewohnt, da du
dem großen Uebel zu entgehen ein falsches Wort
nicht einmal opfern willst. 35
Iphig.
O hätt ich doch ein männlich Herz, das
wenn es einen kühnen Vorsaz hegt vor ieder
andern Stimme widrig sich verschließt.
Pylad. 40
Vergebens sträubst du dich gegen die Noth-
wendigkeit, die dir auferlegt, was du zu thun

---

11 seba B. — 29 festem B.

B.

Iphigenie.
vor andern wohl — doch mich
beruhigt sie nicht.
Ganz unbefleckt ist nur die Seele ruhig.
Pylades.
So hast du sie im Tempel wohl erhalten! 1640
Vor Menschen ist das Halbbefleckte rein!
So wunderbar ist dies-Geschlecht gebildet und
verknüpft,
daß weder mit sich selbst noch andern irgend
einer
Ganz reine Rechnung führen kann.
Auch sind wir nicht bestellt, uns selbst zurichten,
Zu wandeln, und auf seinen weg zu sehen 1645
Ist er bestimmt.
Denn selten schäzt er, was er gethan hat recht,
und, was er thut, fast nie!
[93] Iphigenie.
So thut der wohl, der seine Seele frägt!
Pylades.
Wenn Sie den nächsten Weg zur That ihm zeigt, 1650
dann hör' Er sie!
Hält Sie ihn aber mit Zweifeln und Verdacht;
dann geb' Er anderm festem Rath ein Chr!
Iphigenie.
Fast überredst du mich zu deiner Meynung.
Pylades.
Mich wundert, daß es überredung noch bedarf. 1655
Den Bruder, dich zuretten,
Ist nur Ein weg —
Frägt sich's, ob wir ihn gehn?
Iphigenie.
Ein kleiner Zauber hält mich noch zurück.
Das unrecht, das ich meinem Wirthe thu. 1660
Pylades.
Wenn wir verloren sind; wem ist das unrecht?
O wäge nicht! Besäft'ge deine Seele!
Man sieht, du bist nicht an Verlust gewohnt,
da du dem großen übel zuentgehen,
Ein falsches wort nicht einmal opfern willst. 1665
[94] Iphigenie.
O hätt' ich doch ein männlich Herz,
das, wenn es einen kühnen Vorsaz hegt,
vor jeder andern Stimme
widrig sich verschließt.
Pylades.
vergebens sträubst du dich gegen die Noth-
wendigkeit, 1670
die dir auferlegt, was du zu thun hast.

C.

Iphigenie.
Vor andern wohl, doch mich beruhigen sie
nicht. Ganz unbefleckt ist nur die Seele ruhig.
Pylades.
So hast du sie im Tempel wohl bewahrt. 5
Vor Menschen ist das halbbefleckte rein. So
wunderbar ist dies Geschlecht gebildet und ver-
knüpft, daß keiner mit ihm selbst noch andern
sich rein und unverworren halten kann. Auch sind
wir nicht bestellt, uns selbst zu [112] richten. 10
Zu wandeln und auf seinen Weg zu sehen, ist
der Mensch bestimmt. Denn selten schätzt er,
was er gethan hat recht, und was er thut fast nie.
Iphigenie.
So fährt der wohl, der seine Seele fragt. 15
Pylades.
Wenn sie den nächsten Weg zur That ihm
zeigt, dann hör' er sie. Hält sie ihn aber mit
Zweifeln und Verdacht, dann geb er anderm
festem Rath ein Ohr. 20
Iphigenie.
Fast überredst du mich zu deiner Meynung.
Pylades.
Mich wundert, daß es Ueberredung noch
bedarf. Den Bruder, dich zu retten, ist nur 25
[113] Ein Weg, fragt sichs, ob wir ihn gehn?
Iphigenie.
O laß mich zaudern! denn du thätest wohl
ein solches Unrecht keinem Mann gelassen, dem
du für Wohlthat dich verpflichtet hieltest. 30
Pylades.
Wenn wir verlohren find, wem ist das Un-
recht? O möge nicht, bestg'e deine Seele. Man
sieht, du bist nicht an Verlust gewohnt, da du
dem großen Uebel zu entgehen, ein falsches 35
Wort nicht einmal opfern willst.
Iphigenie.
O hätt' ich doch ein männlich Herz, das
wenn es einen kühnen Vorsatz hegt, vor jeder
andern Stimme widrig sich verschließt. 40
[114] **Pylades.**
Vergebens sträubst du dich gegen die Noth-
wendigkeit, die dir auferlegt, was du zu thun

---

11 lebn O. — 18 ihm aber O. — 20 festern GW. —
24 es der O. — 34 gewohnt O. — 35 entgehn OO.

D.

[101] **Iphigenie.**
Allein mein eigen Herz ist nicht befriedigt.
Pylades.
Zu strenge Fordrung ist verborgner Stolz.
Iphigenie.
Ich untersuche nicht, ich fühle nur. 1650
Pylades.
Fühlst du dich recht, so mußt du dich verehren.
Iphigenie.
Ganz unbefleckt genießt sich nur das Herz.
Pylades.
So hast du dich im Tempel wohl bewahrt;
Das Leben lehrt uns, weniger mit uns
Und andern strenge sein; du lernst es auch. 1655
So wunderbar ist dieß Geschlecht gebildet;
So vielfach ist's verschlungen und verknüpft,
Daß keiner in sich selbst, noch mit den andern
Sich rein und unverworren halten kann.
Auch sind wir nicht bestellt uns selbst zu richten; 1660
Zu wandeln und auf seinen Weg zu sehen
[102] Ist eines Menschen erste, nächste Pflicht:
Denn selten schätzt er recht was er gethan,
Und was er thut weiß er fast nie zu schätzen.
Iphigenie.
Fast überred'st du mich zu deiner Meinung. 1665
Pylades.
Brauchts Überredung wo die Wahl versagt ist!
Den Bruder, dich, und einen Freund zu retten
Ist nur Ein Weg; fragt sich's ob wir ihn gehn?
Iphigenie.
O laß mich zaudern! denn du thätest selbst
Ein solches Unrecht keinem Mann gelassen, 1670
Dem du für Wohlthat dich verpflichtet hieltest.
Pylades.
Wenn wir zu Grunde gehen, wartet dein
Ein härt'rer Vorwurf, der Verzweiflung trägt.
Man sieht, du bist nicht an Verlust gewohnt,
Da du dem großen Übel zu entgehen 1675
Ein falsches Wort nicht einmal opfern willst.
[103] **Iphigenie.**
O trüg' ich doch ein männlich Herz in mir,
Das, wenn es einen kühnen Vorsatz hegt,
Vor jeder andern Stimme sich verschließt!
Pylades.
Du weigerst dich umsonst; die eherne Hand 1680
Der Noth gebiethet, und ihr ernster Wink

A.

haß. Weis jedermann zurück aus diesem Hain,
die geheimnißvolle Entsühnung ist ein gültiger
[64] Vorwand. Und fragt irgend einer nach uns,
so kannst du sagen, daß wir im Tempel wohl
verwahrt sind, In den Tiefen des alten Waldes 5
geh ich Oresten halben Weegs entgegen, ob er
irgend mein bedarf. Vorsichtig will ich wiederkehren, und vernehmen was weiter geschehen ist.
Bedenke daß hier außer dir Niemand gebietet,
und brauch's. Du hältst das Schicksaal aller 10
noch in Händen, daß nicht aus Weichlichkeit es
dir entschlüpfe!

Iphigenie allein.

Folgen muß ich ihm, denn der Meinigen
große Gefahr seh' ich vor Augen. Doch will 15
mir's bange werden, über mein eigen Schicksaal.
Vergebens hofft ich stillverwahrt von meiner
Göttin den alten Fluch von unserm Haus ausklingen zu laßen, und durch Gebet und Reinheit
die Olympier zu versöhnen. Kaum wird mir 20
in Armen mein Bruder geheilt, kaum naht ein
Schiff ein lang erflehtes, mich an die Stäte der
lebenden Vater Welt zu leiten, wird mir ein
doppelt Laster von [65] der tauben Noth geboten, Das heilige mir anvertraute Schutzbild 25
dieses Ufers wegzurauben und den König zu
hintergehn. Wenn ich mit Betrug und Raub
beginn, wie will ich Seegen bringen und wo
will ich enden? Ach warum scheint der Unband
mir wie tausend andern nicht ein leichtes un- 30
bedeutendes Vergehn. Es sangen die Parzen ein
grausend Lied, als Tantal fiel vom goldnen

12 entschlüpfe! (ab)

Fünfter Austritt. B.
— 16 unserm B. — 21 Armen ein Bruder B. — 22 erflehtes A.

B.

Weis jedermann zurück aus diesem Hayn —
die geheimnißvolle Entsühnung
Ist ein gültiger Vorwand.
und frägt irgend einer nach uns, 1675
So kannst du sagen:
daß wir im Tempel wohlverwahrt sind,
In den Tiefen des alten Waldes
Geh ich Oresten halben wegs entgegen,
Ob Er irgend mein bedarf. 1680
Vorsichtig will ich wiederkehren,
und vernehmen, was weiter geschehen ist.
Bedenke, daß hier außer dir
Niemand gebietet —
und brauch's! 1685
[95] du hältst das Schicksal aller noch in Händen!
Daß nicht aus Weichlichkeit es dir entschlüpfe!

(Pylades ab)

Iphigenie.

(allein)

Folgen muß ich ihm,
denn der Meinigen große Gefahr
Seh' ich vor Augen! 1690
doch will mir's bange werden
über mein eigen Schicksal.
vergebens hofft' ich stillverwahrt von meiner
Göttinn,
den alten Fluch von unserm Haus
ausklingen zulaßen; 1695
und durch Gebeth und Reinheit
die Olympier zu versöhnen . . .
Kaum wird mir in Armen ein Bruder geheilt,
Kaum naht ein Schiff, ein lang erflehtes,
Mich an die Stätte der lebenden Vaterwelt zu
leiten . . 1700
wird mir ein doppelt Laster
von der tauben Noth geboten —
das heilige, mir anvertraute Schutzbild dieses
ufers
wegzurauben —
und den König zu hintergehn! 1705
[96] wenn ich mit Betrug und Raub beginn,
wie will ich Seegen bringen?
und, wo will ich enden?
Ach! warum scheint der unband mir wie tausend
andern
Nicht ein leichtes, unbedeutendes Vergehn? 1710

Es sangen die Parzen ein grausend Lied;
Als Tantal fiel vom goldnen Stuhl.

1700 Stätte M. — 1705 beginne M. — 1712 goldenen M.

G.

haſt. Weil' jedermann zurück aus dieſem Hain,
die geheimnisvolle Entſühnung iſt ein gültiger
Vorwand. In den Tiefen des alten Waldes
geh' ich Oreſten halben Wegs entgegen, vielleicht
bedarf er mein. Vorſichtig will ich wiederkehren 5
und vernehmen, was weiter geſchehen iſt. Bedenke, daß hier außer dir niemand gebietet und
gebraucht. Du hältſt das Schickſal aller noch in
Händen. Daß nicht aus Weichlichkeit es dir ent-
ſchlüpfe! 10

(ab.)

[115] **Fünfter Auftritt.**
Iphigenie allein.

Folgen muß ich ihm, denn der Meinigen
große Gefahr ſeh' ich vor Augen. Doch will 15
mirs bange werden, über mein eigen Schickſal.
Vergebens hofft ich ſtill verwahrt bey meiner
Göttin den alten Fluch über unſer Haus ver-
klingen zu laſſen, und durch Gebet und Reinheit
die Olympier zu verſühnen. Kaum wird mir in 20
Armen ein Bruder geheilt, kaum naht ein Schiff
ein lang erſtehtes, mich an die Stäte der lebenden Vater-Welt zu leiten, wird mir ein doppelt
Laſter von der tauben Noth geboten. Das heilige
mir anvertraute Schutzbild dieſes Ufers wegzu- 25
rauben, und den König zu hintergehn. Wenn ich
mit Betrug und Raub beginne, wie will ich
Seegen [116] bringen, und wo will ich enden?
Ach warum ſcheint der Unfall mir, wie tauſend
andern nicht ein leichtes unbedeutendes Vergehn! 30
Es ſangen die Parzen ein grauſend Lied, als
Tantal fiel vom goldnen Stuhl, die Alten litten

---

2 Entſühnung W. — 11 fehlt GOW. — 20 verſöhnen
G. — 23 Auch W lieſt: Vaterwelt und nicht, wie
Düntzer 128, 29 angiebt Vaterland. — 28 dem O.

Goethes Iphigenie.

D.

Iſt oberſtes Geſetz, dem Götter ſelbſt
Sich unterwerfen müſſen. Schweigend herrſcht
Des ew'gen Schickſals unberathne Schweſter.
Was ſie dir auferlegt, das trage; thu' 1685
Was ſie gebeut. Das andre weißt du. Bald
Komm' ich zurück, aus deiner heil'gen Hand
Der Rettung ſchönes Siegel zu empfangen.

[104] **Fünfter Auftritt.**
Iphigenie.

Ich muß ihm folgen; denn die Meinigen
Seh' ich in dringender Gefahr. Doch ach! 1690
Mein eigen Schickſal macht mir bang' und bänger.
O ſoll ich nicht die ſtille Hoffnung retten,
Die in der Einſamkeit ich ſchön genährt?
Soll dieſer Fluch denn ewig walten? Soll
Nie dieß Geſchlecht mit einem neuen Segen 1695
Sich wieder heben? — Nimmt doch alles ab!
Das beſte Glück, des Lebens ſchönſte Kraft
Ermattet endlich! Warum nicht der Fluch?
So hofft' ich denn vergebens, hier verwahrt,
Von meines Hauſes Schickſal abgeſchieden, 1700
Dereinſt mit reiner Hand und reinem Herzen
Die ſchwer befleckte Wohnung zu entſühnen.
Kaum wird in meinen Armen mir ein Bruder
Vom grimm'gen Übel wundervoll und ſchnell
Geheilt; kaum naht ein lang' erſlehtes Schiff 1705
Mich in den Port der Vaterwelt zu leiten:
[105] So legt die taube Noth ein doppelt Laſter
Mit ehrner Hand mir auf; das heilige,
Mir anvertraute, viel verehrte Bild
Zu rauben und den Mann zu hintergehn, 1710
Dem ich mein Leben und mein Schickſal danke.
O daß in meinem Buſen nicht zuletzt
Ein Widerwillen keime! der Titanen,
Der alten Götter tiefer Haß auf euch,
Olympier, nicht auch die zarte Bruſt 1715
Mit Geierklauen faſſe! Rettet mich,
Und rettet euer Bild in meiner Seele!

Vor meinen Ohren tönt das alte Lied —
Vergeſſen hatt' ich's und vergaß es gern —
Das Lied der Parzen, das ſie grauſend ſangen, 1720
Als Tantalus vom goldnen Stuhle fiel:

A.

Stuhl, die Alten litten mit ihrem Freund. Ich
hört es oft! In meiner Jugend sangs eine
Amme uns Kindern vor. Es fürchte die Götter
das Menschen-Geschlecht, sie haben Macht, und
brauchen sie, wies ihnen gefällt, der fürchte sie 5
mehr den sie erheben, auf schroffen Klippen stehn
ihre Stühle um den goldnen Tisch. Erhebt sich
ein Zwist so stürzt der Gast unwiederbringlich
ins Reich der Nacht, und ohne Gericht liegt er
gebunden in der Finsternis. Sie aber lassen sichs 10
ewig wohlseyn am goldnen Tisch. Von Berg zu
Bergen schreiten sie weg und aus der Tiefe
dampft ihnen des Riesen erstickter Mund gleich
andern Opfern ein leichter Rauch. [66] Von
ganzen Geschlechtern wenden sie weg ihr seegnend 15
Aug und hassen im Enkel die ehmals geliebten
und nun verworfnen Züge des Anherrn. So
sangen die Alten und Tantal horcht in seiner
Höle, denkt seine Kinder und seine Enkel und
schüttelt das Haupt. 20

B.

die Alten litten mit ihrem Freund.
Ich hört' es oft! Ich hört' es oft..
In meiner Jugend sangs eine Amme uns
     Kindern vor: 1715

Es fürchte die Götter
Das Menschengeschlecht!
Sie haben Macht —
und brauchen sie, wie's ihnen gefällt.
der fürchte sie mehr,   1720
den sie erheben!
Auf schroffen Klippen
Stehn ihre Stühl' um den goldenen Tisch!
Erhebt sich ein Zwist,
So stürzt der Gast   1725
[97] unwiederbringlich ins Reich der Nacht..
und ohne Gericht liegt er gebunden
In der Finsternis.
Sie aber lassen sich's ewig wohl seyn
Am goldenen Tisch!   1730
von Berg zu Bergen schreiten sie weg,
und aus der Tiefe
dampft Ihnen
Des Riesen erstickter Mund
Gleich andern Opfern ein leichter Rauch.   1735
Von ganzen Geschlechtern
wenden sie weg
Ihr seegnend Aug,
und hassen im Enkel
Die ehmals geliebten   1740
und nun verworfnen Züge des Anherrn.

So sangen die Alten;
und Tantal horcht in seiner Höhle,
denkt seine Kinder und seine Enkel,
und schüttelt das Haupt.   1745

Ende des vierten Akts.

1720 fürchte sie sehr M. — 1723 goldnen M. — 1730
goldnen M.

C.

mit ihrem Freund. Ich hört es oft! In meiner
Jugend sang's eine Amme uns Kindern vor.
 „Es fürchte die Götter das Menschengeschlecht!
sie haben Macht, und brauchen sie, wie's ihnen
gefällt; der fürchte sie mehr, den sie erheben! 5
Auf schroffen Klippen stehn ihre Stühle um
den goldnen Tisch. Erhebt sich ein Zwist, so
stürzt der Gast unwiderbringlich in's Reich der
Nacht, und ohne Gericht liegt er gebunden in
der Finsterniß. Sie aber lassen sich's ewig wohl 10
seyn am goldnen Tisch. Von Berg zu Ber-[117]
gen schreiten sie weg, und aus der Tiefe dampft
ihnen des Riesen erstickter Mund, gleich andern
Opfern ein leichter Rauch. Von ganzen Geschlechtern wenden sie weg ihr segnend Aug' 15
und hassen im Enkel die ehmals geliebten und
nun verworfnen Züge des Anherrn."

 So sangen die Alten und Tantal horcht in
seiner Höle, denkt seine Kinder und seine Enkel
und schüttelt das Haupt.   20

---

7 goldnen GO. — 19 seiner Kinder und seiner Enkel
G.

D.

Sie litten mit dem edlen Freunde; grimmig
War ihre Brust, und furchtbar ihr Gesang.
In unsrer Jugend sang's die Amme mir
Und den Geschwistern vor, ich merkt' es wohl. 1725

 [106] Es fürchte die Götter
Das Menschengeschlecht!
Sie halten die Herrschaft
In ewigen Händen,
Und können sie brauchen   1730
Wie's ihnen gefällt.

 Der fürchte sie doppelt
Den je sie erheben!
Auf Klippen und Wolken
Sind Stühle bereitet   1735
Um goldene Tische.

 Erhebet ein Zwist sich:
So stürzen die Gäste
Geschmäht und geschändet
In nächtliche Tiefen,   1740
Und harren vergebens,
Im Finstern gebunden,
Gerechten Gerichtes.

 [107] Sie aber, sie bleiben
In ewigen Festen   1745
An goldenen Tischen.
Sie schreiten vom Berge
Zu Bergen hinüber:
Aus Schlünden der Tiefe
Dampft ihnen der Athem   1750
Erstickter Titanen,
Gleich Opfergerüchen,
Ein leichtes Gewölke.

 Es wenden die Herrscher
Ihr segnendes Auge   1755
Von ganzen Geschlechtern,
Und meiden, im Enkel
Die eh'mals geliebten,
Still redenden Züge
Des Ahnherrn zu sehn.   1760

 [108] So sangen die Parcen;
Es horcht der Verbannte,
In nächtlichen Höhlen
Der Alte die Lieder,
Denkt Kinder und Enkel   1765
Und schüttelt das Haupt.

A.

[67] Fünfter Akt.

Erster Auftritt.

Arkas. Thoas.
Arkas.

Verwirrt gesteh ich o Herr daß ich meinem 5
Verdacht keine Richtung zu geben weiß, ob diese
Gefangnen auf ihre Flucht heimlich sinnen, oder
ob die Priesterin ihnen Vorschub thut. Es geht
ein Gerücht, man habe am Ufer Gewafnete gesehn, und der Wahnsinn des Menschen, die Weihe 10
und der Aufschub, sind verschiedentlich auszulegen
nachdem man argwöhnt streng oder gelind.

Thoas.

Ruf mir die Priesterin herbey! dann geh
und durchsuche sorgfältig das Ufer wo es an 15
den Hayn gränzt. Schont seine heilige Tiefen,
aber in Hinterhalt ums Vorgebürg legt bewährte
Männer, und faßt sie, wie ihr pflegt.

(Arkas ab)

[68] Zweyter Auftritt. 20

Thoas allein.

Entsetzlich wechselt mir der Grimm im Busen,
erst gegen sie die ich so heilig hielt, dann gegen
mich der ich sie zum Verrath durch meine Güte
bildete. Zur Sklaverey gewöhnt der Mensch sich 25
gut, und lernt gar leicht gehorchen wenn man
ihn der Freyheit ganz beraubt. Sie wäre froh
gewesen, wenn sie für ihr eigen Schicksal gedankt, wenn sie in meiner Vorfahren rauhe
Hände gefallen wäre, und hätte sich gar gern 30
mit fremden Blut zum Leben jährlich wieder
aufgewaschen. Güte lockt jeden verwegnen Wunsch

---

17 Vorgebirg B. — 30 gar fehlt B.

B.

[98] Fünfter Akt.

1.

Arkas. Thoas.
Arkas.

Verwirrt gesteh' ich — o Herr, daß ich
Meinem Verdachte keine Richtung zugeben weiß —
Ob diese Gefangnen auf ihre Flucht heimlich
sinnen —
Oder, ob die Priesterinn ihnen Vorschub thut?
Es gehet ein Gerücht · man hab' am ufer 1750
Gewaffnete gesehn —
und der Wahnsinn des Menschen —
die Weyhe und der Aufschub —
Sind verschiedentlich auszulegen . .
Nachdem man argwöhnt — streng oder gelind. 1755
Thoas.

Ruf mir die Priesterinn herbey!
Dann geh' und durchsuche sorgfältig
das ufer, wo es an den Hayn gränzt.
Schont seine heilige Tiefen —
Aber in dem Hinterhalt um's Vorgebürg' 1760
Legt bewährte Männer, u: faßt sie, wie Ihr
pflegt.

(Arkas ab)

2.

[99] **Thoas allein.**

Entsetzlich wechselt mir der Grimm im Busen;
Erst gegen Sie, die ich so heilig hielt —
dann gegen mich, der ich Sie zum Verrath
durch meine Güte bildete. 1765
Zur Sklaverey gewöhnt der Mensch sich gut —
und lernt gar leicht gehorchen, wenn man ihn
Der Freyheit ganz beraubt.
Sie wäre froh gewesen und hätte sich
Gar gern mit fremdem Blut 1770
Zum Leben jährlich wieder aufgewaschen.
Ja! Güte lockt jeden verwegnen Wunsch herauf!

C.

[118] **Fünfter Akt.**

Erster Auftritt.
Arkas. Thoas.
Arkas.

Verwirrt gesteh ich o Herr, daß ich meinem
Verdacht keine Richtung zu geben weiß, ob diese
Gefangnen auf ihre Flucht heimlich sinnen, oder
ob die Priesterinn ihnen Vorschub thut? Es
geht ein Gerücht: man habe am Ufer Gewaffnete
gesehn, und der Wahnsinn des Menschen, die
Weihe und der Aufschub, sind verschiedentlich
auszulegen, nachdem man argwöhnt, streng' oder
gelind.

Thoas.

Ruf' mir die Priesterinn herbey! dann geh'
[119] und durchsuche sorgfältig das Ufer wo es
an den Hain gränzt. Schont seine heilige Tiefen,
aber in Hinterhalt ums Vorgebürg' legt bewährte Männer, und faßt sie, wie ihr pflegt.

(Arkas ab.)

Zweiter Auftritt.
Thoas allein.

Entsetzlich wechselt mir der Grimm im Busen,
erst gegen sie, die ich so heilig hielt, dann gegen
mich der ich sie zum Verrath durch meine Güte
bildete. Zur Sclaverey gewöhnt der Mensch sich
gut, und lernt gar leicht gehorchen, wenn man
ihn der Freyheit ganz beraubt. Ja wäre sie in
meiner Vorfahren rohe Hände gefallen; sie wäre
froh gewesen, und hätte für ihr eigen Schicksal
gedankt, und hätte sich gar gern mit [120]
fremden Blut zum Leben jährlich wieder aufgewaschen. Güte lockt jeden verwegnen Wunsch

---

14 **Thoas allein** O. — 17 **heiligen** GO. — 19 **Vorgebirge** GO; **Vorgebirg'** W. — 22 **fremdem** GW.

D.

[109] **Fünfter Aufzug.**

Erster Auftritt.
Thoas. Arkas.
Arkas.

Verwirrt muß ich gestehn daß ich nicht weiß,
Wohin ich meinen Argwohn richten soll.
Sind's die Gefang'nen, die auf ihre Flucht
Verstohlen sinnen? Ist's die Priesterinn, 1770
Die ihnen hilft? Es mehrt sich das Gerücht:
Das Schiff, das diese beyden hergebracht,
Sey irgend noch in einer Bucht versteckt.
Und jenes Mannes Wahnsinn, diese Weihe,
Der heil'ge Vorwand dieser Zög'rung, rufen 1775
Den Argwohn lauter und die Vorsicht auf.

[110] **Thoas.**

Es komme schnell die Priesterinn herbey!
Dann geht, durchsucht das Ufer scharf und schnell
Vom Vorgebirge bis zum Hain der Göttinn.
Verschonet seine heil'gen Tiefen, legt 1780
Bedächt'gen Hinterhalt und greift sie an;
Wo ihr sie findet, faßt sie wie ihr pflegt.

Zweyter Auftritt.
Thoas allein.

Entsetzlich wechselt mir der Grimm im Busen;
Erst gegen sie, die ich so heilig hielt;
Dann gegen mich, der ich sie zum Verrath 1785
Durch Nachsicht und durch Güte bildete.
Zur Sklaverey gewöhnt der Mensch sich gut
Und lernet leicht gehorchen, wenn man ihn
Der Freyheit ganz beraubt. Ja, wäre sie
In meiner Ahnherrn rohe Hand gefallen, 1790
Und hätte sie der heil'ge Grimm verschont:
[111] Sie wäre froh gewesen, sich allein
Zu retten, hätte dankbar ihr Geschick
Erkannt und fremdes Blut vor dem Altar
Vergossen, hätte Pflicht genannt 1795
Was Noth war. Nun lockt meine Güte
In ihrer Brust verweg'nen Wunsch herauf.

A.

heraus! vergebens daß du Menschen durch sie dir
zu verbinden hofft, ein ieder sinnt sich nur ein
eigen Schicksal aus, zur Schmeicheley verwöhnt
man sie, und widersteht man der zuletzt so suchen
sie den Weeg durch List und Trug. Verjährte 5
Güte gibt ein Recht und Niemand glaubt, daß
er dafür zu danken hat.

---

[69] Dritter Auftritt.
Iphigenie. Toas.
Iphigenie. 10
Du foderst mich! was bringt dich zu uns her?
Toas.
Des Opfers Aufschub ist wichtig genug, daß
ich dich selbst darum befrage.
Iphig. 15
Ich habe an Arkas alles klar erzehlt.
Toas.
Von dir möcht ich es weiter noch vernehmen.
Iphig.
Was hab ich mehr zu sagen als daß die 20
Göttin dir Frist gibt zu bedenken was du thust.
Toas.
Sie scheint dir selbst gelegen diese Frist.
Iphig.
Wenn du mit festem grausamen Entschluß 25
die Seele verhärtet hast. So solltest du nicht
kommen! Ein König der das unmenschliche ver-
[70]langt, findt Diener gnug, die gegen Gnad
und Lohn, den halben Fluch der That mit giergen
Händen fassen. Doch seine Gegenwart bleibt un- 30
befleckt, er sinnt den Tod wie eine schwere Wolke,
und seine Diener bringen flammend Verderben
auf des Armen Haupt, er aber schwebt durch
seine Höhe im Sturme fort.
Toas. 35
Wie ist die sanfte heilige Harfe umgestimmt.
Iphigenie.
Nicht Priesterin! Nur Agamemnons Tochter.
Du ehrtest die unbekannte, und der Fürstinn
willst du rasch gebieten. Von Jugend auf hab 40

---

28 genug B. — 32 seine B. — 34 Höhen B.

B.

Vergebens, daß du Menschen
durch sie dir zu verbinden hoffst!
Ein Jeder sinnt sich nur ein eigen Schicksal aus — 1775
Zur Schmeicheley verwöhnt man sie;
und widersteht man der zuletzt —
So suchen sie den Weg durch List und Trug.
Verjährte Güte giebt ein Recht
und niemand glaubt, daß er 1780
Dafür zudanken hat.

---

[100] 3.
Iphigenie. Thoas.
Iphigenie.
Du foderst mich .. was bringt dich zu uns her?
Thoas.
Des Opfers Aufschub ist wichtig genug,
daß ich dich selbst darum befrage.
Iphigenie.
Ich hab' an Arkas alles klar erzählt. 1785
Thoas.
Von dir mögt' ich es weiter noch vernehmen.
Iphigenie.
was hab' ich mehr zusagen, als — daß die
                Göttinn
dir Frist giebt zu bedenken, was du thust.
Thoas.
Sie scheint dir selbst gelegen, diese Frist?
Iphigenie.
wenn du mit festem, grausamen Entschluß 1790
die Seele verhärtet hast —
So solltest du nicht kommen.
[101] Ein König der das unmenschliche ver-
                langt,
Findt Diener genug, die gern um Gnad und Lohn
Den halben Fluch der That mit gier'gen Händen
                fassen. 1795
Doch seine Gegenwart bleibt unbefleckt.
Er sinnt den Tod, wie eine schweere Wolke
und seine Diener bringen flammendes Verderben
Auf des Armen Haupt. Er aber schwebt
durch seine Höh' im Sturme fort. 1800
Thoas.
Wie ist die sanfte heil'ge Harfe umgestimmt!
Iphigenie.
Nicht Priesterinn. Nur Agamemnons Tochter.
Du ehrtest die unbekannte —
Der Fürstinn willst du rasch gebieten?
Von Jugend auf hab' ich gelernt gehorchen; 1805

C.

heraus! Vergebens daß du Menschen durch sie
dir zu verbinden hofft; ein jeder sinnt sich nur
ein eigen Schicksal aus. Zur Schmeicheley verwöhnt man sie, und widersteht man der zuletzt,
so suchen sie den Weg durch List und Trug. 5
Verjährte Güte giebt ein Recht und niemand
glaubt, daß er dafür zu danken hat.

Dritter Auftritt.
Iphigenie. Thoas.
Iphigenie.
Du foderst mich! was bringt dich zu uns her? 10
[121] Thoas.
Des Opfers Aufschub ist wichtig genug, daß
ich dich selbst darum befrage.
Iphigenie.
Ich hab' an Arkas alles klar erzählt. 15
Thoas.
Von dir möcht' ich es weiter noch vernehmen.
Iphigenie.
Was hab' ich mehr zu sagen, als daß die 20
Göttin dir Frist giebt, zu bedenken, was du thust.
Thoas.
Sie scheint dir selbst gelegen diese Frist.
Iphigenie.
Wenn du mit festem grausamen Entschluß 25
die Seele verhärtet hast, so solltest du nicht
kommen! Ein König der das unmenschliche ver-
langt, [122] find't Diener genug, die gegen
Gnad' und Lohn, den halben Fluch der That
mit gier'gen Händen fassen. Doch seine Gegen- 30
wart bleibt unbefleckt, er sinnt den Tod wie
eine schwere Wolke, und seine Diener bringen
flammend Verderben auf des Armen Haupt, er
aber schwebt durch seine Höhen im Sturme fort.
Thoas. 35
Wie ist die sanfte heilige Harfe ungestimmt.
Iphigenie.
Nicht Priesterinn! Nur Agamemnons Tochter.
Du ehrtest die Unbekannte, und der Fürstinn
willst du rasch gebieten? Von Jugend auf hab' 40

D.

Vergebens hofft' ich, sie mir zu verbinden;
Sie sinnt sich nun ein eigen Schicksal aus.
Durch Schmeicheley gewann sie mir das Herz; 1800
Nun widersteh' ich der; so sucht sie sich
Den Weg durch List und Trug, und meine Güte
Scheint ihr ein alt verjähres Eigenthum.

Dritter Auftritt.
Iphigenie. Thoas.
Iphigenie.
Du foderst mich! was bringt dich zu uns her?
Thoas.
Du schiebst das Opfer auf; sag' an, warum? 1805
[112] Iphigenie.
Ich hab' an Arkas alles klar erzählt.
Thoas.
Von dir möcht' ich es weiter noch vernehmen.
Iphigenie.
Die Göttinn gibt dir Frist zur Überlegung.
Thoas.
Sie scheint dir selbst gelegen, diese Frist.
Iphigenie.
Wenn dir das Herz zum grausamen Entschluß 1810
Verhärtet ist; so solltest du nicht kommen!
Ein König, der Unmenschliches verlangt,
Find't Diener g'nug, die gegen Gnad' und Lohn
Den halben Fluch der That begierig lassen;
Doch seine Gegenwart bleibt unbefleckt. 1815
Er sinnt den Tod in einer schweren Wolke,
Und seine Boten bringen flammendes
Verderben auf des Armen Haupt hinab;
Er aber schwebt durch seine Höhen ruhig,
Ein unerreichter Gott, im Sturme fort. 1820
[113] Thoas.
Die heil'ge Lippe tönt ein wildes Lied.
Iphigenie.
Nicht Priesterinn! nur Agamemnons Tochter.
Der Unbekannten Wort verehrtest du,
Der Fürstinn willst du rasch gebieten? Nein!
Von Jugend auf hab' ich gelernt gehorchen, 1825

---

11 foderst G. — 30 gier'gen G. — 34 Höhn O. —
36 heil'ge G. — 38 Tochter O. — 40 auf fehlt W.

A.

ich gelernt gehorchen, erſt meinen Eltern und
dann einer Gottheit und dieſe Folgſamkeit iſt
einer Seele ſchönſte Freyheit, allein dem Ausſpruch eines rauhen Mannes bin ich mich zu
fügen nicht gewohnt. 5

[71] Toas.
Nicht ich, ein alt Geſez gebietet dieſes Opfer.
Iphigenie.
Jed Geſez iſt uns willkommen, wenns unſrer
Leidenſchaft zur Waffe dient. Mir gebietet ein 10
ander Geſez ein älters mich dir zu widerſezen,
das Geſez dem ieder Fremder heilig iſt.
Toas.
Es ſcheinen die Gefangen dir beſonders an-
gelegen, denn du vergißt, daß man den mächtigen 15
nicht reizen ſoll.
Iphig.
Ob ich rede oder ſchweige, kannſt du doch
wißen was ich denke. Ich die ich ſelbſt vorm
Altare zitternd kniete, als Calchas in ſeiner Hand 20
das heilige Meßer zuckte und vorm unzeitigen
Tod mein Eingeweide wirbelnd ſich entſezte ich
eben dieſer Göttin zum Opfer beſtimmt, da dieſe
Fremden hingerichtet werden ſollen, von ihr ge-
rettet, ſoll ich nicht alles thun ſie auch zu retten? 25
Du weißt es und du willſt mich zwingen?

[72] Toas.
Du haſt dem König nicht, nur deinem Dienſte
zu gehorchen.
Iphig. 30
Laß ab! beſchöne nicht die Gewalt womit
du ein wehrloſes Weib zu zwingen denkſt. Ich
bin ſo frey als einer von euch! Ha ſtünde hier
Agamemnons Sohn hier gegenüber und du verlangteſt, was ſich nicht gebührt, ſo hat auch er 35
ein Schwerdt, und kan die Rechte ſeines Buſens
vertheidigen, ich habe nichts als Worte, und es
iſt edel, doch einer Frauen Wort zu achten.
Toas.
Ich achte ſie mehr als des Bruders Schwerdt. 40

B.

Erſt meinen Aeltern — dann einer Gottheit.
und dieſe Folgſamkeit iſt meiner Seele
Schönſte Freyheit —
Allein dem Ausſpruch eines rauhen Mannes
Bin Ich zufügen mich nicht gewohnt. 1810
[102] Thoas.
Nicht ich, ein alt Geſez gebietet dieſes Opfer.
Iphigenie.
Ein jegliches Geſez iſt uns willkommen,
wenn's unſ'rer Leidenſchaft zur Waffe dient. —
Mir gebietet ein ander Geſez ein älteres
Mich dir zu widerſetzen — das Geſetz, 1815
Dem jeder Fremde heilig iſt.
Thoas.
Es ſcheinen die Gefangnen dir beſonders an-
gelegen,
denn du vergißeſt,
Daß man den Mächtigen nicht reizen ſoll.
Iphigenie.
Ob ich red' oder ſchweige kannſt du wißen, was
ich denke! 1820
Ich, die ich ſelbſt vor'm Altar zitternd kniete —
Als Calchas Hand das heil'ge Meßer zückte
und vorm unzeit'gen Tod mein Eingeweide
wirbelnd ſich entſetzte —
Ich eben dieſer Göttinn beſtimmt — 1825
der dieſe Fremden hingerichtet werden ſollen —
von Ihr gerettet —
Soll ich nicht alles thun, ſie auch zu retten?
[103] Du weißt es, und du willſt mich zwingen?
Thoas.
du haſt dem König nicht; 1830
Nur deinem Dienſte zu gehorchen.
Iphigenie.
Laß ab! Beſchöne nicht die Gewalt, womit du
Ein wehrloſes weib zu zwingen denkſt!
Ich bin ſo frey, als Euer Einer!
Ha! ſtünde hier — Agamemnons Sohn 1835
Dir gegenüber!
und du verlangteſt, was ſich nicht gebührt —?
So hat auch Er ein Schwerdt, und kann
die Rechte ſeines Buſens vertheidigen.
Ich habe nichts, als worte. 1840
und es iſt edel — doch einer Frauen wort zu
achten.
Thoas.
Ich achte ſie mehr, als des Bruders Schwert.

---

12 Fremde B, in A iſt das letzte r ſpäter einge-
fügt. — 20 Altar B. — 23 beſtimmt, der dieſe B. — 34
Sohn dir gegenüber B.

C.

ich gelernt gehorchen, erst meinen Eltern und
dann einer Gottheit, und diese Folgsamkeit ist
einer Seele schönste Freyheit; allein [123] dem
Ausspruch eines rauhen Mannes bin ich mich
zu fügen nicht gewohnt.

Thoas.
Nicht ich, ein alt Gesetz gebietet dieses Opfer.

Iphigenie.
Wir fassen ieb' Gesetz begierig an, das unsrer
Leidenschaft zur Waffe dient. Mir gebietet ein 10
ander Gesetz, ein älteres, mich dir zu widersetzen,
das Gesetz, dem ieder Fremde heilig ist.

Thoas.
Es scheinen die Gefangnen dir besonders an-
gelegen, denn du vergißt, daß man den Mäch- 15
tigen nicht reizen soll.

Iphigenie.
Ob ich rede oder schweige, kannst du doch
wissen [124] was ich denke. Löst die Erinnerung des gleichen Schicksals nicht ein verschloßen 20
Herz zum Mitleid auf? wie mehr denn meins!
In ihnen seh' ich mich. Ich habe vor'm Altare
selbst gezittert, des Todes Feierlichkeit umgab
die Kniende. Schon zuckte das Messer, den lebe-
vollen Busen zu durchbohren, mein Innerstes 25
entsetzte wirbelnd sich, mein Auge brach, und
ich fand mich gerettet. Sind wir, was uns die
Götter gnädig gewähri, Unglücklichen nicht zu
erstatten schuldig? Du weißt es, kennst mich,
und du willst mich zwingen? 30

Thoas.
Gehorche deinem Dienste, nicht dem König!

Iphigenie.
Laß ab! beschöne nicht die Gewalt womit
[125] du ein wehrloses Weib zu zwingen denkst. 35
Ich bin so frey als einer von euch! Ha stände
hier Agamemnons Sohn dir gegen über und
du verlangtest, was sich nicht gebührt, so hat
auch er ein Schwerdt und die Rechte seines
Busens vertheidigen; ich habe nichts als Worte, 40
und es ist edel, hoch einer Frauen Wort zu achten.

Thoas.
Ich achte sie mehr als des Bruders Schwerdt.

D.

Erst meinen Eltern und dann einer Gottheit,
Und folgsam fühlt' ich immer meine Seele
Am schönsten frey; allein dem harten Worte,
Dem rauhen Ausspruch eines Mannes mich
Zu fügen, lernt' ich weder dort noch hier. 1830

Thoas.
Ein alt Gesetz, nicht ich, gebiethet dir.

Iphigenie.
Wir fassen ein Gesetz begierig an,
Das unsrer Leidenschaft zur Waffe dient.
Ein andres spricht zu mir, ein älteres,
Mich dir zu widersetzen, das Geboth, 1835
Dem jeder Fremde heilig ist.

[114] **Thoas.**
Es scheinen die Gefangnen dir sehr nah
Am Herzen: denn für Antheil und Bewegung
Vergissest du der Klugheit erstes Wort,
Daß man den Mächtigen nicht reizen soll. 1840

Iphigenie.
Red' oder schweig'; immer kannst du wissen,
Was mir im Herzen ist und immer bleibt.
Lös't die Erinnerung des gleichen Schicksals
Nicht ein verschlossnes Herz zum Mitleid auf?
Wie mehr denn meins! In ihnen seh' ich mich. 1845
Ich habe vorm Altare selbst gezittert,
Und feierlich umgab der frühe Tod
Die Kniende; das Messer zuckte schon
Den lebensvollen Busen zu durchbohren;
Mein Innerstes entsetzte wirbelnd sich, 1850
Mein Auge brach, und — ich fand mich gerettet.
Sind wir, was Götter gnädig uns gewährt,
Unglücklichen nicht zu erstatten schuldig?
Du weißt es, kennst mich, und du willst mich
zwingen!

[115] **Thoas.**
Gehorche deinem Dienste, nicht dem Herrn. 1855

Iphigenie.
Laß ab! beschönige nicht die Gewalt,
Die sich der Schwachheit eines Weibes freut.
Ich bin so frey geboren als ein Mann.
Stünd' Agamemnons Sohn dir gegenüber,
Und du verlangtest was sich nicht gebührt: 1860
So hat auch Er ein Schwert und einen Arm,
Die Rechte seines Busens zu vertheid'gen.
Ich habe nichts als Worte, und es ziemt
Dem edlen Mann, der Frauen Wort zu achten.

Thoas.
Ich acht' es mehr als eines Bruders Schwert. 1865

---

3 meiner Seele C. — 22 Altar O.

Goethes Iphigenie.

A.

Iphig.
Stets ist's zweydeutig wie das Loos der
Waffen fällt. Doch ohne Hülse gegen euren Trug
und Härte hat die Natur uns nicht gelassen. Sie
hat dem Schwachen List und eine Menge von   5
Künsten gegeben, auszuweichen, zu verspäten,
umzugehn, und der Gewaltige verdient daß man
sie gegen ihn braucht.
      Thoas.
  Wache Vorsicht vereitelt wohl die List.   10
[73] **Iphig.**
Und eine reine Seele gebraucht sie nicht, ich
hab sie nie, ich werd sie nie gebrauchen.
      Thoas.
Versprich nicht mehr als du zu halten denkst. 15
      Iphig.
Könntest du sehen, wie meine Seele durch-
einander kämpft ein bös Geschwür das sie ergreifen will im ersten Ansatz muthig abzutreiben.
So steh' ich dann hier wehrlos gegen dich, denn   20
die schöne Bitte ein anmuthiger Zweig in einer
Frauen Hand gegeben statt des Schwerdts ist
auch von dir unlustig weggewiesen. Was bleibt
mir nun die Rechte meiner Freyheit zu ver-
theidg'en? Soll ich die Göttin um ein Wunder   25
rufen! Ist in den Tiefen meiner Seele keine
Kraft mehr!
      Thoas.
Du scheinst mir wegen der Fremden übermäßig besorgt, wer sind sie? denn nicht gemeines   30
Verlangen sie zu retten schwingt deine Seele.
      Iphig.
Sie sind — sie scheinen — für Griechen
muß ich sie halten.
[74] **Toas.**   35
Landsleute! Du wünschest deine Rückkehr
wohl mit ihrer?
      Iphig.
Haben denn die Männer allein das Recht
unerhörte Thaten zu thun und an gewaltige   40
Brust das unmögliche zu drücken. Was nennt
man groß? Was hebt die Seele schaudernd dem

———

2—3 Das Loos der Waffen wechselt hin und her. Doch
B. — 5—6 gab dem . . . . Künsten bald auszuweichen B.
— 8 sie abt. B. — 12—13 Seele bedarf nicht ihrer, ich hab
sie nicht gebraucht, ich werd' es nie. B. — 24—25 vertheidi-
tigen B. — 39 die fehlt B.

B.

Iphigenie.
Stets ist's zweydeutig, wie das Loos der Waffen
  fällt —
doch ohne Hülse gegen Euren Trug und Härte
Hat die Natur uns nicht gelassen —   1845
Sie hat dem Schwachen List und eine Menge
[104] von Künsten zugesellet —
auszuweichen, zuverspäten, umzugeh'n,
und der Gewaltige verdient,
Daß man sie gegen ihn braucht.   1850
      Thoas.
Wache Vorsicht vereitelt wohl die List.
      Iphigenie.
und eine reine Seele gebraucht sie nicht.
Ich habe sie nie gebraucht — Ich werde
Sie nie gebrauchen.
      Thoa .
Versprich nicht mehr, als du zu halten denkst.   1855
      Iphigenie.
O könntest du seh'n,
wie meine Seele durch einander kämpft —
Ein böß Geschwür, das sie ergreifen will,
Im ersten Ansatz muthig abzutreiben.
So steh' ich denn hier wehrlos gegen dich!   1860
Denn die schöne Bitte — ein anmuthiger Zweig
In einer Frauen Hand gegeben, statt des Schwerts
Ist auch von dir unlustig weggewiesen . .
was bleibt mir, um die Rechte
Meiner Freyheit zu vertheidigen?   1865
[105] Soll ich die Götter um ein wunder rufen?
Ist in den Tiefen meiner Seele keine Kraft mehr?
      Thoas.
Du scheinst mir der Fremden wegen übermäßig
Besorgt — wer sind sie?
denn nicht gemeines Verlangen, sie zuretten   1870
Schwingt deine Seele!
      Iphigenie.
Sie sind.   — . . . sie scheinen . . .
Für Griechen muß ich sie halten.
      Thoas.
Landsleuthe . . . du wünschest deine Rückkehr wol
Mit Ihrer?   1875
      Iphigenie.
Haben denn die Männer allein das Recht
unerhörte Thaten zu thun?
und an gewaltige Brust
Das unmögliche zudrücken?
Was nennt man groß?   1880
was hebt die Seele schaudernd dem Erzähler?

C.

Iphigenie.
Das Loos der Waffen wechselt hin und her.
Doch ohne Hülfe gegen eurem Trutz und Härte
hat die Natur uns nicht gelassen. Sie gab dem
schwachen List und eine Menge von Künsten,   5
bald auszuweichen, zu verspäten, umzugehn, und
der Gewaltige verdient, daß man sie übt.
[120] **Thoas.**
Wache Vorsicht vereitelt wohl die List.
Iphigenie.   10
Und eine reine Seele bedarf nicht ihrer, ich
hab' sie nicht gebraucht und werd es nie.
Thoas.
Versprich nicht mehr, als du zu halten denkst.
Iphigenie.   15
Könntest du sehen, wie meine Seele durch-
einander kämpft, ein bös Geschwür, das sie er-
greifen will, im ersten Ansatz muthig abzu-
treiben! So steh' ich dann hier wehrlos gegen
dich, denn die schöne Bitte, ein anmuthiger Zweig 20
in einer Frauen Hand gegeben, statt des
Schwerdts ist auch von dir unlustig [127] weg-
gewiesen. Was bleibt mir nun, die Rechte meiner
Freyheit zu vertheidigen? Soll ich die Göttin
um ein Wunder rufen? Ist in den Tiefen meiner 25
Seele keine Kraft mehr!
Thoas.
Du scheinst mir wegen der Fremden über-
mäßig besorgt, wer sind sie? denn nicht gemeines
Verlangen sie zu retten, schwingt deine Seele.   30
Iphigenie.
Sie sind — sie scheinen — für Griechen
muß ich sie halten.
Thoas.
Landsleute! du wünschest deine Rückkehr wohl 35
mit ihrer?
Iphigenie.
Haben denn Männer allein das Recht un-
erhörte [128] Thaten zu thun und an gewaltige
Brust das unmögliche zu drücken? Was nennt 40
man groß? Was hebt die Seele schaudernd dem

D.

Iphigenie.
Das Loos der Waffen wechselt hin und her:
Kein kluger Streiter hält den Feind gering.
Auch ohne Hülfe gegen Trutz und Härte
Hat die Natur den Schwachen nicht gelassen.
Sie gab zur List ihm Freude, lehrt' ihn Künste;   1870
[116] Bald weicht er aus, verspätet und umgeht.
Ja der Gewaltige verdient, daß man sie übt.
Thoas.
Die Vorsicht stellt der List sich klug entgegen.
Iphigenie.
Und eine reine Seele braucht sie nicht.
Thoas.
Sprich unbehutsam nicht dein eigen Urtheil.   1875
Iphigenie.
O sähst du wie meine Seele kämpft,
Ein bös Geschick, das sie ergreifen will,
Im ersten Anfall muthig abzutreiben!
So steh' ich denn hier wehrlos gegen dich?
Die schöne Bitte, den anmuth'gen Zweig,   1880
In einer Frauen Hand gewaltiger
Als Schwert und Waffe, stößest du zurück:
Was bleibt mir nun mein Inn'res zu vertheid'gen?
Ruf' ich die Göttin um ein Wunder an?
Ist keine Kraft in meiner Seele Tiefen?   1885
[117] **Thoas.**
Es scheint, der beyden Fremden Schicksal macht
Unmäßig dich besorgt. Wer sind sie? Sprich!
Für die dein Geist gewaltig sich erhebt.
Iphigenie.
Sie sind — sie scheinen — für Griechen halt'
ich sie.
Thoas.
Landsleute sind es? und sie haben wohl   1890
Der Rückkehr schönes Bild in dir erneut?
Iphigenie.
nach einigem Stillschweigen.
Hat denn zur unerhörten Thal der Mann
Allein das Recht? Drückt denn Unmögliches
Nur Er an die gewalt'ge Heldenbrust?
Was nennt man groß? Was hebt die Seele
 schaudernd   1895
Dem immer wiederhohlenden Erzähler?

---

14. Das bei Düntzer 128, 17 ausgelassene du steht
in W. — 19 denn G. — 39 an die gewaltige G.

— 108 —

A.

Erzähler? als was mit unwahrscheinlichen Ausgang muthig begonnen ward. Der einsam in der Nacht ein Heer überfällt, und in den schlafenden erwachenden, wie eine unversehne Flamme wühlet, und endlich von der ermunterten Menge gedrängt mit Beute, doch auf feindlichen Pferden wiederkehrt, wird der allein gepriesen? Wirds der allein der einen sichern Weeg verachtend den unsichern wählt von Ungeheuern und Räubern eine Gegend zu befreien. Ist uns nichts übrig, und muß ein Weib wie eure Amazonen ihr Geschlecht verläugnen, das Recht des Schwerdts euch rauben und in eurem Blut die Unterdrückung rächen. Ich wende im Herzen auf und ab ein [75] kühnes Unternehmen, dem Vorwurf der Thorheit werd ich nicht entgehn noch großem Uebel wenn es fehl schlägt, aber euch leg ichs auf die Knie, und wenn ihr die wahrhaftigen seyd, wie ihr gepriesen werdet, so zeigts durch euern Beystand und verherrlicht die Wahrheit! — Vernimm o König. Ja ein Betrug gegen dich ist auf der Bahn! Ich habe die Gefangenen Ratt sie zu bewachen, hinweggeschickt, den Weeg der Flucht zu suchen. Ein Schiff harrt in den Felsenbuchten an der See, das Zeichen ist gegeben, und es naht sich wohl. Dann kommen sie hieher zurück, und wir haben abgeredet zusammen, mit dem Bilde deiner Göttin zu entfliehn. Der eine den der Wahnsinn hier ergrif und nun verließ, ist mein Bruder Orest, der andre sein Freund, mit Nahmen Pylades, Apoll schickt sie von Delphos her das heilige Bild der Schwester hier zu rauben und nach Delphos hinzubringen, dafür verspricht er meinem Bruder den um der Mutter Mord die Furien verfolgen,

D.

als was mit unwahrscheinlichem Ausgang
Muthig begonnen ward?
der einsam in der Nacht ein Heer überfällt
[106] und in den Schlafenden, Erwachenden
wie eine unversehne Flamme wühlet
und endlich von der ermunternden Menge gedrängt,
Mit Beute — doch auf feindlichen Pferden
    wiederkehrt;
Wird der allein gepriesen?
Wird's der allein, der einen sichern Weg verachtend
den unsichern wählt
von ungeheuern und Räubern eine Gegend zu
    befreien?
Ist uns nichts übrig?
und muß ein Weib, wie Eure Amazonen
Ihr Geschlecht verläugnen?
das Recht des Schwertes Euch rauben!
und in Euerm Blut die Unterdrückung rächen?
Ich wend' im Herzen auf und ab
Ein kühnes unternehmen,
dem Vorwurf der Thorheit werd' ich nicht
    entgehn,
Noch großem übel, wenn es fehlschlägt —
Aber, Euch leg' ich's auf die Knie,
und wenn Ihr die wahrhaftigen seyd,
Wie Ihr gepriesen werdet ...
So zeigt's durch Euern Beystand
und verherrlicht die wahrheit!
[107] Vernimm, o König!
Ja gegen dich ist ein Betrug auf der Bahn!
Ich habe die Gefangnen, Ratt ...
Sie zu bewahren, hinweggeschickt,
den Weg der Flucht zusuchen.
Ein Schiff harrt in den Felsenbuchten an der See.
Das Zeichen ist gegeben und es naht sich wohl.
dann kommen sie hieher zurück —
und abgeredet haben wir, zusammen
Mit dem Bilde deiner Göttinn zu entfliehn.
der Eine, den der wahnsinn hier ergriff,
und nun verließ —
Ist mein Bruder Orest —
der andere sein Freund, mit Namen Pylades.
Apoll schickt sie von Delphos, hier
das heil'ge Bild der Schwester wegzurauben —
und nach Delphos hinzubringen
Dafür verspricht er meinem Bruder
den um der Mutter Mord die Furien verfolgen —

---

1 unwahrscheinlichem B. — 20 euren B. — 22 Gefangnen B. — 27 hierher B. — 32 heilige B.

C.	D.
Erzähler? als was mit unwahrscheinlichem Ausgang muthig begonnen ward. Der einsam in der Nacht ein Heer überfällt, und in den schlafenden, erwachenden, wie eine unversehne Flamme wüthet, und endlich von der ermunterten Menge gedrängt mit Beute doch, auf feindlichen Pferden, wiederkehrt, wird der allein gepriesen? Wirds der allein, der einen sichern Weg verachtend den unsichern wählt von Ungeheuern und Räubern eine Gegend zu befreyen? Ist uns nichts übrig? und muß ein Weib, wie iene Amazonen, ihr Geschlecht verläugnen, das Recht des Schwerdts euch rauben, [129] und in eurem Blut die Unterdrückung rächen? Ich wende im Herzen auf und ab ein kühnes Unternehmen. Dem Vorwurf der Thorheit werd ich nicht entgehn, noch großem Uebel, wenn es fehlschlägt, aber euch leg' ich's auf die Knie, und wenn ihr die wahrhaftigen seyd, wie ihr gepriesen werdet, so zeigt's durch euren Beystand und verherrlicht die Wahrheit! — Vernimm o König. Ja ein Betrug gegen dich ist auf der Bahn! ich habe die Gefangnen, statt sie zu bewachen, hinweggeschickt den Weg der Flucht zu suchen. Ein Schiff harrt in den Felsenbuchten an der See, das Zeichen ist gegeben, und es naht sich wohl. Dann kommen sie hierher zurück, wir haben abgeredet, zusammen mit dem Bilde deiner Göttin zu entfliehn. Der eine den [130] der Wahnsinn hier ergriff und nun verlies, ist mein Bruder Crest, der andere sein Freund mit Nahmen Pylades. Apoll schickt sie von Delphos das heil'ge Bild der Schwester hier zu rauben, und dorthin zu bringen, dafür verspricht er meinem Bruder, den um der Mutter Mord die Furien verfolgen, von diesem Quaalen	Als was mit unwahrscheinlichem Erfolg Der Muthigste begann. Der in der Nacht Allein das Heer des Feindes überschleicht, Wie unversehn eine Flamme wüthend [118] Die Schlafenden, Erwachenden ergreift, Zuletzt gedrängt von den Ermunterten Auf Feindes Pferden, doch mit Beute kehrt, Wird der allein gepriesen? der allein, Der einen sichern Weg verachtend kühn Gebirg' und Wälder durchzustreifen geht, Daß er von Räubern eine Gegend säub're? Ist uns nichts übrig? Muß ein zartes Weib Sich ihres angebornen Rechts entäußern, Wild gegen Wilde seyn, wie Amazonen Das Recht des Schwerts euch rauben und mit Blute Die Unterdrückung rächen? Auf und ab Steigt in der Brust ein kühnes Unternehmen: Ich werde großem Vorwurf nicht entgehn, Noch schwerem Übel wenn es mir mißlingt; Allein Euch leg' ich's auf die Kniee! Wenn Ihr wahrhaft seyd, wie ihr gepriesen werdet, So zeigt's durch euern Beystand und verherrlicht Durch mich die Wahrheit! — Ja, vernimm, o König, Es wird ein heimlicher Betrug geschmiedet; [110] Vergebens fragst du den Gefangnen nach; Sie sind hinweg und suchen ihre Freunde, Die mit dem Schiff' am Ufer warten, auf. Der älste, den das Übel hier ergriffen Und nun verlassen hat — es ist Crest, Mein Bruder, und der andre sein Vertrauter, Sein Jugendfreund, mit Nahmen Pylades. Apoll schickt sie von Delphi diesem Ufer Mit göttlichen Befehlen zu, das Bild Dianens wegzurauben und zu ihm Die Schwester hinzubringen, und dafür Verspricht er dem von Furien Verfolgten,	1900 1905 1910 1915 1920 1925 1930

---

1 unwahrscheinlichem GOW. — 11 eine Amazone O. — 22 Gefangenen G. — 23 Weg zur G. — 26 es wohl(!) O. — 26—27 sie zurück hierher, wir G. — 32 heilige G.

A.	B.
von diesen Qualen Befreyung. Nun [76] hab ich uns alle, den Rest von Tantals Haus in deine Hand gelegt. Verdirb uns wenn du darfst. Thoas. Du weißt, daß du mit einem Barbaren sprichst 5 und traust ihm zu, daß er der Wahrheit Stimme vernimmt. Iphigenie. Es hört sie jeder unter jedem Himmel, dem ein edles Herz von Göttern entsprungen, den 10 Busen wärmt. — Was sinnst du mir o König tief in der Seele. Ists Verderben so tödte mich zuerst, denn nun fühl ich in welche Gefahr ich die Geliebten gestürzt habe, da keine Rettung überbleibt. Soll ich sie vor mir gebunden sehn! 15 mit welchen Bliken kan der Bruder von der Schwester Abschied nehmen. Ach sie darf ihm nicht mehr in die geliebten Augen sehn. Thoas. Haben die Betrüger der langverschlossnen 20 Leichtgläubigen ein solch Gespinnst über die Seele geworfen? [77] Iphig. Nein König! ich könnte wohl betrogen werden, diesmal bin ichs nicht. Wenn sie Betrüger 25 sind so laß sie fallen. Verstoße mich verbanne auf irgend eine wüste Insel die thörigte verwegne. Ist aber dieß der langerflehte geliebte Bruder! so laß uns! Sey uns freundlich. Mein Vater ist dahin durch seiner Frauen Hand, sie 30 ist durch ihren Sohn gefallen. In ihm liegt noch die lezte Hofnung von Atreus Stamm, laß mich mit reinen Händen, wie mit reinem Herzen hinüber gehn, und unser Haus entsöhnen. Halte Wort. Wenn zu den Meinen mir Rükkehr zu- 35 bereitet wäre, schwurst du mich zu lassen! Sie	von diesen Qualen Befreyung Nun hab' ich uns alle, den Rest von Tantals Haus In deine Hand gelegt … Verdirb' uns, wenn du darfst! [108] Thoas. du weißt, daß du mit einem Barbaren sprichst, und traust ihm zu, 1930 daß er der wahrheit Stimme vernimmt. Iphigenie. Es hört sie jeder unter jedem Himmel dem ein edles Herz von Göttern entsprungen den Busen wärmt. was sinnst du o König mir tief in der Seele? 1935 Ist's Verderben; So tödte mich zuerst! Denn nun fühl' ich, in welche Gefahr ich Die Geliebten gestürzt habe — Da keine Rettung überbleibt … Soll ich sie vor mir gebunden seh'n? 1940 Mit welchen Bliken kann Der Bruder von der Schwester Abschied nehmen? Ach! nicht mehr darf sie ihm In die geliebten Augen sehen. 1945 Thoas. Haben die Betrüger der langverschloßnen Leichtgläubigen Ein solch Gespinnst über die Seele geworfen? [109] Iphigenie. Nein! König! Ich konnte wohl betrogen werden; Diesmal bin ich's nicht! 1950 Wenn sie Betrüger sind, so laß sie fallen! Verstoße mich! Verbann' auf irgend eine wüste Insel Die Thörige verwegene! Ist aber dieß der langerflehte Geliebte Bruder; 1955 So laß uns! Sey uns freundlich! Mein Vater ist dahin durch seiner Frauen Hand! durch ihren Sohn ist Sie gefallen! In ihm liegt noch die lezte Hoffnung von Atreus Stamme. 1960 Laß mich mit reinen Händen, wie mit reinen Herzen Hinübergeh'n und unser Haus entsöhnen. Halte wort! wenn zu den Meinen Rückkehr zubereitet wäre, Schwurst du — mich zu lassen. 1965 Sie ist's!

27 thörigte A. — 33 reinen Herzen B.

C.

Befreyung. Nun hab' ich uns alle, den Rest von
Tantals Haus, in deine Hand gelegt. Verdirb
uns, wenn du darfst.
Thoas.
Du weißt, daß du mit einem Barbaren sprichst 5
und traust ihm zu, daß er der Wahrheit Stimme
vernimmt.
Iphigenie.
Es hört sie jeder unter jedem Himmel, dem
ein [131] edles Herz von Göttern entsprungen, 10
den Busen wärmt. — Was sinnst du mir o
König tief in der Seele? Ist's Verderben, so
tödte mich zuerst. Denn nun fühl' ich in welche
Gefahr ich die Geliebten gestürzt habe, da keine
Rettung überbleibt. Soll ich sie vor mir ge- 15
bunden sehn! mit welchen Blicken kann der
Bruder von der Schwester Abschied nehmen!
Ach sie darf ihm nicht mehr in die geliebten
Augen schauen.
Thoas. 20
Haben die Betrüger der langverschloßnen,
leichtgläubigen, ein solch Gespinnst über die
Seele geworfen?
Iphigenie.
Nein König! ich könnte hintergangen werden, 25
diesmal bin ich's nicht. Wenn sie Betrüger sind,
[132] so laß sie fallen. Verstoße mich, verbanne
auf irgend eine wüste Insel die Ihrige Ver-
wegne. Ist aber dies der langersflehte geliebte
Bruder, so laß uns! Sey uns freundlich. Mein 30
Vater ist dahin durch seiner Frauen Hand, sie
ist durch ihren Sohn gefallen. In ihm liegt
noch die letzte Hoffnung von Atreus Stamm.
Laß mich mit reinen Händen, wie mit reinem
Herzen hinüber gehn, und unser Haus ent- 35
sühnen. Halte Wort. Wenn zu den meinen mir
Rückkehr zubereitet wäre, schwurst du, mich zu
lassen! Sie ist's! Ein König verspricht, um

D.

Des Mutterblutes Schuldigen, Befreyung.
Uns beyde hab' ich nun, die Überbliebnen
Von Tantals Hauß', in deine Hand gelegt: 1935
Verdirb uns — wenn du darfst.
Thoas.
Du glaubst, es höre
Der rohe Scythe, der Barbar, die Stimme
Der Wahrheit und der Menschlichkeit, die Atreus,
Der Grieche, nicht vernahm?
[120] Iphigenie.
Es hört sie jeder,
Geboren unter jedem Himmel, dem 1940
Des Lebens Quelle durch den Busen rein
Und ungehindert fließt. — Was sinnst du mir,
O König, schweigend in der tiefen Seele?
Ist es Verderben? so tödte mich zuerst!
Denn nun empfind' ich, da uns keine Rettung 1945
Mehr übrig bleibt, die gräßliche Gefahr,
Worein ich die Geliebten übereilt
Vorsetzlich stürzte. Weh! ich werde sie
Gebunden vor mir sehn! Mit welchen Blicken
Kann ich von meinem Bruder Abschied nehmen, 1950
Den ich ermorde? Nimmer kann ich ihm
Mehr in die vielgeliebten Augen schaun!
Thoas.
So haben die Betrüger künstlich-dichtend
Der lang' Verschloßnen, ihre Wünsche leicht
Und willig Glaubenden, ein solch Gespinnst 1955
Um's Haupt geworfen?
[121] Iphigenie.
Nein! o König, nein!
Ich könnte hintergangen werden; diese
Sind treu und wahr. Wirst du sie anders finden,
So laß sie fallen und verstoße mich,
Verbanne mich zur Strafe meiner Thorheit 1960
An einer Klippen-Insel traurig Ufer.
Ist aber dieser Mann der langersflehte,
Geliebte Bruder: so entlaß uns, sey
Auch den Geschwistern wie der Schwester freundlich.
Mein Vater fiel durch seiner Frauen Schuld, 1965
Und sie durch ihren Sohn. Die letzte Hoffnung
Von Atreus Stamme ruht auf ihm allein.
Laß mich mit reinem Herzen, reiner Hand,
Hinübergehn und unser Haus entsühnen.
Du hältst mir Wort! — Wenn zu den Meinen je 1970
Mir Rückkehr zubereitet wäre, schwurst
Du mich zu lassen; und sie ist es nun.

15—16 sie gebunden sehn vor mir! G. — 19 Augen
sehn. G. — 28—29 thöricht Verwegnes G; thörichte Ver-
wegne W. — 35—36 entsühnen W. — 38 zu dem O.

A.

ist's! Ein König verspricht um Bittende loszuwerden nicht wie gemeine Menschen auf den
Fall den er nicht hofft, ihn freut es, wenn er
ein Versprechen erfüllen kan.

Thoas. 5

Unwillig wie Feuer sich gegen Waßer wehrt,
und zischend seinen Feind zu verzehren sucht,
[78] so arbeitet in meinem Busen der Zorn
gegen deine freundliche Worte.

Iphig. 10

O laß die Gnade wie eine schöne Flamme
des Altars umkränzt von Lobgesang und Tanz
und Freude lodern.

Toas.

Ich erkenne die Stimme, die mich so oft 15
besänftigt hat.

Iphig.

O reiche mir die Hand zum schönen Zeichen.

Thoas.

Du forderst viel in einer kurzen Zeit. 20

Iphig.

Um Guts zu thun braucht's keiner Ueberlegung.

Toas.

Sehr viel ob aus dem Guten böses nicht
entspringe! 25

Iphig.

Zweifel schadet dem Guten mehr als das
Böse selbst. Bedenke nicht gewähre wie du's fühlst.

---

[79] **Vierter Auftritt.**

Orest gewafnet, Vorige. 30

Orest.

Haltet sie zurück! Nur wenig Augenblicke!
Weicht der Menge nicht, deckt mir und der
Schwester dem Weeg zum Schiffe! Irgend ein
Zufall hat uns verrathen! komm! Der Arm 35
unsrer Freunde hält uns, zur Flucht geringen
Raum.

Toas.

In meiner Gegenwart führt keiner ungestraft
das nackte Schwerdt. 40

---

2 den B. — 3 denn er A.

B.

Ein König verspricht, um Bittende loszuwerden,
Nicht, wie gemeine Menschen, auf den Fall,
den er nicht hofft; Ihn freut es,
wenn er ein Versprechen erfüllen kann. 1970

[110] **Thoas.**

unwillig wie Feuer sich gegen waßer wehrt,
und zischend seinen Feind zuverzehren sucht,
So arbeitet in meinem Busen der Zorn
Gegen deine freundlichen Worte.

Iphigenie.

O laß die Gnade, wie eine schöne Flamme des
Altars 1975
umkränzt von Lobgesang und Tanz und Freude
lodern!

Thoas.

Ich erkenne die Stimme,
die mich so oft besänftigt hat.

Iphigenie.

O reiche mir die Hand zum schönen Zeichen!

Thoas.

Du forderst viel in einer kurzen Zeit. 1980

Iphigenie.

um Guts zuthun, braucht's keine überlegung.

Thoas.

Sehr viel, ob aus dem Guten Böses nicht entspringe.

Iphigenie.

Zweifel schadet dem Guten mehr als das Böse
selbst.
Bedenke nicht! Gewähre, wie du's fühlst!

---

[111] **4.**

Orest gewaffnet. Die Vorige.

Orest.

Haltet sie zurück! Nur wenig Augenblicke! 1985
Weicht der Menge nicht!
Deckt mir und der Schwester den Weg zum
Schiffe!
Irgend ein Zufall hat uns verrathen! . . .
Komm! der Arm unsrer Freunde
Hält uns zur Flucht geringen Raum. 1990

Thoas.

In meiner Gegenwart
Führt keiner ungestraft das nackte Schwert.

C.

Bittende los zu werden, nicht wie gemeine
Menschen auf den Fall, den er nicht hofft; ihn
freut es, wenn er ein Versprechen erfüllen kann.
[133] **Thoas.**
Unwillig wie Feuer sich gegen Wasser wehrt, 5
und zischend seinen Feind zu verzehren sucht, so
arbeitet in meinem Busen der Zorn gegen deine
freundliche Worte.
Iphigenie.
O laß die Gnade, wie eine schöne Flamme 10
des Altars umkränzt von Lobgesang und Dank
und Freude lodern.
Thoas.
Ich erkenne die Stimme, die mich so oft
besänftigt hat. 15
Iphigenie.
O reiche mir die Hand zum schönen Zeichen.
Thoas.
Du forderst viel in einer kurzen Zeit.
[134] **Iphigenie.** 20
Um Guts zu thun, brauchst keiner Ueberlegung.
Thoas.
Sehr viel, ob aus dem Guten, Böses nicht
entspringe! 25
Iphigenie.
Zweifel schadet dem Guten mehr als das
Böse selbst. Bedenke nicht, gewähre wie du's fühlst.

Vierter Auftritt.

Orest gewaffnet. Vorige. 30
Orest.

Haltet sie zurück! Nur wenig Augenblide!
Weicht der Menge nicht, deckt mir und der
Schwester den Weg zum Schiffe! Irgend ein
Zufall hat uns verrathen! Komm! der Arm 35
unsrer Freunde hält uns zur Flucht geringen
Raum.
[135] **Thoas.**
In meiner Gegenwart führt keiner ungestraft
das nackte Schwerdt. 40

D.

Ein König sagt nicht, wie gemeine Menschen,
Verlegen zu, daß er den Bittenden
[122] Auf einen Augenblick entferne; noch 1075
Verspricht er auf den Fall den er nicht hofft:
Dann fühlt er erst die Höhe seiner Würde,
Wenn er den Harrenden beglücken kann.
Thoas.
Unwillig, wie sich Feuer gegen Wasser
Im Kampfe wehrt und zischend seinen Feind 1080
Zu tilgen sucht, so wehret sich der Zorn
In meinem Busen gegen deine Worte.
Iphigenie.
O laß die Gnade, wie das heil'ge Licht
Der stillen Opferflamme, mir umkränzt
Von Lobgesang und Dank und Freude lodern. 1085
Thoas.
Wie oft besänftigte mich diese Stimme!
Iphigenie.
O reiche mir die Hand zum Friedenszeichen.
Thoas.
Du forderst viel in einer kurzen Zeit.
[123] **Iphigenie.**
Um Gut's zu thun braucht's keiner Überlegung.
Thoas.
Sehr viel! denn auch dem Guten folgt das Übel. 1090
Iphigenie.
Der Zweifel ist's, der Gutes böse macht.
Bedenke nicht; gewähre wie du's fühlst.

Vierter Auftritt.

Orest gewaffnet. Die Vorigen.
Orest
nach der Scene gekehrt.
Verdoppelt eure Kräfte! Haltet sie
Zurück! Nur wenig Augenblicke! Weicht
Der Menge nicht, und deckt den Weg zum Schiffe 1995
Mir und der Schwester.
[124] *Zu Iphigenien ohne den König zu sehen.*
Komm, wir sind verrathen.
Geringer Raum bleibt uns zur Flucht. Geschwind!
Er erblickt den König.
Thoas
nach dem Schwerte greifend.
In meiner Gegenwart führt ungestraft
Kein Mann das nackte Schwert.

---

6 und zischend GO. — 8 freundlichern G. — 19 forderst
G. — 21 braucht's GOW. — 24 aus den O. — 28 du
fühlst G. — 35 unsrer G.

A.

Iphig.
Entheiligt diesen Hayn durch Wuth nicht
mehr. Gebietet den eurigen Stillstand und hört
mich an.

Orest.
Wer ist Er der uns drohen darf. 5

Iphig.
Verehr' in ihm den König, meinen väterlichen Beschützer. verzeih' mir Bruder, aber
mein kindlich Herz hat unser ganzes Geschick 10
in seine Hand gelegt, ich hab ihm euern Anschlag rein bekannt. Und meine Seele vom Verrath gerettet.

Orest.
Gewährt er dir und den deinen Rückkehr. 15

[80] Iphig.
Dein gezognes Schwerdt verbietet mir die
Antwort.

Orest.
So sag! du siehst ich horche deinen Worten. 20

Fünfter Auftritt.
Die Vorigen. Pylades. bald nach ihm. Arkas.

Pylades.
Verweilet nicht die letzten Kräfte raffen die
unsrigen zusammen, schon werden sie nach der 25
See langsam zurück gedrängt. Welch eine Unterredung find ich hier! und sehe des Königes heiliges
Haupt.

Arkas.
Gelassen, wie sichs dir ziemt seh ich dich o 30
König den Feinden gegenüber. Wenig fehlt so
ist ihr Anhang überwältigt. Ihr Schiff ist unser
und ein Wort von dir so stehts in Flammen.

Toas.
Geh und gebiete den meinen Stillstand, es 35
harre ieder ohne Schwerdstreich auf mein Wort.

(:Arkas ab:)

---

6 ist der der und A. — 11 euern A. — 27 Königs A.

B.

Iphigenie.
Entheiligt diesen Hayn durch wuth nicht mehr!
Gebietet den meinigen Stillstand,
und hört mich an! 1995

Orest.
Wer ist es, der uns drohen darf?

Iphigenie.
Verehr' in Ihm den König,
Meinen väterlichen Beschützer!
Verzeih mir Bruder ..
[112] aber mein kindlich Herz 2000
Hat unser ganz Geschick in seine Hand gelegt.
Ich hab Ihm Euern Antschlag rein bekannt,
und meine Seele vom Verrath gerettet.

Orest.
Gewährt Er dir und den deinen Rückkehr?

Iphigenie.
dein gezognes Schwert verbietet mir die Antwort. 2005

Orest.
So sag! Du siehst — Ich horche deinen worten.

5.
Die Vorigen.
Pylades. Bald nach Ihm Arkas.

Pylades.
Verweilet nicht! die letzten Kräfte rasen
die unsrigen zusammen —
Schon werden nach der See
Sie langsam zurückgedrängt! 2010
Welch eine unterredung find' ich hier!
und sehe des Königes heiliges Haupt!
[113] **Arkas.**
Gelassen, wie sich's dir ziemt,
Seh' ich, o König, dich den Feinden gegenüber!
wenig fehlt, so ist Ihr Anhang überwältigt! 2015
Ihr Schiff ist unser!
und Ein wort von dir —
So steht's in Flammen!

Thoas.
Geh und gebiete den Meinen Stillstand!
Es harre Jeder ohne Schwertstreich auf mein
wort. 2020

(Arkas ab)

2002 Verrath aus Verdacht corrigirt.

C.

Iphigenie.
Entheiligt diesen Hain durch Wuth nicht
mehr. Gebietet den eurigen Stillstand und hört
mich an.
   Orest.
Wer ist er der uns drohen darf?
   Iphigenie.
Verehr' in ihm den König, meinen väter-
lichen Beschützer. Verzeih mir Bruder aber mein
kindlich Herz hat unser ganz Geschick in seine
Hand gelegt, ich hab' ihm euren Anschlag rein
bekannt, und meine Seele vom Verrath gerettet.
   Orest.
Gewährt er dir und den Deinen Rückkehr?
[136] **Iphigenie.**
Dein gezognes Schwerdt verbietet mir die
Antwort.
   Orest.
So sag'! du siehst ich horche deinen Worten.

———

Fünfter Auftritt.
Die Vorigen. Pylades. bald nach ihm Arkas.

Pylades.
Verweilet nicht! die letzten Kräfte raffen die
unsrigen zusammen. Schon werden sie nach der
See langsam zurückgedrängt. Welch eine Unter-
redung find ich hier! und sehe des Königs heiliges
Haupt.

Arkas.
Gelaßen, wie sichs dir ziemt seh' ich dich o
König [137] den Feinden gegen über. Wenig
fehlt so ist ihr Anhang überwältigt. Ihr Schiff
ist unser und ein Wort von dir: so stehts in
Flammen.

Thoas.
Geh' und gebiete den meinen Stillstand, es
harr jeder ohne Schwerdtstreich auf mein Wort.
(Arkas ab.)

———

11 eurem O. — 16 gezogenes GOW. — 19 bekannt
Worte O. — 26 heil'ges OW. — 34 harre G.

D.

Iphigenie.
               Entheiliget
Der Göttinn Wohnung nicht durch Wuth und
                Mord.   2000
Gebiethet euerm Volke Stillstand, höret
Die Priesterinn, die Schwester.
   Orest.
               Sage mir!
Wer ist es, der uns droht?
   Iphigenie.
               Verehr' in ihm
Den König, der mein zweyter Vater ward!
[125] Verzeih' mir, Bruder; doch mein kindlich
               Herz   2005
Hat unser ganz Geschick in seine Hand
Gelegt. Gestanden hab' ich euern Anschlag
Und meine Seele vom Verrath gerettet.
   Orest.
Will er die Rückkehr friedlich uns gewähren?
   Iphigenie.
Dein blinkend Schwert verbiethet mir die Ant-
               wort.   2010
   Orest
   der das Schwert einsteckt.
So sprich! du siehst ich horche deinen Worten.

———

[126] **Fünfter Auftritt.**
Die Vorigen. Pylades. bald nach ihm Arkas,
       beyde mit blossen Schwertern.

Pylades.
Verweilet nicht! Die letzten Kräfte raffen
Die Unsrigen zusammen; weichend werden
Sie nach der See langsam zurückgedrängt.
Welch ein Gespräch der Fürsten find' ich hier! 2015
Dieß ist des Königes verehrtes Haupt!

Arkas.
Gelassen, wie es dir, o König, ziemt,
Stehst du den Feinden gegen über. Gleich
Ist die Verwegenheit bestraft; es weicht
Und fällt ihr Anhang, und ihr Schiff ist unser. 2020
Ein Wort von dir, so steht's in Flammen.

Thoas.
                           Geh!
Gebiethe Stillstand meinem Volke! Keiner
Beschädige den Feind, so lang' wir reden.
               Arkas ab.

A.

[81] Oreſt.
Und du den unſern! Verſammle den Reſt und harrt welch einen Ausgang die Götter unſern Thaten zubereiten.   (: *Pylades ab:*)

Sechster Auftritt.
Toas, Iphigenia, Oreſt.

Iphig.
Befreyt mich von Sorge eh ihr beginnt zu reden, denn ich muß unter euch böſen Zwiſt befürchten wenn du o König nicht der Billigkeit Stimme vernimmſt und du mein Bruder nicht der raſchen Jugend gebeut'ſt.

Toas.
Vor allen Dingen, denn dem ältern ziemt's den erſten Zorn anzuhalten, womit bezeugſt du daß du Agamemnons Sohn und dieſer Bruder biſt?

Oreſt.
Dies iſt das Schwerdt mit dem er Troja umgekehrt, dies nahm ich ſeinem Mörder ab und bat die Götter um ſeinen Muth und Arm, und das Glück ſeiner Waffen und einen ſchönern Tod. Wähl einen von den Edlen deines Heers heraus und [82] ſtelle mir ihn gegenüber. So weit die Erde Helden Söhne nährt, iſt dem Ankömmling nicht dies Geſuch verweigert.

Toas.
Unſre Sitte geſtattet dies Vorrecht dem Fremden nicht.

Oreſt.
So laß die edle Sitte durch uns hier beginnen. Seltne Thaten werden durch Jahrhunderte nachahmend zum Geſez geheiligt.

Toas.
Nicht unwerth ſcheinen deine Geſinnungen der Anherrn deren du dich rühmſt zu ſeyn. Ich

20 ſetzen B.

B.

Oreſt.
und du den unſern!
Verſammle den Reſt und harrt,
welch einen Ausgang
die Götter unſern Thaten zubereiten.
                (**Pylades ab**)

6.
Thoas. Iphigenie. Oreſt.

Iphigenie.
Befreyt mich von der Sorge,   2025
Eh' ihr beginnt zureden,
denn ich muß unter Euch böſen Zwiſt befürchten
[114] wenn du, o König nicht
Der Billigkeit Stimme vernimmſt —
und du, mein Bruder, nicht   2030
der raſchen Jugend gebeutſt.

Thoas.
Vor allen Dingen —
denn dem Ältern ziemt's,
den erſten Zorn anzuhalten,
womit bezeugeſt Du —   2035
daß Agamemnons Sohn du,
du dieſer Bruder biſt.

Oreſt.
dieß iſt das Schwert,
Mit dem Er Troja umgekehrt;
dieß nahm ich ſeinem Mörder ab;   *2040
und bath die Götter
um ſeinen Muth und Arm und ſeiner waffen
                                        Glück,
und einen ſchönen Tod ..
wähl einen von den Edeln deines Heeres aus;
und ſtelle mir ihn gegen über!   2045
So weit die Erde Heldenſöhne nährt,
Iſt dem Ankömmling nicht dies Geſuch ver-
                                        weigert.

[115] Thoas.
unſere Sitte geſtattet dieß Vorrecht
dem Fremdling nicht.

Oreſt.
So laß die edle Sitte durch uns hier beginnen! 2050
Seltne Thaten werden
durch Jahrhunderte nachahmend
Zum Geſez geheiligt.

Thoas.
Nicht unwerth ſcheinen deine Geſinnungen
der Anherrn, deren du dich rühmſt, zu ſeyn .. 2055

C.

Oreſt.
Und du den unſern! Verſammle den Reſt
und harri welch einen Ausgang die Götter
unſern Thaten zubereiten.   (Pylades ab.)

Sechſter Auftritt.
Thoas. Iphigenie. Oreſt.

Iphigenie.
Befreit mich von Sorge, eh' ihr beginnt zu
reden, denn ich muß unter euch böſen Zwiſt
befürchten, [138] wenn du o König nicht der
Billigkeit Stimme vernimmſt und du mein
Bruder nicht der raſchen Jugend gebeutſt.

Thoas.
Vor allen Dingen, denn dem Aeltern ziemts
den erſten Zorn anzuhalten, womit bezeugſt du,
daß du Agamemnons Sohn und dieſer Bruder
biſt?

Oreſt.
Dies iſt das Schwerdt mit dem er Troia
umgekehrt, dies nahm ich ſeinem Mörder ab,
und bat die Götter um ſeinen Muth und Arm,
um das Glück ſeiner Waffen, und einen ſchönern
Tod. Wähl' einen von den Edlen deines Heers
heraus und ſtelle mir ihn gegen über. So weil
die Erde Helden-Söhne nährt, iſt dem Ankömmling nicht dieß Geſuch verweigert.

[139] **Thoas.**
Unſre Sitte geſtattet dieſes Vorrecht dem
Fremden nicht.

Oreſt.
So laß die edle Sitte durch uns hier beginnen. Seltne Thaten werden durch Jahrhunderte nachahmend zum Geſetz geheiligt.

Thoas.
Nicht unwerth ſcheinen deine Geſinnungen
der Anherrn, deren du dich rühmſt zu ſeyn. Ich

---

22 und das G; ſchlaten G, ſchlaen O. — 28 Unſere
G; dies W. — 36 An herren W.

D.

[127] **Oreſt.**
Ich nehm' es an. Geh, ſammle, treuer Freund,
Den Reſt des Volkes; harret ſtill, welch Ende
Die Götter unſern Thaten zubereiten.
    Pylades ab.

Sechſter Auftritt.
Iphigenie. Thoas. Oreſt.

Iphigenie.
Beſorgt von Sorge mich, eh' ihr zu ſprechen
Beginnet. Ich befürchte böſen Zwiſt,
Wenn du, o König, nicht der Billigkeit
Gelinde Stimme höreſt; du, mein Bruder,
Der raſchen Jugend nicht gebieten willſt.

Thoas.
Ich halte meinen Zorn, wie es dem Älter'n
Geziemt, zurück. Antworte mir! Womit
[128] Bezeugſt du, daß du Agamemnons Sohn
Und dieſer Bruder biſt?

Oreſt.
Hier iſt das Schwert,
Mit dem er Troja's tapfre Männer ſchlug.
Dieß nahm ich ſeinem Mörder ab, und bath
Die Himmliſchen, den Muth und Arm, das Glück
Des großen Königes mir zu verleihn,
Und einen ſchönern Tod mir zu gewähren.
Wähl' einen aus den Edlen deines Heers
Und ſtelle mir den Beſten gegen über.
So weit die Erde Heldenſöhne nährt,
Iſt keinem Fremdling dieß Geſuch verweigert.

Thoas.
Dieß Vorrecht hat die alte Sitte nie
Dem Fremden hier geſtattet.

Oreſt.
So beginne
Die neue Sitte denn von dir und mir!
[129] Nachahmend heiliget ein ganzes Volk
Die edle That der Herrſcher zum Geſetz.
Und laß mich nicht allein für unſre Freyheit,
Laß mich, den Fremden für die Fremden kämpfen.
Fall' ich, ſo iſt ihr Urtheil mit dem meinen
Geſprochen: aber gönnet mir das Glück
Zu überwinden; ſo betrete nie
Ein Mann dieß Ufer, dem der ſchnelle Blick
Hülfreicher Liebe nicht begegnet, und
Getröſtet ſcheide jeglicher hinweg!

Thoas.
Nicht unwerth ſcheineſt du, o Jüngling, mir
Der Ahnherrn, deren du dich rühmſt, zu ſeyn.

A.

habe keine Söhne die ich dir stellen kann! Meiner Edlen und Tapfern Schaar ist groß, doch auch in meinen Jahren weich ich keinem, und bin bereit mit dir das Loos der Waffen zu versuchen.

Iphig.

Mit nichten König, es braucht des blutigen Beweises nicht. Enthaltet die Hand vom Schwerdt um meinetwillen. Denn rasch gezogen bereitet's irgend einem rühmlichen Tod, und der [83] Nahme des gefallnen, wird auch gefeyert unter den Helden. Aber des zurückbleibenden verwaißten unendliche Thränen zählt keine Nachwelt, und der Dichter schweigt von tausend durchweinten Tagen und Nächten, wo eine große Seele den einzigen abgeschiednen vergebens zurück ruft. Mir ist selbst viel daran gelegen, daß ich nicht betrogen werde, daß mich nicht irgend ein frevelhafter Räuber vom sichern Schuzort in die böse Knechtschaft bringe. Ich habe beide um den mindsten Umstand ausgefragt und redlich sie befunden. Auch hier auf seiner rechten Hand das Maal wie von drey Sternen, das am Tage seiner Geburt zwar unvollkommen sich schon zeigte, und das dem Knaben Weißager auf schwere Thaten mit dieser Fauß zu üben deuteten. Dann zwischen seinen Augenbraunen zeigt sich noch die Schramme von einem harten Falle. Elektra die immer Heftige und Unvorsichtige ließ ihn als Kind auf eine Stufe aus ihren Armen stürzen. Ich will dir [84] nicht das betrügliche Jauchzen meines innersten Herzens auch als ein Zeichen der Versicherung geben.

B.

Ich habe keine Söhne, die ich dir stellen kann ... Meiner Edeln und Tapfern Schaar ist groß; doch auch in meinen Jahren weich' ich keinem, und ich bin bereit, mit dir das Loos 2060 der waffen zuversuchen.

Iphigenie.

Mit nichten, König!
Es braucht des blutigen Beweises nicht!
Enthaltet um meinetwillen
Die Hand vom Schwert!
denn rasch gezogen — 2065
Bereitet's irgend einen rühmlichen Tod —
[116] und der Name des Gefallenen
wird auch gefeyert unter den Helden.
Aber des Zurückbleibenden Verwaysten
unendliche Thränen 2070
zählt keine Nachwelt, und der Dichter schweigt
von tausend durchweynten Tagen und Nächten,
wo eine große Seele
den einzigen Abgeschiedenen
Vergebens zurückruft. 2075
Mir ist selbst viel daran gelegen
daß ich nicht betrogen werde ...
daß mich nicht irgend ein frevelhafter Räuber
vom sichern Schutzort
In böse Knechtschaft bringe. 2080
Ich habe beyde um den mindsten umstand ausgefragt
und redlich sie gefunden;
Auch hier auf seiner rechten Hand
das Maal, wie von drey Sternen,
das am Tage seiner Geburth 2085
Zwar unvollkommen schon sich zeigte
und das dem Knaben weißager
[117] auf schwere Thaten
Mit dieser Fauß zuüben, deutete.
dann zwischen seinen Augenbrauen 2090
Zeigt noch die Schramme sich von einem harten
Fall.
Elektra, die immer heftige und unvorsichtige
Ließ ihn als Kind auf eine Stufe stürzen.
Ich will dir nicht das betrügliche Jauchzen
Meines innersten Herzens 2095
Auch als ein Zeichen der Versicherung geben.

C.

habe keine Söhne die ich dir stellen kann. Meiner
Edlen und Tapfern Schaar ist groß, doch auch
in meinen Jahren weich' ich keinem, und bin
bereit mit dir das Loos der Waffen zu versuchen.

Iphigenie.

Mit nichten König! es braucht des blutigen 5
Be-[140]weises nicht. Enthaltet die Hand vom
Schwerdt um meinetwillen. Denn rasch gezogen
bereitets irgend einen rühmlichen Todt, und
der Rahme des gefallnen, wird auch gefeiert 10
unter den Helden. Aber des zurückbleibenden
Verwaißten unendliche Thränen zählt keine Nachwelt, und der Dichter schweigt von tausend
durchweinten Tagen und Nächten, wo eine große
Seele den einzigen Abgeschiednen vergebens zu- 15
rückruft. Mir ist selbst viel daran gelegen, daß
ich nicht betrogen werde, daß mich nicht irgend
ein frevelhafter Räuber vom sichern Schuzort
in die böse Knechtschaft bringe. Ich habe beyde
um den mindesten Umstand ausgefragt und 20
redlich sie befunden. Auch hier auf seiner rechten
Hand, das Maal wie von drey Ster-[141]nen
das am Tage seiner Geburt zwar unvollkommen
sich schon zeigte, und das Weißsager auf schwere
Thaten mit dieser Faust zu üben deuteten. Dann 25
zwischen seinen Augenbraunen zeigt sich noch die
Schramme von einem harten Falle. Elektra die
immer heftige und unvorsichtige ließ ihn als
Kind auf eine Stufe aus ihren Armen stürzen.
Ich will dir nicht das betrügliche Jauchzen meines 30
innersten Herzens auch als ein Zeichen der Versicherung geben.

D.

Groß ist die Zahl der edeln, tapfern Männer, 2060
Die mich begleiten; doch ich stehe selbst
In meinen Jahren noch dem Feinde, bin
Bereit mit dir der Waffen Loos zu wagen.

[130] Iphigenie.

Mit nichten! Dieses blutigen Beweises
Bedarf es nicht, o König! Laßt die Hand 2065
Vom Schwerdte! Denkt an mich und mein Geschick.
Der rasche Kampf verewigt einen Mann:
Er falle gleich, so preiset ihn das Lied.
Allein die Thränen, die unendlichen
Der Überbliebnen, der verlaßnen Frau, 2070
Zählt keine Nachwelt, und der Dichter schweigt
Von tausend durchgeweinten Tag- und Nächten,
Wo eine stille Seele den verlornen,
Rasch-abgeschied'nen Freund vergebens sich
Zurückzurufen bangt und sich verzehrt. 2075
Mich selbst hat eine Sorge gleich gewarnt,
Daß der Betrug nicht eines Räubers mich
Vom sichern Schuzort reiße, mich der Knechtschaft
Verrathe. Fleißig hab' ich sie befragt,
Nach jedem Umstand mich erkundigt, Zeichen 2080
Gefordert, und gewiß ist nun mein Herz.
[131] Sieh hier an seiner rechten Hand das Mahl
Wie von drey Sternen, das am Tage schon
Da er geboren ward, sich zeigte, das
Auf schwere That mit dieser Faust zu üben 2085
Der Priester deutete. Dann überzeugt
Mich doppelt diese Schramme, die ihm hier
Die Augenbraue spaltet. Als ein Kind
Ließ ihn Elektra, rasch und unvorsichtig
Nach ihrer Art, aus ihren Armen stürzen. 2090
Er schlug auf einen Dreyfuß auf — Er ist's —

Soll ich dir noch die Ähnlichkeit des Vaters,
Soll ich das inn're Jauchzen meines Herzens
Dir auch als Zeugen der Versich'rung nennen!

---

15 Abgeschiedenen GO. — 27 Fall GO. — 29 auf
eine Stufe fehlt O. — 31—32 Versicherung O.

A.	B.

A.

Siebenter Auftritt.

Pylades kommt zurück bald nach ihm Arkas.

Thoas.

Wenn auch dies allen Zweifel hübe, seh ich
doch nicht wie ohne der Waffen Ausspruch wir
enden können. Du hast bekannt, daß sie das
Bild der Göttin mir zu rauben gekommen sind.
Es möchte nun wohl schwerer fallen, den Anschlag zu vollführen. Die Griechen lüstets öfter
nach der Barbaren Gütern, dem Goldnen Vließe,
und dem schönen Pferden, doch haben sie nicht
immer durch Gewalt und List gesiegt.

Orest.

Das Bild o König soll uns nicht entzweyen,
es war ein Irrthum den wir und besonders
mein weiser Freund in unsrer Seele befestigt.
Als nach der Mutter unglücklichen [85] Tod,
mich die Furien unablässig verfolgten, fragt ich
beym Delphischen Apoll um Rath und um Befreyung. Bringst du die Schwester, so war seine
Antwort vom Taurischen Gestade mit her nach
Delphos, so wird Diane dir gnädig seyn dich
aus der Hand der Unterirrdischen retten. Wir
legten's von Appollens Schwester aus, und er
verlangte dich. Diane löst nunmehr die alten
Bande und gibt dich uns zurück, durch deine
Berührung soll ich wunderbar geheilt seyn. In
deinen Armen faßte noch das Gott gesandte
Uebel mich mit allen seinen Klauen, und schütt-
telte zum leztenmal entsezlich mir das Mark
zusammen, und dann entfloh's wie eine Schlange
zu seinen Hölen, und ich geniesse neu durch dich
das Licht des Tags. Schön läßt sich der ver-

B.

7.

Pylades kommt zurück.
Bald nach ihm Arkas.

Thoas.

Wenn auch dieß allen Zweifel hübe,
Seh' ich doch nicht, wie ohne der waffen Aus-
                                                    spruch
wir enden können.
du hast bekannt, daß sie das heil'ge Bild   2100
der Göttinn mir zu rauben
gekommen sind.
Es mögte nun wohl schwerr fallen,
den Anschlag zuvollführen.
[118] Die Griechen lüstert's oft nach der Bar-
                                                baren Gütern;   2105
dem goldnen Vließ und ihren schönen Pferden.
doch haben sie nicht immer
durch Gewalt und List gesiegt.

Orest.

Das Bild, o König, soll uns nicht entzweyen!
Es war ein Irrthum, den wir und besonders   2110
Mein weiser Freund
In unsrer Seele befestigt.
Als nach der Mutter unglücklichen Tode mich
die Furien unabläßig verfolgten,
Fragt' ich beym delphischen Apoll   2115
um Rath, und um Befreyung.
"Bringst du die Schwester --
    (war seine Antwort)
"vom Taurischen Gestade
"Mir her nach Delphos --   2120
"So wird Diana dir gnädig seyn,
"Dich aus der Hand der unterird'schen retten!
wir legten's von Apollens Schwester aus,
und Er verlangte Dich!
[119] Diana löst nunmehr die alten Bande   2125
und giebt dich uns zurück ...
durch deine Berührung
Soll' ich wunderbar geheilt seyn ...
In deinen Armen faßte noch
das Gottgesandte Uebel mich   2130
Mit allen seinen Klauen
und schüttelte zum leztenmal
Entsezlich mir das Mark zusammen --
und dann entfloh's wie eine Schlange
zu seinen Höhlen   2135
und ich geniesse neu durch dich das Licht des
                                            Tages.

---

2 ihm Arkas. Vorige. B. — 17 unglücklichen B. —
21 Gestade, mir her B. — 32 geniese nun durch B.

C.

Siebenter Auftritt.

Pylades kommt zurück; bald nach ihm **Arkas**.
Vorige.

Thoas.

Wenn auch dies allen Zweifel hübe, seh' ich
doch nicht, [142] wie ohne der Waffen Ausspruch
wir enden können. Du hast bekannt, daß sie das
Bild der Göttin mir zu rauben gekommen sind.
Es möchte nun wohl schwer fallen, den Anschlag
zu vollführen. Die Griechen lüstet's öfter nach 10
der Barbaren Gütern, dem goldnen Vließe und
dem schönen Pferden. Doch haben sie nicht
immer durch Gewalt und List gesiegt.

Orest.

Das Bild o König soll uns nicht entzwenn, 15
es war ein Irrthum, den wir und besonders
mein Freund in unsrer Seele befestigt. Als nach
der Mutter unglücklichem Tode, mich die Furien
unabläßig verfolgten, fragt ich beym Delphischen
Apoll um Rath und um Befreyung. Bringst 20
du die Schwester, so war seine Ant-[143]wort
vom Taurischen Gestade mit her nach Delphos,
so wird Diane dir gnädig seyn, dich aus der
Hand der Unterirrdischen retten. Wir legten's
von Apollens Schwester aus, und er verlangte 25
dich. Diana löst nunmehr die alten Bande, und
giebt dich uns zurück. Durch deine Berührung
soll ich wunderbar geheilt seyn. In deinen
Armen faßte noch das Gott-gesandte Uebel mich
mit allen seinen Klauen und schüttelte zum letzten- 30
mal entsetzlich mir das Mark, und dann entfloh
wie eine Schlange zu seinen Höhlen und ich ge-
nieße neu durch dich das Licht des Tags. Schön

D.

Thoas.

Und hübe deine Rede jeden Zweifel 2095
Und bändigt' ich den Zorn in meiner Brust:
So würden doch die Waffen zwischen uns
Entscheiden müssen; Friede seh' ich nicht.
[132] Sie sind gekommen, du bekennst selbst,
Das heil'ge Bild der Göttinn mir zu rauben. 2100
Glaubt ihr, ich sehe dieß gelassen an?
Der Grieche wendet oft sein lüstern Auge
Den fernen Schätzen der Barbaren zu,
Dem goldnen Felle, Pferden, schönen Töchtern;
Doch führte sie Gewalt und List nicht immer 2105
Mit den erlangten Gütern glücklich heim.

Orest.

Das Bild, o König, soll uns nicht entzweyen!
Jetzt kennen wir den Irrthum, den ein Gott
Wie einen Schleyer um das Haupt uns legte,
Da er den Weg hierher uns wandern hieß. 2110
Um Rath und um Befreyung bath ich ihn
Von dem Geleit der Furien; er sprach:
„Bringst du die Schwester, die an Tauris Ufer
Im Heiligthume wider Willen bleibt,
Nach Griechenland; so löset sich der Fluch." 2115
[133] Wir legten's von Apollens Schwester aus,
Und er gedachte dich! Die strengen Bande
Sind nun gelös't; du bist den Deinen wieder,
Du Heilige, geschenkt. Von dir berührt
War ich geheilt; in deinen Armen faßte 2120
Das Übel mich mit allen seinen Klauen
Zum letztenmal, und schüttelte das Mark
Entsetzlich mir zusammen; dann entfloh's
Wie eine Schlange zu der Höhle. Neu
Genieß' ich nun durch dich das weite Licht 2125
Des Tages. Schön und herrlich zeigt sich mir

---

2 hömmt W. — 10 Den Griechen GO; lüstet GO. —
11 den Barbaren Gütern W. — 23 Diana GO. — 32—33
geulz se nen durch O.

A.

hüllte Rathschluß der Göttin auf. Sie nahm dich weg du Grundstein unsers Hauses und [86] hub dich fern in einer heiligen Stille zum Seegen deines Bruders und der deinen auf, wo alle Rettung auf der weiten Erde verbannt schien. Wenn du friedlich gesinnt bist o König, so halte sie nicht auf, daß sie mit reiner Weihe mich ins entführte Haus der Väter bringe, und die ererbte Krone auf das Haupt mir drücke, vergilt den Seegen den sie dir gebracht, und laß mich meines nahen Rechts genießen. Vergib uns unsern Anschlag unsre Künste. Gewalt und List, der Männer höchster Ruhm sind durch die schöne Wahrheit durch das kindliche Vertrauen beschämt.

Iphigenie.

Trend an dein Wort und höre diese Rede, die aus einem Munde kommt, der treu ist und grad. Versagen kanst das nicht gewährs uns bald.

[87] ### Toas.

So geht!

Iphigenie.

Nicht so mein König! ohne deinen Seegen, in Unzufriedenheit will ich nicht scheiden. Verbann uns nicht laß zwischen den Deinen und uns ein freundlich Gastrecht künftig walten, so sind wir nicht auf ewig abgeschieden. Ich halte dich so werth als man den Mann, den zweiten Vater halten kan, und so solls bleiben. Kommt der geringste deines Volcks dereinst zu uns, der nur den Ton der Stimme hat, die ich an euch gewohnt bin, seh ich eure Tracht auch an dem ärmsten wieder, so will ich ihm empfangen, wie einen Gott, ich will ihm selbst ein Lager zubereiten, ihn auf einen schönen Stuhl ans Feuer zu mir sezen und nur nach dir und deinem Schicksal fragen. O geben dirs die Götter leuchtend.

B.

Schön löst sich der verhüllte Rathschluß
Der Göttinn auf.
Sie nahm dich weg, du Grundstein unsers Hauses!
und hub dich fern in einer heil'gen Stille 2140
Zum Seegen deines Bruders
und der Deinen auf — wo alle Rettung
Auf der Weiten Erde verbannt schien.
wenn du friedlich gesinnt bist, o König:
So halte Sie nicht auf! 2145
daß Sie mit reiner Weyhe
[120] Mich ins entsühnte Haus der Väter bringe,
und die ererbte Krone auf das Haupt mir drücke —
Vergilt den Seegen, den Sie dir gebracht!
und laß mich meines nahen Rechts genießen! 2150
vergieb uns unsern Anschlag, unsere Künste
Gewalt und List — der Männer höchster Ruhm
Sind durch die schöne Wahrheit
Sind durch das kindliche Vertraun beschämt.

Iphigenie.

Denk' an dein Wort, und höre diese Rede, die 2155
Aus einem Munde kommt, der treu ist und
        grad..
versagen kannst du's nicht;
Gewähr's uns bald!

Thoas.

So geht!

Iphigenie.

Nicht so, mein König! ohne deinen Seegen 2160
In unzufriedenheit will ich nicht scheiden.
Verbann' uns nicht!
Laß zwischen den deinen und uns
Ein freundlich Gastrecht künftig walten;
So sind wir nicht auf ewig abgeschieden. 2165
[121] Ich halte dich so werth, als man den Mann,
Den zweyten Vater halten kann — und so
Soll's bleiben!
Kommt der Geringste deines Volks dereinst zu
        uns,
der nur den Ton der Stimme hat, 2170
die ich an Euch gewohnt bin;
Seh' ich Euere Tracht auch an dem ärmsten
        wieder;
So will ich Ihn empfangen, wie einen Gott..
Ich will Ihm selbst ein Lager bereiten, Ihn
Auf einen schönen Stuhl ans Feuer zu mir setzen, 2175
und nur nach dir, und deinem Schicksal fragen.
O geben dirs die Götter leuchtend,
Wie du's verdienst!

C.

...bei sich der verhüllte Rathschluß der Göttin
auf. Gleich einem heilgen Bilde woran der Stadt
Geschick durch ein geheimes Götterwort gebannt
ist, nahm sie dich [144] weg, dich Schützerin
des Hauses und hub dich fern in ihrer eignen 5
Wohnung zum Seegen deines Bruders und der
Deinen auf, wo alle Rettung auf der weiten
Erde verbannt schien. Wenn du friedlich gesinnt
bist o König, so halte sie nicht auf, daß sie mit
reiner Weihe mich in's entsühnte Haus der 10
Väter bringe, und die ererbte Krone auf das
Haupt mir drücke. Vergilt den Segen den sie
dir gebracht, und laß mich meines nähern Rechts
genießen. Vergieb uns unsern Anschlag, unsre
Künste. Gewalt und List der Männer höchster 15
Ruhm sind durch die schöne Wahrheit, durch das
kindliche Vertrauen beschämt.

[145] **Iphigenie.**

Denk' an dein Wort und höre diese Rede,
die aus einem Munde kommt, der treu ist und 20
grad. Versagen kannst du's nicht; gewährs uns
bald.

Thoas.

So geht!

Iphigenie. 25

Nicht so mein König! ohne deinen Segen
in Unzufriedenheit will ich nicht scheiden. Verbann' uns nicht, laß zwischen den Deinen und
uns ein freundlich Gastrecht künftig walten, so
sind wir nicht auf ewig abgeschieden. Ich halte 30
dich so werth als man den zweiten Vater halten
kann, und so solls bleiben. Kommt der geringste
deines Volks einmal zu uns, der nur den [146]
Ton der Stimme hat, die ich an euch gewohnt
bin, seh' ich eure Tracht, auch an dem ärmsten 35
wieder: so will ich ihn empfangen, wie einen
Gott, ich will ihm selbst ein Lager zubereiten,
ihn auf einen schönen Stuhl ans Feuer zu mir
setzen und nur nach dir und deinem Schicksal
fragen. O geben dir's die Götter leuchtend, wie 40

D.

Der Göttinn Rath. Gleich einem heil'gen Bilde,
Daran der Stadt unwandelbar Geschick
Durch ein geheimes Götterwort gebannt ist,
Nahm sie dich weg, dich Schützerinn des Hauses: 2130
Bewahrte dich in einer heil'gen Stille
Zum Segen deines Bruders und der Deinen.
Da alle Rettung auf der weiten Erde
Verloren schien, gibst du uns alles wieder.
[134] Laß deine Seele sich zum Frieden wenden, 2135
O König! Hindre nicht, daß sie die Weihe
Des väterlichen Hauses nun vollbringe,
Mich der entsühnten Halle wiedergebe,
Mir auf das Haupt die alte Krone drücke!
Vergilt den Segen, den sie dir gebracht, 2140
Und laß des nähern Rechtes mich genießen!
Gewalt und List, der Männer höchster Ruhm,
Wird durch die Wahrheit dieser hohen Seele
Beschämt, und reines kindliches Vertrauen
Zu einem edeln Manne wird belohnt. 2145

Iphigenie.

Denk' an dein Wort, und laß durch diese Rede
Aus einem g'raden treuen Munde dich
Bewegen! Sieh' uns an! Du hast nicht oft
Zu solcher edeln That Gelegenheit.
Versagen kannst du's nicht; gewähr' es bald. 2150

Thoas.

So geht!

[135] **Iphigenie.**

Nicht so, mein König! Ohne Segen,
In Widerwillen, scheid' ich nicht von dir.
Verbann' uns nicht! Ein freundlich Gastrecht
  walte
Von dir zu uns: so sind wir nicht auf ewig
Getrennt und abgeschieden. Werth und theuer 2155
Wie mir mein Vater war, so bist du's mir,
Und dieser Eindruck bleibt in meiner Seele.
Bringt der Geringste deines Volkes je
Den Ton der Stimme mir in's Ohr zurück,
Den ich an euch gewohnt zu hören bin, 2160
Und seh' ich an dem Ärmsten eure Tracht;
Empfangen will ich ihn wie einen Gott,
Ich will ihm selbst ein Lager zubereiten,
Auf einen Stuhl ihn an das Feuer laden,
Und nur nach dir und deinem Schicksal fragen. 2165
O geben dir die Götter deiner Thaten
Und deiner Milde wohlverdienten Lohn!

---

2 heil'gem O. — 10 entsühnte W. — 11 ererbte O.
— 20 kömmt W. — 21 gerad W. — 36 Ich fehlt W.

— 124 —

A.

tend wie du's verdienſt! Leb wohl. O wende
dich und gib für unſern Seegen den Deinigen
[88] zurück. Ein holdes Wort des Abſchieds!
Sanfter ſchwellt der Wind die Segel und lindernde Thränen löſen ſich gefälliger von den
Augen des Scheidenden. Leb wohl und reiche
zum Pfand der alten Freundſchaft mir deine
Rechte, leb wohl!
        Thoas.
  Lebt wohl!

8 leb wohl fehlt H.

B.

 Leb wohl!
 O wende dich! und gieb für unſern Seegen   2180
 den deinen zurück!
 Ein holdes Wort des Abſchieds!
 und ſanfter ſchwellt der wind die Seegel
 und lindernde Thränen löſen ſich gefälliger
 von den Augen des Scheidenden.   2185
 Leb wohl und reiche zum Pfand der alten
        Freundſchaft
10 deine Rechte mir! Lebwohl!
        Thoas.
 Lebt wohl!

C.

du's verdienst! Leb wohl. O wende dich und
gieb für unsern Segen den deinigen zurück. Ein
holdes Wort des Abschieds! Sanfter schwellt
der Wind die Segel und lindernde Thränen
lösen sich gefälliger vom Auge des Scheidenden. 5
Leb wohl und reiche zum Pfand der alten Freundschaft mir deine Rechte!
              Thoas.
  Lebt wohl!

D.

Leb' wohl! O wende dich zu uns und gib
Ein holdes Wort des Abschieds mir zurück!
[136] Dann schwellt der Wind die Segel sanfter an, 2170
Und Thränen fließen lindernder vom Auge
Des Scheidenden. Leb' wohl! und reiche mir
Zum Pfand der alten Freundschaft deine Rechte.
              Thoas.
Lebt wohl!

Akademische Verlagsbuchhandlung von J. C. B. Mohr (Paul Siebeck)
in Freiburg i. B. und Tübingen.

═══ Im Oktober 1882 ist erschienen: ═══

Goethes
Götz von Berlichingen.

Herausgegeben

von

Jakob Baechtold.

Größtes Lexikon 8. (XII. 192 Seiten.) M. 5. 60.

In der Beilage zur „Allgemeinen Zeitung" (1882 Nr. 294) ist diese Ausgabe, wie folgt, besprochen worden:

„Wenn man bedenkt, welche Ausgaben die Franzosen nicht nur von den classischen Schriftstellern des „Siècle de Louis XIV", sondern auch von denen des vorigen Jahrhunderts besitzen oder veranstalten, die neue große Ausgabe der Werke Voltaire's, Asségats Diderot-Ausgabe, so kann man es als Deutscher nicht ohne Beschämung sagen, daß für Goethe noch keine würdige Ausgabe vorhanden ist. Die große kritisch-historische Schiller-Ausgabe, unter Leitung Goedeke's veranstaltet, steht noch immer vereinzelt als ehrenvolles Zeugniß für Mitarbeiter und Verleger da. Von keinem Goethe'schen Werke besitzen wir eine vollständig befriedigende kritische Ausgabe — Löper und Schröers Faust-Ausgaben etwa ausgenommen. Um so erfreulicher muß das neueste Werk der Goethe-Literatur begrüßt werden. Jakob Baechtold in Zürich, der treffliche Herausgeber und Biograph des Berner Malers und Dramatikers Niklaus Manuel (in der „Bibliothek älterer Schriftwerke der deutschen Schweiz", zweiter Band, Frauenfeld 1878), Baechtold hat es unternommen, eine vollständige kritische Ausgabe des Götz von Berlichingen herzustellen. Verdient das Unternehmen schon an sich den vollsten Beifall, so ist es um so erfreulicher, wenn wir das hier geleistete als musterhaft bezeichnen dürfen. Das Werk ist Michael Bernays gewidmet, und er, der zuerst die Textkritik für Goethe angeregt und mit Hirzel den „jungen Goethe" herausgegeben, darf ja wohl vor allen Anderen das Verdienst für sich in Anspruch nehmen, der geistige Urheber einer kritischen Goethe-Ausgabe zu sein.

In dreifacher Gestalt erscheint uns nun hier Goethe's großes Jugendwerk. Wem es mit dem Studium Goethe's Ernst ist, der wird nicht ohne Freude das hübsch ausgestattete Werk durchblättern. Jede Seite erscheint in drei Rubriken gespalten. Die erste enthält die Geschichte Gottfriedens von Berlichingen nach dem Texte, wie er 1832 im zweiundvierzigsten Bande der Ausgabe letzter Hand und dann wieder im „jungen Goethe" abgedruckt wurde. Die Handschrift dieser ersten Bearbeitung soll vorhanden sein, war aber auch dem neuesten Herausgeber unzugänglich. In der zweiten Spalte finden wir den Götz von Berlichingen. Der Text, wie er im Juni des Jahres 1773 erschien — wir könnten demnach Baechtolds Arbeit als würdige Festgabe zum kommenden Jubiläum bezeichnen — ist nach der Originalausgabe in der zweiten Spalte hier diplomatisch getreu wiedergegeben. Hiezu aber werden die Varianten sieben anderer Drucke in Anmerkungen beigefügt; diese sind die zweite rechtmäßige Ausgabe des Götz (Frankfurt 1774) in zwei verschiedenen Drucken (ß und ß*), und zwei Nachdrucke (B1 und B2) noch aus dem Jahre 1773; ferner der Druck in Goethe's Schriften, bei Göschen 1787 erschienen (h), und die berüchtigte unrechtmäßige Ausgabe des Buchhändlers Himburg in Berlin von 1775 (H*). Außerdem ist noch auf die Varianten eines Berner Nachdruckes von 1776 Rücksicht genommen.

Akademische Verlagsbuchhandlung von J. C. B. Mohr (Paul Siebeck)
in Freiburg i. B. und Tübingen.

In der dritten Spalte endlich ist die Bühnenbearbeitung des Götz in fünf Aufzügen aus dem Jahre 1804 zum Abdruck gelangt. Die Geschichte dieses Textes, jetzt Heidelberger Handschrift genannt, ist bekannt. Aus dem Besitze des jüngeren Unzelmann hat das Heft in einen Schrank des „Café Maximilian" zu München verirrt, wo es durch den Wächter zufällig gefunden und der Heidelberger Universitätsbibliothek zum Geschenke gemacht wurde. G. Wendt hat das werthvolle zum Theil von Goethe selbst durchkorrigirte Heft vor Kurzem herausgegeben. Für vorliegende Ausgabe hat Professor Behaghel eine neue Collation der Handschrift vorgenommen. Nachdem man Goethe's Theaterbearbeitung des Götz lange Zeit für verloren gehalten hatte, hat sich hier das echte Manuscript wieder gefunden. Eine kritische Ausgabe des Götz konnte nicht anders, als auch diese sachlich wie sprachlich umgearbeitete Gestalt des Werkes in gleicher Weise wie die früheren Arbeiten berücksichtigen. Erhaltene Fragmente späterer von Goethe unternommener Bühnenbearbeitungen sind als Varianten diesem Drucke (C) beigegeben.

Alle Veränderungen, die Goethe während seines langen Lebens an seiner Jugenddichtung vorgenommen hat, sind somit in dem Rahmen der gegenwärtigen Ausgabe enthalten. Wie Goethe als Dichter, wie als praktischer Bühnenleiter zu verschiedenen Zeiten gehandelt, tritt uns hier entgegen. Die Wandlungen, welche seine und mit ihm die Sprache der deutschen Literatur durchgemacht hat, können wir hier mit einem Blicke überschauen. Der kritische Apparat sucht in den Varianten nicht mit dem Reichthume der kritisch-historischen Schiller-Ausgabe sich zu messen. Mit vollem Rechte! Denn in Goedeke's Ausgabe ist darin des Guten zu viel geschehen. Die Angabe eines jeden Druckfehlers aller Ausgaben erschwert nur die Uebersichtlichkeit, ohne die wissenschaftliche Erkenntniss zu bereichern. Baechtold hat in seiner Ausgabe die richtige Mittelstrasse eingehalten, ohne irgendwie der Vollständigkeit seiner Ausgabe Abbruch zu thun. Wohl konnte jeder für sich bisher die einzelnen Gestalten der Dichtung vergleichen, aber die Belehrung, welche uns Baechtolds Ausgabe gewährt, konnte mit aller aufgewandten Mühe die gewöhnliche Vergleichung nicht bieten. Hier übersehen wir stets mit einem Blicke alle Wandlungen einer Stelle; sinnlich greifbar tritt uns da alles entgegen. Hier kann jeder durch eigene Anschauung sich von der Bedeutung kritischer Textbehandlung eine genügende Vorstellung verschaffen, wenn er die Texte der drei Columnen mit einander vergleicht und überschaut. Für literarhistorische Uebungen ist aber hier ein Hülfsmittel geboten, wie man es sich nicht besser wünschen könnte.

Es war eine glückliche Idee Baechtold's, gerade den Götz zum Gegenstande der ersten kritischen Goethe-Ausgabe zu machen. „Iphigenie auf Tauris" soll als zweite Arbeit bald der Götz-Ausgabe folgen. Wir müssen dieser folgenden Publikation um so erwartungsvoller entgegensehen, da es Baechtold gelungen ist, eine bisher völlig unbekannte Bearbeitung Goethe's den drei altbekannten neu hinzuzufügen."

Bei der sehr kostspieligen Herstellung des Druckes konnte die Verlagshandlung den Preis für diese Ausgabe leider nicht billiger feststellen; sie giebt sich aber der Hoffnung hin, dass deren Verbreitung dadurch nicht beeinträchtigt werde. Hievon wird es abhängen, ob Burchtold's historisch-kritische Goethe-Ausgabe fortgesetzt werden wird oder nicht.

Freiburg (Baden), März 1883.

*Akademische Verlagsbuchhandlung
von J. C. B. Mohr.*

www.ingramcontent.com/pod-product-compliance
Lightning Source LLC
Chambersburg PA
CBHW031325160426
43196CB00007B/668